Karen Swassjan

# Die
# Karl-Ballmer-Probe

Zweite, erweiterte Auflage

*Edition LGC*
Siegen / Sancey le Grand
2013

Die Verfügungsrechte am schriftlichen Nachlass Karl Ballmers (1891-1958) befinden sich beim Staatsarchiv des Kantons Aargau. Die Edition LGC befasst sich mit Erfassung und verlegerischer Erschließung.

Die Neuherausgabe der im Buch enthaltenen Texte und Zitate Karl Ballmers erfolgt unter weitestgehender Berücksichtigung des beim Staatsarchiv befindlichen Originalmaterials (Briefe verschiedener Absender, Manuskripte, Notizen, etc.).

Die Herausgabe der beiden „Marginalien"-Texte von Karl Ballmer besorgten Martin Cuno und Peter Wyssling.

2., erweiterte Auflage, 2013
© 2013 Edition LGC, Siegen / Sancey le Grand
Alle Rechte vorbehalten
ISBN 978-3-930964-80-2

Zur Malerei Karl Ballmers (und zu seiner Biographie) siehe die Monographie von Beat Wismer: Karl Ballmer – Der Maler, Baden (Schweiz), Verlag Lars Müller 1990 (herausgegeben vom Aargauer Kunsthaus und von der Karl Ballmer Stiftung).

Weitere Schriften Karl Ballmers sind zu beziehen vom Verlag Fornasella, CH-6863 Besazio, Tel. 0041-91-6463787.

Für Auskünfte und ergänzendes Material zu Texten Karl Ballmers siehe:

www.edition-lgc.de

# Inhalt

| | |
|---|---|
| Vorwort | 5 |

## Die Karl-Ballmer-Probe 11

| | |
|---|---|
| Erstes Nachwort | 101 |
|   Propädeutisches zur Methode Karl Ballmers | 101 |
|   Zur Zusammenstellung dieses Bandes | 113 |
| Zweites Nachwort | 130 |
| Einige erläuternde Anmerkungen | 146 |
| Eine verfußnotete Welt | |
|   Zur Geschichte einer Nervenprobe | 155 |
| Karl Ballmer | 174 |
| Zwei Anhänge | |
|   Permanenz der Auferstehung | 178 |
|   Antwort auf einen Leser-Brief | 185 |

## Karl Ballmer:

| | |
|---|---|
| Marginalien, 1 | 195 |
| Marginalien, 2 | 227 |
| Erläuterungen zur Herausgabe der „Marginalien" | 263 |

# Vorwort

Diese „Karl-Ballmer-Probe" wurde 1994, vor fast zwanzig Jahren also, geschrieben und alsbald in der damals neugegründeten Edition LGC veröffentlicht. Der etwas gekünstelte Titel scheint sich inzwischen bewährt zu haben, ist doch das Buch gleich nach Erscheinen für etliche Leser zur Probe geworden, die zu bestehen für sie nicht so ohne weiteres im Bereich des Selbstverständlichen lag. Eigentlich sollte es mit einem Warnzeichen versehen werden, analog zu Wegweisern in den Schweizer Alpen: Nur für Schwindelfreie. Die Verwirrung (von tadelndem Kopfschütteln bis zu Wutanfällen) war so groß, dass manchem Leser nichts Besseres einfallen konnte, als mich schriftlich darüber in Kenntnis zu setzen, dass er nunmehr von mir nichts hören will. Von solchen Lesern darf gemutmaßt werden, dass ihre Reaktionen nicht unbedingt nur als Folgen eines alten, sondern auch als Anfänge eines künftigen Karma zu verstehen sind. Die Ballmer-Probe bleibt in beiden Fällen in Kraft: sowohl für die, die sie aushalten, als auch für die, die sie verhauen. Die erste – sonnenklare und selbstverständliche – Bedingung, sie zu bestehen, ist: die Anthroposophie in sich, nicht aber sich in der Anthroposophie zu lieben.

Dass Ballmer in anthroposophischen Kreisen nach wie vor ein Unbekannter bleibt, stellt ein Urphänomen dar, dessen genauer Name *Karma der anthroposophischen Bewegung* ist. Karma heißt: Krankheit. Konnte man anfangs noch von Kinderkrankheiten reden, so gemahnt es heute zunehmend an Irr- und Schwachsinn. Man sieht, was aus dieser Bewegung in hundert Jahren geworden ist, und man verstummt. Statt sich auf der Welt zu verbreiten und die Welt durch ihre Impulse wiederzubeleben, hat sie sich von der Welt abgekapselt und meint, sie wäre dazu da, um sich an sich selbst zu weiden und im eigenen Saft zu schmoren – in der skurrilen Hoffnung, der Aufmerksamkeit der Welt einmal für würdig befunden zu werden. (Die Bereitschaft, den Canossagang anzutreten, macht hier einen umso elenderen Eindruck, als niemand in Canossa selbst darauf zu warten scheint.) Eine Lösung und Entscheidung bietet sich hiernach für jeden an, der noch fähig ist, in der Anthroposophie mit klarem Bewusstsein und in voller Verantwortung zu stehen und sich auf die offenbar gewordene Tatsache zu besinnen, dass rundheraus zu unterscheiden ist zwischen zwei Anthroposophien: der Rudolf Steiners und der der Anthroposophen. Ein Vorbild für die Trennungslinie finden wir beim Autor der „Legende vom Großinquisitor": *„Hätte mir jemand bewiesen"*, sagt einmal Dostojewski, *„dass Christus außerhalb der Wahrheit steht, und hätte die Wahrheit tatsächlich außerhalb Christi gestanden, so würde ich es vorziehen, bei Christus und nicht bei der Wahrheit zu bleiben."* Wir lesen: *Hätte mir jemand bewiesen, dass Rudolf Steiner der gestrige (historische) Tag der Anthroposophie ist, und hätte die Anthroposophie tatsächlich außerhalb Rudolf Steiners gestanden, so würde ich es vorziehen, bei Rudolf Steiner und nicht bei der Anthroposophie zu bleiben.* (Ließ doch der vormalige Zweigleiter am Goetheanum einmal den Unsinn vom Stapel, dass man ein Anthroposoph sein könne, ohne sich als Schüler Rudolf Steiners zu sehen.)

Denn: Eine Anthroposophie ohne „*das Ereignis Rudolf Steiner*" hat genauso wenig Sinn und Sein wie etwa ein Kreis ohne den Mittelpunkt. Kreis ohne Mittelpunkt ist (graphisch wie faktisch) NULL, wie auch Anthroposophie ohne Steiner NULL ist. Die Karl-Ballmer-Probe nimmt gerade hier ihren Anfang, und der Leser, der bis zu dieser Stelle vorgedrungen ist, wird gleich zu entscheiden haben, ob er das Buch zuklappt oder es doch weiter liest. Bestand das Scheitern des Christentums darin, dass sich christliche Denkverantwortliche – im Grunde die alte platonisch-aristotelische *fünfte Kolonne* inmitten des

Christentums – an die Worte Christi, nicht aber an die Tatsache eines *einmaligen physischen Leibes* hielten (und wenn, dann ausgerechnet als Philologen und schon gar nicht als Physiker), so wiederholt sich dieses Scheitern haargenau auch in der Anthroposophie, mit dem Unterschied allerdings, dass hier statt eines einmaligen Leibes *ein einmaliges Bewusstsein* zutage tritt. Stimmen werden von überall her immer mehr laut, man isoliere sich als Anthroposoph umso mehr von der Welt, als man dezidierter bei Steiner bleibt und für Steiner steht. In der anbrechenden Herrschaft der Teenager nimmt es nicht wunder, solches zu hören. Einfach brennen anthroposophisch Pubertierende darauf, mit dem anthroposophischen Lehrer auf der gleichen Augenhöhe zu sein und seine Lehre weiter zu entwickeln. Das Widersinnige an diesem Verhalten besteht wohl darin, dass hier ein Gebaren, welches sich sonst NUR für soziale Lebensformen gebührt, auch im TODE zur Schau getragen wird. Man hätte sich, ob eines besseren Verständnisses, einen hyperaktiven Paparazzo vorzustellen, der auch als Toter aus Gewohnheit durch Türschlüssellöcher zu gucken versucht. Indes: Kein Urteil über Steiners Werk kann als diskutabel gelten, wenn ihm nicht die Prämisse zugrunde liegt, dass die Wirklichkeit dieses Werkes die des *Todes* ist. Wäre einem kantianisch geschulten Kopf eingefallen, Kants Frage: *Wie sind synthetische Urteile a priori möglich?* auf die Anthroposophie wie folgt anzuwenden: *Wie ist die anthroposophisch orientierte Geisteswissenschaft möglich?*, so lautete die präzise Antwort: *Aus den Kräften* (Ballmer sagt: *aus dem Können*) *des Todes.*

In diesem Punkt unterscheidet sich die Anthroposophie der Anthroposophen gar nicht von der Nichtanthroposophie der Nichtanthroposophen. Es sei denn, dass letztere einfach redlicher sind. Sie genießen ihre Meinungs- und sonstigen verfassungsgeschützten Freiheiten, und sie halten für Unsinn alles, was ihnen das Leben erschwert und sie zwingt, von ihrer Denkfähigkeit Gebrauch zu machen. Tun dies nun aber auch Anthroposophen, so bleibt einem hier nur übrig, zwischen Schwachköpfigkeit und moralischer Unsauberkeit zu wählen.

Ein Anthroposoph im Sinne der „*Karl-Ballmer-Probe*" ist, der fragt: *Was macht der Tod?* Eine Antwort der Geisteswissenschaft lautet: *Der Tod reduziert*. Als Toter wird man im Tode auf sich selbst, auf sein Selbst reduziert, was nur bedeutet: von der alten aufgeblasenen *very important person* bleibt nichts als NULL übrig. Tönende Erze und schallende Zimbeln, sprich: befiederte Mittelpunktfiguren genießen keine Immunität in der Waschanlage Kamaloka. Der Tod des Menschen, sagt einmal Schelling, möchte eine *Essentifikation* sein. „Denn kein Mensch erscheint in seinem Leben, ganz als der er *ist*. Nach dem Tode ist er bloß noch *Er selbst*." Das ist aber nur eine Umschreibung des Erkenntnisprozesses, wie ihn Rudolf Steiner darstellt und durchführt. Meint man als Anthroposoph, man könne die im Buche „Wahrheit und Wissenschaft" analysierte und in Steiners ganzem späteren Werk gehandhabte *voraussetzungslose* Erkenntnis auch höchstpersönlich praktizieren, sei's drum! Die Bedingung wäre nur, man würde schon, und zwar im direktesten Sinn, jeden Augenblick tot sein können müssen, um, mit Ballmers Worten, „*das SICH wissende Weltgeschehen selbst*" zu sein.

Diese zweite Ausgabe ist fast doppelt so umfangreich wie die erste. Dem ursprünglichen Probe-Text fügte ich etliche neue hinzu: ein Nachwort zu Ballmers 1999 im Verlag am Goetheanum erschienener Textsammlung „Umrisse einer Christologie der Geisteswissenschaft"; ein weiteres Nachwort (zusammen mit einigen Erläuterungen) zu einer russischen Edition Ballmers, die ich 2005 für den Moskauer Verlag *Evidentis* vorbereitet habe; ferner eine unveröffentlichte Aufzeichnung von 2004 („Eine verfußnotete Welt"); ein kleines biographisches Ballmer-Porträt aus dem 2003 im Verlag am Goetheanum erschienenen Sammelband „Anthroposophie im 20. Jahrhundert" und zusätzlich noch zwei Artikel, die ich 2007 für die Wochenschrift „Das Goetheanum" auf Bitte ihres damaligen Redakteurs Dietrich Rapp geschrieben habe. Die beiden „Marginalien" Ballmers schließen auch die neue Auflage des Buches ab.

Da diese zu verschiedenen Zeiten und bei verschiedenen Gelegenheiten geschriebenen Texte zufällig entstanden sind, dürfen sie sich auch zufällig unter einem Einband zurechtfinden. Ob sich der Zufall auch als Notwendigkeit offenbaren wird, liegt an jener Grenze, wo er nicht mehr als Geschriebenes, sondern als Gelesenes wirkt. Die *Karl-Ballmer-Probe* als die *Schwelle zum Ereignis Rudolf Steiner* bleibt nach wie vor in Kraft. Zur Frage steht nur: Wie lange noch wird diese per Autopilot gesteuerte Anthroposophie der Anthroposophen im Garten von Gethsemane duseln müssen, und wann wacht sie endlich in die Wirklichkeit des Todes auf?

Basel, 5. März 2013

# Die Karl-Ballmer-Probe

Die Stimmgabel zum Änigma *Karl Ballmer* lässt sich wohl im Aphorismus 365 von Nietzsches „*la gaya scienza*" finden. Dieser kleine Genieklaps unter dem Titel: „*Der Einsiedler spricht noch einmal*" wirft ein überraschendes Licht auf den Lebens- qua Denkstil beider großer Eremiten – aus Sils-Maria wie aus Lamone –, es sei denn mit dem Unterschied, dass, wenn sich der folgende Passus im Fall Nietzsches eher als *une bête noire hoffmannesque* denken lässt, er im Fall Ballmers eben *buchstäblich* zutrifft. Man höre einmal dieser seltsamen Selbstbloßstellung zu, in der die Technik beider Meister Hämmerlinge – jenes mit dem Hammer philosophierenden und dieses mit dem Hammer anthroposophierenden – klar zutage tritt:

„*Der Einsiedler spricht noch einmal.* – Auch wir gehen mit 'Menschen' um, auch wir ziehen bescheiden das Kleid an, in dem (als das) man uns kennt, achtet, sucht, und begeben uns damit in Gesellschaft, das heißt unter Verkleidete, die es nicht heißen wollen; auch wir machen es wie alle klugen Masken und setzen jeder Neugierde, die nicht unser 'Kleid' betrifft, auf eine höfliche Weise den Stuhl vor die Türe. Es gibt aber auch andere Arten und Kunststücke, um unter Menschen, mit Menschen 'umzugehen': zum Beispiel als Gespenst – was sehr ratsam ist, wenn man sie bald los sein und fürchten machen will. Probe: man greift nach uns und bekommt uns nicht zu fassen. Das erschreckt. Oder: wir kommen durch eine geschlossene Tür. Oder: wenn alle Lichter ausgelöscht sind. Oder: nachdem wir bereits gestorben sind. Letzteres ist das Kunststück der *posthumen* Menschen par excellence. ('Was denkt ihr auch?', sagte ein solcher einmal ungeduldig, 'würden wir diese Fremde, Kälte, Grabesstille um uns auszuhalten Lust haben, diese ganze unterirdische, verborgene, stumme, unentdeckte Einsamkeit, die bei uns Leben heißt und ebensogut Tod heißen könnte, wenn wir nicht wüssten, was aus uns *wird,* – und dass wir nach dem Tode erst zu *unserem* Leben kommen und lebendig werden, ah! sehr lebendig! wir posthumen Menschen!' –)."

Es hilft nichts: Der Leser, der auf Ballmers Texte stößt, ohne dass er sich sogleich darüber hinwegzusetzen vorzöge (was für den Un-Fall Ballmer bis jetzt an der Tagesordnung ist), hätte sich nach dieser Stimmgabel solange stimmen zu lassen, bis er seine ganze Respektabilität und Selbstgefälligkeit auszuschwitzen begänne und sich in die unerhörte Ballmersche Tonart versetzt fände – hier spricht einer, der es zu Lebzeiten fertiggebracht hat, *posthum* zu leben, das heißt, sich noch vor seinem bürgerlich attestierten Toten-Schein ins Tot-Sein bis zu dem Punkt hineinzusterben, wo das Faktum *Leben* nicht mehr den Eltern plus „einem Gotte in Verbindung mit dem luziferischen Prinzip" zu verdanken wäre (im Sinne des zweiten der Pneumatosophie-Vorträge Rudolf Steiners), sondern der Denkkraft eines Toten.

Dies zur Kenntnisnahme aller jetzigen und künftigen Leserschaft Ballmers: Das Kunststück des Einsiedlers: *„nachdem wir bereits gestorben sind",* erweist sich in diesem Fall weder als bohèmeartige Schrulle noch als *épatage* – es ist *Wirklichkeit,* und nur als solche kann es als Schlüssel zum Verständnis Ballmers gelten, einschließlich aller Erschütterungen und Verheerungen, die ein sich zu dieser Lektüre erdreistender Kopf erleiden mag. Hier wird aus dem Tod heraus gesprochen, und der Sprechende selbst ist ein Toter, der durch jeden Akt seines Sprechens nichts anderes bezweckt, als sich ins Leben zu setzen, zu seinem *eigenen* Leben zu kommen, nachdem er jenes irdische, auf Borg erhaltene abgelegt hat – „weil [Achtung!]

'Leben' im Sinne der Geisteswissenschaft *prinzipiell* 'Leben nach dem Tod', bzw. Leben aus der Auferstehungskraft eines Toten ist."

In diesem durchbrechenden Satz ist wohl der einzige Faden gegeben, der einem ermöglicht, sich im Labyrinth Karl Ballmer mehr oder weniger sicher niederzulassen. Leute von einer unergründlichen Unbegabtheit pflegen den Lebensgang eines Okkultisten mit dem Urkundenregister in Verbindung zu bringen. Nietzsches Zeugnis: Man kommt zu *seinem* Leben erst nach dem Tode, welches hier als geisteswissenschaftliches Grundgesetz gilt, pflegt man ja noch immer für poetisch, allzupoetisch zu halten (unter dem Motto des alten Homerschen: „*Viel lügen ja die Dichter*"), wobei man ohne jeden Anflug eines Zweifels annimmt, die Geisteswissenschaft Rudolf Steiners gelte ausgerechnet jenem Leben, dem die Universitätsbildung oder etwa unsere hehren mystischen Witterungen gelten. Das sonst extravagante Verhalten des Einsiedlers erweist sich eben in diesem Punkt als verborgen-pädagogische Könnerschaft eines Schock-Therapeuten. Fällt der Toten-Schein Ballmers ins Jahr 1958, so fällt sein Tot-Sein oder genauer Tot-Werden, der Moment also, wo er sein geliehenes Leben zurückzuzahlen beginnt, ins Jahr 1918. Kärgliche biographische Daten besagen das: Der Siebenundzwanzigjährige beschloss, nachdem er sich fast sieben Jahre mit Gedanken über die Sinnlosigkeit des Lebens getragen hatte, sich das Leben zu nehmen; dann fand – „*in letzter Stunde für mich*" – die Begegnung mit Rudolf Steiner statt... Wäre dem Wort heute keine so abfällige Bedeutung beizumessen, so könnte man ohne Zögern von einer *existentiellen Grenzsituation* sprechen; der Effekt der Anthroposophie in Ballmer scheint mitunter fast unglaublich zu sein, so scharf zeigt sich die Einstellgenauigkeit seiner weiteren Existenz in diesem Brennpunkt. Man hüte sich nichtsdestoweniger davor, das einmalige Spezifikum dieses Geschehens *sub specie* rührender lyrisch-bürgerlicher Regieeffekte zu bewerten: Hier hätte einer Selbstmord begangen, wäre er nicht einem *deus ex machina* begegnet. Man redet treuherzig von der Rettung vor dem Tode, und man fragt sich dabei gar nicht: *wohin* man sich hier, in diesem einzigartigen Fall, eigentlich zu retten hätte? Zurück ins Leben? Wie aber, wenn es kein solches „*Zurück*" mehr gibt? Dass ein morscher Jüngling Werther angesichts des Todes zurück ins Leben hätte geworfen werden können, scheint aus dem einfachen Grund denkbar, dass sein Selbstmord-Entschluss noch einige Reservegarnituren des Lebens verbirgt, und dass das Pech mit der einen Lotte durch das Glück mit den übrigen immerhin reichlich wettgemacht werden kann. Der Todeskandidat Ballmer steht felsenfest und reservelos, weil es hinter ihm keinen reservierten Lebensplatz mehr gibt, es sei denn einen erschwindelten, wo sich eine Unmenge scheinlebendiger Leichname krampfhaft ans Leben zu klammern sucht und den Tod für das größte Unglück hält. Für den Geschmack des Künstlers Ballmer wie auch für seine ganze nierenprüfende Erfahrenheit macht sich gerade das Gegenteil geltend – der wie ein Damoklesschwert fallende Satz Rudolf Steiners: „*Der Tod ist das Glück der* Menschen." Nichts hätte ihn von diesem Entschluss abhalten können, den er ja in der Tat vollzogen hat. Die Begegnung mit Rudolf Steiner änderte nur das „*Wohin*" seines In-den-Tod-Gehens. Vorausgesetzt, der Okkultismus werde nicht altjungfernhaft genommen, muss man sich damit zurechtfinden, dass der Anfang jedes wirklichen Okkultisten einen freiwilligen Selbstmord zur Voraussetzung hat, ohne dass er dabei zugrundeginge. Die Anthroposophie, in die Karl Ballmer 1918 dennoch Selbstmord beging, stellt nichts anderes dar als einen ständigen Kampf um die Auferstehung aus dem Tode heraus; der Vater Tod, der Schöpfer Tod, das Glück Tod erweist sich deswegen als die *einzige* Bedingung, kraft deren die Träger des anthroposophischen Impulses ihren Gnadenbrotempfängerstatus preisgeben und als Mitarbeiter Rudolf Steiners auftreten können. *Stirb und werde* – dies ist die einzige anthroposophische Bedingung, ohne die die *„verehrten Anwesenden"* unausweichlich entweder zu sektiererischen Tanten oder zu akademischen Onkels, beidemale zu einem *„Gott bewahre!"* entarten. Seine Dornacher Eindrücke (ob nun nach der Ankunft oder vor dem Weggang bzw. gegen Ende 1918 oder gegen Ende 1920) soll Karl Ballmer äußerst klar zusammengefasst haben: „Diese Kinder haben keine Ahnung davon, was sie treiben und womit sie zu tun haben." Man stelle sich einmal die Fassungslosigkeit eines Toten vor, der auf eine gut geölte, glattgekämmte und fatal unerschreckbare *okkulte* Gesellschaft stößt, wo die Zumutungen der Geisteswissenschaft so moderiert werden, als ginge es immer wieder um Tischplaudereien über die jeweilige Speise- (pardon) Tagungsthemenkarte: Ätherleib, Astralleib, Ich, Ahriman, Luzifer etc. Kein Zweifel: Das Ritual des Erschreckens, ohne welches jedes Mysterium der Gefahr ausgesetzt ist, in eine Buffa zu entarten, scheint ein höchst rares Ereignis ausgerechnet im anthroposophischen Milieu zu sein. Der einstige Zorn des Rattenfängers Nietzsche, der sein ganzes Schicksal auf Bayreuth stellte und statt auf die langersehnte „Geburt der Tragödie" auf üppige Theatralik stieß, quillt aufs neue in Ballmer hervor angesichts des anthroposophischen Bayreuth, wo man es jahrzehntelang fertigbringt, das Können des Todes durch dicke viktorianisch okkulte Kosmetik zu überdecken. Versteht sich, an den anthroposophischen Ordnungshütern sollte es nicht fehlen, mit diesem Wagehals abzurechnen. Dass Ballmers Anthroposophie *ex officio* für Anti-Anthroposophie erklärt wurde und er selber – bis man klüger wurde und seinen Namen der Vergessenheit anheimfallen ließ – für paranoid, dient als ziemlich eigentümliche Empfehlung für eine Gesellschaft, die selbst dem Los nicht entgangen ist, die famose römisch-katholische Bannfluchtechnik am eigenen Leibe zu erfahren. Wahr ist, dass einem Ballmers *façon de parler* keine einzige Chance auf ein Schlupfloch gibt; er greift zur Feder, wie wenn er auf die Jagd ginge, und seine Jagdtasche wird schwerer mit jedem von ihm geschriebenen Satz. – *„Das ist doch unmöglich: Kein sich selbst respektierender Mensch kann damit ernst machen"*, so rief einmal ein sich respektierender Anthroposoph aus, als ich ihm (der Probe halber) ein paar Ballmersche Sätze zu lesen gab. Wohlan! Man versuche aber einmal, sich einen sich auf solche Weise respektierenden Menschen vorzustellen, der es fertigbrächte, derlei Empörung mitten im Kamaloka zu äußern!

Noch einmal: Hier spricht ein Toter, der – *per definitionem* – keine Umstände macht. Ein gut erzogener, mondäner, die Mittagsruhe achtender Tod käme wohl einem herausfordernd geschmacklosen Irrwahn gleich. Man schlage jedes beliebige Buch Ballmers gleich wieder zu, wenn man sich auf dem Wege der Selbst- qua Welterkenntnis einbildet, in seiner jungfräulichen Nullität auf Schritt und Tritt respektiert werden zu müssen. Man trenne sich aber um keinen Preis davon, sofern man kein Wahrnehmungstolpatsch ist und anstatt eines verletzten Ehrgefühls genug Ohrgefühl zeigt, hinter allen Ballmerschen Sprach-Unmöglichkeiten den klugen Kniff eines in Harnisch bringenden Taktikers zu wittern, der einem vom Wege abgekommenen Kopf das zu geben pflegt, was eines vom Wege abgekommenen Kopfes ist – in der Hoffnung, diesem dadurch zum Selbsterkennen zu verhelfen. – „Sehr geehrter Herr Dr. L.! *Wie sich Tante Lieschen die Wiederverkörperung vorstellt* – – Verzeihen Sie, sehr geehrter Herr Dr. L., die Unhöflichkeit dieser Anmerkung zu Ihrem Aufsatze 'Über die Bedeutung der Wiederverkörperungslehre für das Verständnis der Geschichte' im Mai-Heft der 'Blätter für Anthroposophie'.

Mit freundlichen Grüßen". – Unhöflichkeit? Wohl möglich, solange als Maßstab der Sittenkodex unserer abendlichen, abendländischen, verzärtelt bürgerlichen Verhaltensmaßregeln gilt. Rücken wir die Frage aber einmal in ein ganz anderes, unerwartetes Licht: Da tritt ein gewisser Doktor auf und setzt seine ganze Gelehrtheit daran, Ideen draufloszublamieren. Nun, es gibt freilich unzählige Arten, ihn in die Schranken zu weisen, je nach dem Rang der jeweiligen Idee und dem Grade ihrer Verunglimpfung. Es wird angenommen, die wissenschaftliche Polemik müsse eben höflich und für den Adressaten auf keinen Fall verletzend sein. Dass es sich dabei auch um die Verletzung der Idee, sprich: der Gottheit handeln kann, das lässt man einfach außer acht. Man schlägt aber sofort Alarm, wenn ein *Ideeller,* der tapfer genug ist, diesen Denkunfug im Zeitalter des Bösen für das Erzböse zu halten und ihn *sachgemäß* zurechtzuweisen, Dinge beim Namen zu nennen beginnt – ob nun in Form einer nasenstüberartigen Schroffheit (Ballmer: „Leiste, bleib bei deinem Schuster") oder in Form einer gründlichen Backpfeife (Ballmer: „Ich betrachte es als meine Aufgabe, die akademische Gruppenseele darauf aufmerksam zu machen, dass sie – schwindelt"). Man nenne das, wie immer man wolle; was mich anbelangt, so scheint mir dieser beleidigende Ton Engelsmusik etwa der Beleidigung gegenüber, die die akademische Wissenschaft via Lehre von den motorischen Nerven der Welt-Gottheit zufügt. Oder sind die Herren Ideen-Beleidiger der Meinung, ihre bedenkliche bürgerlich-rechtliche Würde sei unantastbarer als jene Gottes? Das wäre dann eine nicht einmal diskutable Abart einer *mania grandiosa.* Und würde man einwenden, es gehe nicht um den Inhalt der Polemik, sondern um deren Form, welch letztere periphrastischer und diplomatischer zu gestalten sei, so würde man damit nichts als seine hausbackene Vorstellung über das Ineinanderstehen von Inhalt und Form bekunden. Der Leser mag einmal versuchen, die beiden oben angeführten Mustersätze artiger umzumodeln. Er wird sehen, wie die Beschneidung der Form die des Inhalts nach sich zieht. Man kann da jede Wette eingehen, dass sich an einem gewissen Punkt dieser *reductio* auf die Höflichkeit herausstellen wird, dass ein Leiste eben nicht bei seinem Schuster, sondern bei seinen bedenklichen Leistungen geblieben ist, während die akademische Gruppenseele (pardon: das Gremium von Hochgebildeten) nicht etwa schwindelt, sondern allenfalls „das Problem, hm!, nicht umfassend genug erörtert". Glückab!

Ich nehme mir die Freiheit, diesen heiklen Punkt ausführlicher und sachgemäßer bloßzulegen. Die Schwelle der Texte Ballmers, vor der schon mehrere Generationen der anthroposophischen Leserschaft zurückschreckten und noch immer zurückschrecken, lässt sich wohl im Lichte der Schlussdarstellungen des Buches „Wie erlangt man Erkenntnisse der höheren Welten?" erhellen. Man stolpert hier nämlich über ein übersinnliches Wesen, das den Zugang zu den Texten versperrt und dem Leser jede Lust zur Lektüre nimmt („Das ist doch unmöglich: Kein sich selbst respektierender Mensch kann damit ernst machen!"). Dieses Wesen alias der kleine Hüter der Ballmerschen Schwelle wäre *im gegebenen Fall* als nichts anderes vorzustellen denn als *Dämon der Höflichkeit*. Man braucht sich nur der entsprechenden Erörterungen in „Wie erlangt man Erkenntnisse der höheren Welten?" zu entsinnen, um einzusehen, dass der in Rede stehende Spuk nicht im geringsten die hinter der Schwelle sich eröffnende *geistige* Welt repräsentiert, sondern einzig und allein diejenige des Herantretenden. Es handelt sich hier nämlich ausgerechnet um den Leser selbst, ja um das mächtige Bemühen seines eigenen Doppelgängers, dessen Lebenssoll es ist, uns – angesichts der geistigen Schwelle – als *unsere* eigene Spiegelung von außen her entgegenzutreten und sich selbst für das *Objektive* auszugeben. Der ganze Trick besteht nun darin, dass die sogenannten Unhöflichkeiten des Textes nicht aus dem Text selbst herausgelesen, sondern in den Text hineingelesen und also dem Text treuherzig zugeschrieben werden; es sind *in Wirklichkeit* unsere eigenen Erzdummheiten, die uns als Unhöflichkeiten aus dem Gelesenen entgegentreten – mit allen dazugehörigen Konsequenzen unseres edlen Gekränktseins usw. Der Text erweist sich eigentlich als eine Retorte, in der der ursprüngliche Bindemörtel unserer Dummheit, durch das Reagens der Text-Exaktheiten katalysiert, nach der Unhöflichkeit schmeckt, die dann vom Leser auf das Gelesene übertragen und dem Gelesenen zur Last gelegt wird, mit der eindeutigen Konsequenz, das Buch empörend zuzuschlagen und den Autor für unmöglich zu halten. Handelt nun einer so, der keine Ahnung von Rudolf Steiner und den „*Geheimnissen der Schwelle*" hat, so ist das zwar schicksalsschwer, wohl noch immer aber erklärbar und tolerabel, jedenfalls im Hinblick auf die unausweichliche Chance, die Bekanntschaft der Geisteswissenschaft irgendwann einmal noch zu machen und sich seine alten Denk- und Gefühlsschmarotzereien wie Schuppen von den Augen fallen zu lassen. Umso absurder und unentschuldbarer sieht es aber im Handeln derjenigen aus, die sich als Anthroposophen vor die Welt zu stellen und jahrzehntelang Wochenendseminare zum Thema: „Wie erlangt man Erkenntnisse der höheren Welten?" eifrig zu besuchen pflegen. Der erwähnte *Dämon der Höflichkeit* reibt sich genau hierbei die Hände und kichert vor Zufriedenheit; anderenfalls legt er kaum großen Wert auf seinen Gewinn. Man hätte sich nun aber eben *anthroposophisch* Rechenschaft darüber zu geben, was hier *möglich* und was *unmöglich* ist. Strenggenommen kann von *Unhöflichkeiten* beim Schriftsteller Ballmer überhaupt keine Rede sein. Es wäre höchstens von *Exaktheiten* zu reden. Ballmer ist exakt; seine einzige Sorge ist es, die *Sache* möglichst genau und sachgemäß zu Wort kommen zu lassen. *Unsere* sich daraus ergebende Reaktion auf die *Unhöflichkeiten* stellt nur subjektive Nachwirkungen dar, infolgederen das objektiv *Exakte* vor lauter subjektiv *Unhöflichem* nicht sichtbar ist. In Ballmers diesbezüglichen erklärenden Postskripta wird die in Frage stehende Situation durchsichtig und eindeutig: „Wenn Ihnen der Ausdruck ‚Blödsinn' nicht passt", bringt er einem Empfänger bei, „so kann ich nur bedauern, dass ich einen treffenderen Ausdruck nicht zur Verfügung habe." Oder: „Ich meine mich höflich auszudrücken, wenn ich diesen hochgradigen Unsinn als Schwindel bezeichne." Der Satz lässt sich wohl in die Sprache der *Informatik* übertragen, damit die angebliche Unhöflichkeit modern wissenschaftlich fundiert werden kann, also: Im *Input* ist es Unsinn, im *Output* Blödsinn oder Schwindel, dazwischen steht als *black box* der Buchleser Ballmer. Das halten wir nun für unmöglich, indem wir dem entscheidenden Punkt vorsorglich ausweichen: dass nämlich die berüchtigte „Unmöglichkeits"-Präsumtion im Grunde nichts anderes ist als unsere fixe Ausrede, um die hier allein sich geltend machende *Exaktheit* kurz und schmerzlos loszuwerden. Als rechtlich bevormundete *personae gratae*, die wir zu sein glauben, richten wir unser Verstehen und Handeln in einer höchst disproportionalen Weise ein: Wir nehmen uns nämlich das unwiderrufliche Recht heraus, Blödsinn über Blödsinn zu häufen, ohne dass die radioaktive Strahlung dieses weltumfassenden Blödsinns beim rechten Namen genannt werden dürfte. Das verhängnisvolle Gespenst des französischen *grand siècle* gilt noch immer als *ultima ratio* unseres heutigen Selbst- und Weltverstehens, sodass die allerletzte Instanz, an die wir immer wieder und wieder automatisch zu appellieren vermögen, *Höflichkeit* und *Konvenienz* bleiben, in keiner Weise aber *Wahrhaftigkeit* und *Mut*, wirklichkeitsgemäß zu handeln. In den kecken Belehrungen eines Lord Chesterfield (dieses englischen Abkömmlings rein französischer Schulung), die er seinem außerehelichen Sohne einstmals erteilte, hätte auch unsere Zeit sich (zwar nicht so tadellos in der Durchführung, doch eben der Tendenz nach) wiederzuerkennen. „Gewicht ohne Glanz", wird uns hier eingebleut, „ist Blei. Besser ist es, einer leichtfertigsten Dame gegenüber pure Plattitüden von sich zu geben, denn einem ernsthaftesten Manne derbe Wahrheiten zu sagen, ohne ein Blatt vor den Mund zu nehmen; besser, einen fallenden Fächer mit einer gewandten Bewegung aufzufangen, denn linkisch irgendwem tausend Pfund zuzustecken; ja besser, eine Bitte liebenswürdig auszuschlagen, denn derselben Bitte unhöflich stattzugeben." Allerhand! Es wäre zweifelsohne ein ergreifendes Thema, diese Umgestaltung der ureigenen Welt-Ontologie nach dem Musterbild einer Hof- und (schon fast unaufhaltsam) Friedhofontologie historisch zu verfolgen, ja diese Umdressur der Welt Gottes zu *beau monde,* wo sich das Weltkarma nirgendwo anders geltend zu machen hat, als im steifen Rahmen höfisch-linguistischer Etikettenschrullen, und wo selbst der Schöpfer der Welt davon abhängig ist, wie erlesen oder gar sprachreglementiert seine Geschöpfe über ihn und zu ihm reden (Kapitelüberschrift: *Atheismus in Paris 1671* oder *Madame de Sévigné* contra *Anselm von Canterbury:* „*Comment peut-on aimer Dieu, quand on n'entend pas bien parler de lui?*"). Merkwürdiges Erbe der Aufklärungszeit, dem bis jetzt unverändert Gültigkeit zukommt: Das englische *homo homini lupus est* unter Tarnung der echt französischen *galanteries.* Man verlasse sich aber einmal auf seinen angeborenen Scharfsinn, um mit dem Alpdruck dieses zudringlichen Gespenstes auf Anhieb fertig zu werden. Man frage sich nämlich, ob man irgendeine Chance hätte, für normal gehalten zu werden, wenn man die Höflichkeitsforderung auch etwa vom Mathematischen gelten ließe? Beansprucht nämlich einer, die höhere Mathematik draufgängerisch zu treiben, ohne an den eigenen Fingern bis zehn zählen zu können, dann wird er mathematischerseits kaum der Höflichkeit für würdig erachtet, wohl aber sofort unterbrochen und rücksichtslos hinausgebeten. Mir ist nun kein einziger Fall bekannt, in dem man so weit gegangen wäre, infolge dieser Unhöflichkeit die mathematische Bildung zu boykottieren und von den Mathematikern nichts hören zu wollen. Nun gut! Der Leser sei *höflich* gebeten, die in allen Kasus deklinierte Unmöglichkeit Ballmers in eben diesem Licht zu überprüfen. Die mathematische Analogie ist mehr als lehrreich, sofern man berücksichtigt, dass sich die Geisteswissenschaft („*Theosophie des Goetheanismus*" sagt Ballmer) eben als *universelle Mathematik* – als „*das Leben der Götter*" in Novalis'scher Fassung – bezeichnen lässt, mit deren universeller Exaktheit sich diejenige der akademischen Mathematik nur annähernd messen lassen kann. Von vielen Beispielen wähle ich nur dies eine: Rudolf Steiners Lehre über die *Wiederverkörperung des Geistes* und deren Verhunzung durch die anthroposophischen Experten. Im Vergleich mit der mathematischen Wissenschaft ließe sich der Fall etwa folgendermaßen darstellen: Es steht doch in jedem mathematischen Lehrbuch schwarz auf weiß geschrieben, dass in der von *Cauchy* entwickelten *Theorie des Grenzwertes* die Differentiale nicht für Null gehalten werden (wie es noch bei *Euler* der Fall war), sondern dass an Stelle der unendlich kleinen Größe der untere Grenzwert jeder möglichen endlichen Größe auftritt, was für die ganze Entwicklung der abendländischen Mathematik von entscheidender Bedeutung war. Undenkbar, dass sich nun mathematische Witzbolde finden ließen, die die Theorie des Grenzwertes im vorgestrigen Eulerschen Sinne behandeln würden, ohne seitens der sachkundigeren Kollegen zum besten gehalten zu werden. Der entsprechende Wiederverkörperungsvorfall erweist sich dagegen im Lichte dieser Analogie als fast unerhört. Es ist doch erstaunlich, in welchem Ausmaß sich die führenden Mathematiker der Geisteswissenschaft ahnungslos zeigen in bezug auf deren Elementarauskünfte. Ballmer: „Es darf von den anthroposophischen Akademikern verlangt werden, dass sie Kenntnis nehmen von den Inhalten des vor fünfzig Jahren erschienenen Buches 'Theosophie'." Das heißt: Die kommenden Schüler der Anthroposophie des 21. Jahrhunderts werden sich wohl den Kopf über das schändliche Faktum zerbrechen, wie sehr das im *Lehrbuch* „Theosophie" schwarz auf weiß Geschriebene von fast allen anthroposophischen *nomina sunt gloriosa* bis zur Unkenntlichkeit pervertiert und blamiert wurde. Ballmers Meisterschriften „Marginalien 1 und 2" und „Elf Briefe über Wiederverkörperung" befassen sich ausgerechnet mit der Beseitigung des anspruchsvollen anthroposophischen Analphabetentums in Sachen *Wiederverkörperung* und stellen unnachahmliche Proben einer *anthroposophischen Orthopädie* dar, mit der Perspektive, die verrenkten akademischen Köpfe zurechtzurücken. Der wunde Punkt der angeblichen Unhöflichkeiten muss hier ein für allemal geklärt und ins Museum unserer spießbürgerlichen Gewohnheiten verbucht werden. Kein Zweifel, dass man der Lächerlichkeit anheimfiele, falls man glaubte, bei einer orthopädischen Behandlung mit Zärtlichkeit und Sanftheit rechnen zu dürfen. Recht oder schlecht, aber man muss sich damit abfinden, dass kein verrenktes Organ *artig* und *zuvorkommend* eingerenkt werden kann. Man bewahre nun die *wesentliche* Stimmung dieser Selbstverständlichkeit, und man übertrage sie auf die in Frage stehende Problematik. Das will aber heißen: Man findet sich dann, geistesgegenwärtig und entsprechend eingestimmt, in die Atmosphäre des Buches „Theosophie" versetzt. Das Buch „Theosophie" behandelt das Thema *Wiederverkörperung des Geistes* in *doppelter* Darstellung, nämlich als Wiederverkörperung der *menschlichen Gattungswesenheit* (in bezug auf die physische Menschengestalt) und als Wiederverkörperung ein und desselben *Geistesmenschen*. Die sich aus dieser Verdoppelung ergebenden Konsequenzen bringen Ballmer zum Thema: *Weltschöpfung*. Um nun dieses durch und durch verminte und *unmögliche* Thema zu vermeiden – wahrscheinlich in der Absicht, dem Weltgott, was des Weltgottes ist, und Tante Lieschen, was Tante Lieschens ist, zu geben –, begnügen sich die anthroposophischen Dilet-Tanten (Ballmers Treffer) beiderlei Geschlechts mit dem landläufig okkulten Edelquatsch, es seien die natürlichen Menschen selbst, also die Meier, Müller und wie unsereiner sonst noch heißen mag, die „sich wiederverkörpern". Selbst Goethe wird hier aufgeboten, zwecks Verzierung des weittragenden Unfugs: „Wie Goethe in der einzelnen Pflanze die Urpflanze wahrnahm", so heißt es in der Eingebung einer anthroposophischen Eminenz, „so nimmt das denkerisch klare Geisterkennen im irdisch-verkörperten, sterblichen Menschen die unsterbliche Individualität wahr, die von Erdenleben zu Erdenleben schreitet." Schlimm genug. Aus diesem „denkerisch klaren Geisterkennen" hätte der erstbeste Dorfschullogiker den Schluss zu ziehen, jeder natürliche Mensch, also jeder Meier und Müller, sei seine eigene Urpflanze, deren Zahl sich also auf Milliarden belaufen muss. Ballmer: „Es ist lediglich eine Frage des Geschmacks, ob man von Unverstand oder von Schwindel sprechen will." Ja, es röche meinetwegen noch nach einem amüsanten Kuriosum, hätten sich die selbstgefälligen Akademiker von vornherein vorbehalten, es handle sich nur um *ihre eigenen Exegesen* (also auf die eigene Kappe) von Rudolf Steiners Darstellungen. Dann gälte nur der erste Teil der folgenden Toleranzmaxime Ballmers: „Jeder Anthroposoph hat das Recht, sich vor Rudolf Steiner so gut zu blamieren als er kann." Die Frechheit besteht nun aber darin, dass der erwähnte Unfug ausgerechnet *im Namen Rudolf Steiners* getrieben wird. „Methodisch", heißt es weiter im oben zitierten Urpflanzen-Lapsus, „musste sich Rudolf

Steiner der Wiederverkörperungsgedanke angesichts des Menschenreiches ergeben, so wie sich Goethe der Gedanke der Urpflanze und der Metamorphose dem Pflanzenreich gegenüber ergab." Punktum. Angesichts einer solchen schulmeisterhaften Didaktik kommt schon keine Logik mehr in Frage, wohl aber eine Ethik, insofern sich der betreffende „denkerisch klare Geisterkenner" herausnimmt, Rudolf Steiner den Verweis zu erteilen, was sich Rudolf Steiner eigentlich ergeben *„musste"*. In aller orthopädischen Klarheit gesprochen: Man erweist sich erstens als schwachsinnig, und man macht ferner unverschämt Rudolf Steiner für diesen seinen Schwachsinn verantwortlich. Die Fortsetzung der Toleranzmaxime Ballmers: „Dagegen sollte angestrebt werden, nicht auch Rudolf Steiner zu blamieren", antizipiert und entseucht eben solche Vorfälle. Ich hoffe mich jedoch mathematisch präzis ausdrücken zu können und adäquat verstanden zu werden, indem ich behaupte, dass mir die sprachlichen Unhöflichkeiten des Schriftstellers Ballmer noch immer *zu wenig unhöflich*, ja fast *ärgerlich erlesen* vorkommen, angesichts der Beleidigungen, die dem Schöpfer der Anthroposophie von seiten seiner akademisch gewichtigen Geschöpfe zugefügt wurden und noch immer zugefügt werden.

Ich versuche, das *Urphänomen* des Anthroposophen Ballmer zu erfassen und finde keine bessere Formulierung als diesen ungeheuren Satz: *Er nimmt die Anthroposophie todernst.* Der Satz liefe ja nun Gefahr, für trivial gehalten zu werden, würde der Leser das letzte Wort im übertragenen Sinne, nämlich als ein *epitheton ornans*, missachten. Das Wort ist dagegen buchstäblich zu lesen. *Todernst* meint in diesem Fall: *aus dem vollen Ernst des Todes.* Der einzige Haken an der ganzen Sache Ballmers wurde schon erwähnt: Er lebte als ein *Toter* – sowohl *vor* als auch *nach* der Begegnung mit Rudolf Steiner.

Der Unterschied lag wohl in den verschiedenen Zuständen dieses immerwährenden Todesbewusstseins: *Davor* war es nämlich ein unbewusster Tod, *danach* im Gegenteil ein immer bewusster werdender. Die sonst fast ärgerliche Dürftigkeit seiner *vor*anthroposophischen Biographie verheißt auf der anderen Seite eine gewisse Hilfe für die Orientierung am Wesentlichen. Ballmers Biographie scheint ein Paradoxon zu sein, einfach aus Mangel an *Bios* selbst. Man hätte sich nämlich einen jungen Menschen vorzustellen, dessen ganze Existenz von Anfang an unter dem Zeichen der *Sinnlosigkeit der Existenz* stand (ganz im Sinne des späteren Sartreschen Verdiktes: „*l'homme est une passion inutile*"), ohne dass er dabei fähig gewesen wäre, irgendwelche „*wennschon-dennschon*"-Konsequenzen daraus zu ziehen und in Saus und Braus, so *à la parisienne* zu leben. Man bräuchte sich nur in jeden beliebigen Satz aus Ballmers Büchern, Briefen oder gar Notizen zu versenken, um sofort einzusehen, was ein Faktum wie die *Sinnlosigkeit* im Fall Ballmers hatte bedeuten müssen. Denn er war *ein Besessener von allem Sinnvollen, ein nach dem Sinn Lechzender* und folglich *ein Lebensunfähiger* dort, wo das Leben als *sinnlos* galt. Es ist ein Brief von ihm erhalten, dessen Inhalt rein biographischer Art ist und wie eine Beichte wirkt – ein Vorfall, der sonst bei Ballmer nie wiederholt wird. Am 2. September 1932 schreibt Karl Ballmer aus Hamburg an Marie Steiner nach Dornach den folgenden Brief – wie zur Entschuldigung seiner beharrlichen Ausforschung der Situation im Rudolf Steiner-Archiv:

„Hochverehrte Frau Doctor!
Diesen Brief zu schreiben kostet mich die allergrößte Überwindung. Ich schreibe ihn dennoch, aber ich kann dies nur, wenn ich mich ganz mit dem Gedanken innerlichst erfülle, dass ich es aus einer vor Rudolf Steiner angetretenen *Verantwortung* tun *muss*.

Ich verdanke Rudolf Steiner meine Existenz (buchstäblich). Ich war von meinem 20. bis 27. Lebensjahr aus Verzweiflung an einem Sinn des Lebens der Fall eines höchst gefährlichen Selbstmordkandidaten. Eigentlich muss ich es wie ein Wunder ansehen, dass eine Reihe gravierendster tätlicher Selbstvernichtungs-Attacken negativen Erfolg hatten. Im 27. Lebensjahr stieß ich durch meinen Züricher Freund Roman Boos erstmals auf Rudolf Steiner. Dr. Boos hatte im zweiten Kriegsjahre eine Broschüre veröffentlicht über 'Der europäische Krieg und unser Schweizer-Krieg', in welcher er von mir bisher unbekannten großen geistigen Gesichtspunkten das Kriegsproblem und das zwischen die Kriegführenden Eingekeiltsein der aus zwei Nationalitäten zusammengesetzten Schweiz behandelte. (Damals, im Jahre 1915, als Boos diese Schrift verfasste und veröffentlichte, stand bereits das erste Goetheanum. In diesem Jahre 1915, im Frühjahr, lag ich als Schweizer Soldat in Dornach – auf Stroh auf dem Fußboden des Schulhauses in Ober-Dornach. Mich interessierte der seltsame Bau auf dem Dornacher Hügel oben, ich hatte keine Ahnung, was er zu bedeuten habe, den Namen Rudolf Steiners hatte ich nie gehört. Nach dem Abend-Appell machte ich mich mit einem Jugendkameraden aus meiner Soldatengruppe – dieser Kamerad hieß bezeichnenderweise Willi Frei – auf, um den 'Johannesbau' der 'Theosophen', wie es so im Dorfe hieß, zu besichtigen. Am Bau führte uns ein junger Mann mit sehr ausgesprochenem Württemberger Dialekt in zuvorkommendster Weise, er führte uns bis in den Heizungsgang zwischen Heizhaus und Bau (dieser unterirdische Gang schien dem Württemberger ganz besonders zu imponieren) und bis unter die Kuppel, wo schon die Skizzen für die Ausmalung herumstanden, wofür ich mich nun meinerseits interessierte.) Erst zwei Jahre später, zwei Jahre nach diesem Dornacher Erlebnis las ich zum ersten Male den Namen Rudolf Steiner, eben in der Broschüre von Boos.

Ich gelangte in *Bern* an die Lektüre dieser mich aufs höchste fesselnden Schrift. Ich war damals, als Schweizer Soldat im Presse-Amt des Schweizer Generalstabes tätig und verfolgte interessiert die Literatur zum Kriege. Ich schrieb an den mir unbekannten Verfasser Dr. Boos in Zürich. Ich gebrauchte in diesem Briefe zur Charakteristik der Boos'schen Broschüre, bzw. ihres Eindruckes auf mich ein Bild: ich schrieb, dass es mir bei der Lektüre der Boos'schen Gedanken ergangen sei wie einem, der nach langer, langer, ferner Abwesenheit von seiner Heimat nach Hause zurückkehre. Boos schrieb sogleich lebhaft zurück, wir lernten uns nach kurzem auch persönlich kennen, wobei mir Boos bei der ersten Begegnung die von Rudolf Steiner besorgte Ausgabe der Farbenlehre Goethes mit Einleitung und Kommentar in die Hand drückte. Vorsichtig brachte Boos mir – ich war dann inzwischen von Bern nach Zürich übersiedelt – als einem rabiaten Skeptiker Vorstellungen über Rudolf Steiner bei. Schnell indessen fiel bei mir die Entscheidung: Boos hatte mir die Nachschriften von Vorträgen Rudolf Steiners zum Lesen gegeben und ich begriff und deklarierte: das ist Wissenschaft als *Kunst*. Nun konnte für mich die Orientierung am Sinn des Lebens beginnen. Ich lernte diesen Sinn für mich dann auch bald persönlich kennen in Rudolf Steiner. – Es ist buchstäblich wahr, dass ich Rudolf Steiner meine gegenwärtige *Existenz* verdanke und es ist mein heiliger Wille, meine ganze Substanz an die Verantwortung für das Werk und Wirken Rudolf Steiners einzusetzen. Dies der Sinn meines Karma.

Ich musste diese Charakteristik meiner Verantwortungs-Einstellung vorausschicken, um nun zum Zwecke dieses Briefes zu kommen."

Später wird der Inhalt dieser Briefpassage in eine lapidare und wie ein Fehdehandschuh vor die Füße aller Welt hingeworfene Formel gegossen werden: „*Entweder hat die Welt überhaupt keinen Sinn, oder sie hat den Sinn, welchen ihr Rudolf Steiner gibt.*" Es lohnte sich zweifelsohne, das Licht der Welt zu erblicken, auf die so seltene Gnade hin, einmal einen solchen Satz zu verlautbaren! Hier spricht eine am eigenen Leibe *erfahrene* Sachkunde, vorausgesetzt, dass einem solche Sätze eben schwerfallen, wenn man sich nicht entschließt, seine ganze Existenz restlos darauf zu setzen. Ich ziehe aus diesem erschütternd schutzlosen Brief (*so* sprach ein Karl Ballmer nie und niemandem mehr gegenüber!) das einzige, was daraus zu ziehen wäre: den demütigsten Kniefall des *Geschöpfes* vor seinem *Schöpfer.* Klarer und eindeutiger könnte es eben nicht zum Ausdruck kommen: *Ich verdanke Rudolf Steiner meine Existenz (buchstäblich),* heißt nämlich: *Weil ich von Rudolf Steiner erschaffen bin* (vielleicht kommt ja Dr. Heinrich Leiste, der ahnungslose Lynchjustitiarius des offiziellen Goetheanum, erst jetzt dahinter, *was* er zu Lebzeiten verschlafen hat!). Erschütternd ist nämlich folgendes: Das *Geschöpf* bekennt sich als solches, wird sich seines *Geschaffenseins* bewusst und legt schon aus diesem Bewusstsein heraus dem *Urwesen der Welt* gegenüber die Prüfung ab, an der weiteren Weltschöpfung teilhaben zu dürfen.

Hier, in diesem Punkt der *Rettung* Ballmers eröffnet sich am deutlichsten das Urphänomen seines Lebens. Was ist eigentlich der Satz: „*Entweder hat die Welt überhaupt keinen Sinn, oder sie hat den Sinn, den ihr Rudolf Steiner gibt*", wenn nicht ein rein persönliches Bekenntnis, in dem sich das Universelle ausspricht? Lesen wir doch exakter, was sonst nur eilig und „*im großen und ganzen*" gelesen wird: „Ich war von meinem 20. bis 27. Lebensjahr *aus Verzweiflung an einem Sinn des Lebens* der Fall eines höchst gefährlichen Selbstmordkandidaten." Also nicht etwa „an einem Sinn *meines* Lebens" wird hier gesagt, sondern eben „*des* Lebens". Und weiter: „Nun konnte für mich die Orientierung am Sinn des Lebens beginnen. *Ich lernte diesen Sinn für mich dann auch bald persönlich kennen in Rudolf Steiner.*" – Dem gewöhnlichen Fall eines Selbstmordkandidaten aus Verzweiflung am Sinn *seines* Lebens (der sich folglich entweder durch Lottchens Untreue oder meinetwegen einen Konkurs verlieren bzw. durch Lottchens Treue oder einen hohen Zinssatz wiederfinden lässt) ist hier also der seltene Fall einer Verzweiflung am Sinn des Lebens *als solchem* gegenübergestellt. Er lernt diesen Sinn für sich dann persönlich in Rudolf Steiner kennen. Das heißt aber: Der Sinn des Lebens offenbart sich ihm nicht buchmäßig-abstrakt, sondern *personifiziert, in einer konkreten Person*, wobei von seiten der genannten Person nicht die geringste Absicht zu vermuten wäre, sich aktiv in dieses einzigartige Karma einzumischen, um einem Pechvogel mehr aus der Patsche zu helfen. Es schickt sich für den Sinn des Lebens nicht, so einen guten Zauberer zu spielen. Der Sinn des Lebens *erscheint*, damit jener, dem er erscheint, sich in dessen Beisein zurechtfinden kann. Es gab zweifelsohne auch Fälle, in denen Rudolf Steiner an der Lebenskrise des einen oder anderen Notleidenden helfend teilnahm, was aber nur besagt, dass der Sinn, so monistisch er auch sein mag, immer situationsbedingt und aus dem Bedürfnis des Momentes wirkt. Ballmers Fall – der Sonderfall eines alten, ungemein bedeutenden und verschleppten Karma – hält sich ausgesprochen abseits. Man würde kaum fehlgehen, wenn man annähme, Rudolf Steiner hätte selbst *in extremis*, also in Ballmers *letzter Stunde* keinen Finger gerührt, um den *dazu* Entschlossenen von seinem Schritt abzuhalten. Hätte er es doch getan, dann hätte es zwar einen Karl Ballmer gegeben, doch keineswegs diesen einen –, dann hätten wir die *Karl-Ballmer-Probe* mit ihrem Motto: „*Entweder hat die Welt überhaupt keinen Sinn, oder sie hat den Sinn, den ihr Rudolf Steiner gibt*" sicherlich nicht gehabt.

Gerade deswegen unterliegt die *Mission des Zorns* in Ballmer nicht irgendeinem bürgerlich-ethischen *point d'honneur*, sondern einer *ganz anderen* Zuständigkeit. Unsere dürftige, vor sich selbst wie ein Kind vor dem Schaufenster mit Bonbons stehende Zeit scheint alle Maßstäbe für das Verständnis dessen verloren zu haben, was es bedeutet, wenn ein *Verantwortungsvoller* mit einer solchen verbrennenden, ja verzehrenden Leidenschaftlichkeit die *Weltehre*, ich sage es ohne viel Federlesens, die *Christus-Ehre* gegen jederlei Denk-Flegelei und geistiges Lakaientum verteidigt, wie es einst in guten alten Zeiten bei einem Adligen in Sachen Privatehre als selbstverständlich und nicht weiter diskutabel galt. Schonungslos gegen sich selbst, schont er keinen, der – ob nun aus Unverstand oder aus Schwindel – gegen den *Geist* sündigt. Vergeblich wäre es, bei Ballmer so etwas wie Pietät dort ausfindig machen zu wollen, wo andere – aus Respekt vor den *gestrigen* Verdiensten oder aus Angst vor der *lèse-majesté* – den *heutigen* Unfug eines Unantastbaren ehrerbietig mit Schweigen zu übergehen pflegen. Hier der Text des Bruchbriefes eines bekannten Anthroposophen nach dem Erscheinen der beiden Marie-Steiner-Broschüren Ballmers („Philologin Marie Steiner" und „Editorin Marie Steiner", Verlag Fornasella, Besazio 1953):

„Sehr geehrter Herr Ballmer! Mit großem Bedauern habe ich von Ihren zwei letzten Schreiben Kenntnis genommen und sehe mich in meinem Ihnen entgegengebrachten Vertrauen schwer enttäuscht; denn Ihr Vorhaben mag Ihren Emotionen entsprechen, kann aber in keiner Weise die Früchte tragen, die Sie im Grunde anstreben, kann vielmehr nur Schaden anrichten, geht außerdem von einem ganz lapidaren Irrtum aus, von dem Missgriff der Form ganz abgesehen."[1]

1 Brief von Carlo Septimus Picht, 21. November 1951

In Anbetracht des Typischen dieses Falls scheint es notwendig, ihn *sachgemäßer* zu betrachten. Marie Steiner leitete jahrzehntelang die Herausgabe des Werkes von Rudolf Steiner. Der *Leser* Ballmer entdeckte in den von Marie Steiner veröffentlichten Schriften und Vortragszyklen Fehler, deren Überblick allein ausdrucksvoll genug für sich spricht. Hätte es sich nur um Fahrlässigkeiten und Druckfehler gehandelt, dann wäre auch der Ton des Entdeckers entsprechend hart gewesen. Nun sind die beiden Broschüren Ballmers aber dermaßen rücksichtslos und unerbittlich geschrieben, dass der bestürzte Leser, von den ersten Seiten an vom Ton der Darstellung schockiert, nicht weiter lesen zu können meint. „Das ist es ja eben!", flüstert uns der schon bekannte *Dämon der Höflichkeit* ins Ohr. „So pfuscht man sich selbst ins Handwerk, wenn man die heilige Kunst der *Diplomatie* verschmäht! Hätte der alte Brummbär aus Lamone die ganze Affäre *diplomatischer* behandelt, wäre das der Sache selbst nur zugute gekommen." – Wohl möglich! Der Vorwurf könnte *per analogiam* auch von Gott dem Herrn gelten, etwa folgendermaßen: Wäre der alte Weltenlenker mit seiner Welt etwas zuvorkommender gewesen, hätte er sich das Gebaren eines weltläufigen Zeremonienmeister angeeignet, so gäbe es weder den Sturz der Engel noch den Sündenfall oder die Sintflut, ja es gäbe überhaupt keine Revolutionen, Kriege, Aufrühre, Tragödien, kurz keine Geschichte – was es gäbe, ließe sich wohl vollauf in 1 Mose 2,25 unterbringen: *„Und sie waren beide nackt, der Mensch und sein Weib, und schämten sich nicht."* – – Ich würde dem erschrockenen Leser nichtsdestotrotz vorschlagen, mit den beiden genannten Broschüren Ballmers anders fertig zu werden, nämlich: Der Leser möge den Textinhalt etwa in zwei Spalten schriftlich oder einfach gedanklich für sich differenzieren, sodass er die kalte Sprache des *Faktischen* einerseits und die heikle Stilistik der *Geißelung* andererseits erhält (was nützten uns sonst unsere anthroposophischen Studien, wenn wir einer solchen Kleinigkeit in Sachen *Objektivität* nicht fähig wären!). Dann hätten wir folgendes Fazit – ich führe der Kürze halber nur eine stichprobenartige Fassung der Ballmerschen Darstellungen an:

Rudolf Steiner hielt am 20. September 1913 bei der Grundsteinlegung des „Johannesbaues" eine Ansprache, in der er unter anderem sagte: „Fühlen wir, als die *Engsten,* so muss es sein, wenn wir weiter kämpfen dürfen in jenem großen Kampf usw.". In der stilistischen Bearbeitung Marie Steiners fiel es dieser Stelle zu, fast à *la Maeterlinck* zu lauten: „Fühlen wir diese *Ängste*".

In der von Rudolf Steiner selbst 1907 redigierten und veröffentlichten Broschüre „Blut ist ein ganz besonderer Saft" heißt ein Satz: „Das Blut ist ebenso ein Ausdruck des individualisierten Ätherleibes, wie das Gehirn und Rückenmark ein Ausdruck des individualisierten Astralleibes." (Anmerkung Ballmers: „Die Architektonik des ganzen Vortrags 'Blut ist ein ganz besonderer Saft' ist auf den Gegensatz gebaut: *Allgemeine* Leiblichkeit und *individualisierte* Leiblichkeit".) In den von Marie Steiner besorgten und herausgegebenen Auflagen 16 bis 20 lautet diese Stelle (Ballmer: „Es ist beinahe nicht zu glauben") abgeändert so: „Das Blut ist ebenso ein Ausdruck des individualistischen Ätherleibes, wie das Gehirn und Rückenmark ein Ausdruck des individualistischen Astralleibes".

In dem von Rudolf Steiner selbst veröffentlichten Aufsatz unter dem Titel „Wie Karma wirkt" steht der Satz: „In welchem Verhältnis befindet sich der Mensch zur physischen Umwelt, wenn er in eine neue Verkörperung eintritt?" Die von Marie

Steiner *verbesserte* 14. – 16. Auflage setzt *Umwelt* in *Unterwelt* um.

Auf Seite 13 der 25. – 30. Auflage des Aufsatzes Rudolf Steiners „Die Erziehung des Kindes vom Gesichtspunkte der Geisteswissenschaft" ist der sinnlose Passus zu lesen: „Nun hat der Mensch ein viertes Glied seiner Wesenheit, das er nicht mit anderen Erdwesen [!] teilt. Diese [!!!!!] ist der Träger des 'Ich', das Wörtchen 'Ich'..." Im *Original* lautet die betreffende Stelle so: „Nun hat der Mensch ein viertes Glied seiner Wesenheit, das er nicht mit anderen Erdenwesen [!] teilt. Dieses ist der Träger des 'Ich'. Das Wörtchen 'Ich'..."

Die angeführten Beispiele betreffen (wohlgemerkt!) die weitere Herausgabe der von Rudolf Steiner selbst veröffentlichten Texte. Man kann nur erraten, wie es mit der Herausgabe der von Rudolf Steiner nicht durchgesehenen Vortragsnachschriften steht. Hier erwies sich die philologische *Strenge* der Editorin als maßgeblich, etwa die folgende Nachsichtigkeit im editorischen Vorwort zu den *Arbeiter-Vorträgen*: „*Wenn auch nicht alles darin den Gepflogenheiten der literarischen Stilbildung entspricht, so hat es dafür das unmittelbare Leben.*" (Hätte man keine Ahnung, von welchem „*darin*" hier eigentlich die Rede ist, so müsste man annehmen, es werde hier ein Schulaufsatz von einem Schulmeister auf solche, im Grunde doch wohlwollende Weise bewertet.) Ballmers Verlustliste wirkt schlechterdings frappant. Allein im ersten Vortrag des Zyklus über das Lukas-Evangelium zählt er 95 willkürliche Änderungen des Originaltextes. Was nun weitaus wichtiger ist: Alle zitierten Änderungen werden von ihm *gründlich* kommentiert, woraus sich aufs klarste ergibt, dass es lediglich um weitgehende *Entstellungen* und *Verunsinnlichungen* des Gesagten geht. Man beachte und gewichte nun Ballmers Auswertung der Ergebnisse: „Sehen Sie, sehr geehrter Herr Brons, es entspricht meinem ästhetischen Gefühl oder meinem intellektuellen Temperament, dass ich die Fähigkeit eines Editors, für Umwelt *Unterwelt* zu drucken, als kuhdumm bezeichne." – „Es handelt sich zum allerwenigsten um Kritik an Personen", fügt er gleich hinzu. „Solche Kritik ist ganz uninteressant gegenüber der dringenden Notwendigkeit, sachlich saubere Editionen zur Verfügung zu haben, um nicht Schund in der Welt zu verbreiten."

Wer sich noch immer vom *Dämon der Diplomatie* an der Nase herumführen lässt und sich dessen enthält, den wirklichen Schund beim rechten Namen zu nennen, der werfe alle ihm in die Hand kommenden Steine auf diesen Grobian, der halt keine Grenzen kennt und Anschläge *„auf das Heiligste"* verübt! Die anthroposophische Wirklichkeit ist aber nicht so hoffnungslos, dass nicht mit Lesern zu rechnen wäre, die vor lauter Grobheiten der Sprache (im Grunde nur adäquaten Charakteristika) dieses Nierenprüfers keine *dringende Notwendigkeit* der Aussage zu sehen vermöchten, etwa diejenige des folgenden Briefpassus vom 15. November 1953: „Ich weiß auf das bestimmteste, dass die Leser der Texte Rudolf Steiners in kommenden Jahrhunderten diese *ganz anders* lesen werden als heutige 'Anthroposophen', weil sie sich Ideen angeeignet haben werden, von denen die heutigen 'Anthroposophen' so weit wie möglich entfernt sind. Es besteht ja nun einmal das eherne Gesetz: dass man in jeden Text genau soviel hineinliest, als man von der im Text behandelten Sache schon weiß. Heutige Theologen wie Bultmann mit ihrer Sorge um das 'Verstehen' der Evangelien sind der schönste Beweis der obigen Regel. Wenn aber in kommenden Jahrhunderten die dannzumaligen Anthroposophen sehr wenig Ähnlichkeit mit den heutigen haben werden, dann kann für *heutige* Einsichtige die oberste Pflicht sein: nur ja nichts besseres zu wollen als schlicht die optimale Form der Vortragsnachschriften zu überliefern." (Postskriptum des *„Wissenden"*: „Es könnte nämlich sein, dass ich M. St. *in ihrem eigensten Auftrag* eine Wohltat erweise...")

Es kann auf keinen Fall die Aufgabe dieser flüchtigen Probe-Ausführung sein, das anthroposophische Tun Karl Ballmers irgendwie ausführlich und bis ins einzelne darzustellen. Nietzsches Kunststücke: „Man greift nach uns und bekommt uns nicht zu fassen", oder: „Wir kommen durch eine geschlossene Tür", oder: „Wenn alle Lichter ausgelöscht sind", von der Grundprobe – „nachdem wir bereits gestorben sind" – gar nicht zu reden, scheinen hier erstaunlich nüchtern umgesetzt zu sein. Das Ziel – in Schrecken zu versetzen –, das bei Nietzsche selbst noch immer unklar auftritt und mitunter sich selbst genügt, erweist sich bei Ballmer als Erziehungsmittel zum fundamentaleren und im Grunde genommen endgültigen Ziel: dem Selbst- und Welterkennen. Ballmers Haupttenor: *„Darüber haben wir zu erschrecken"*, hebt nur die klägliche allgemeine Situation hervor: Wie nämlich die Weltproblematik (etwa Leib-Seele-Frage, Bewegung, Wiederverkörperung, Gottes-Los im Zeitalter der Gottlosigkeit) von jeder akademischen – ob anthroposophischen oder nichtanthroposophischen – renommierten Nullität so selbstverliebt-anmaßend behandelt wird, als ginge es nur um die Erkenntnisbedürftigkeiten der gutherzigen *„Tante Lieschen"*, die (nachdem sie nun zu einer anthroposophischen Tante geworden ist) darauf zu beharren beginnt, sie höchstpersönlich bestehe aus Leib, Seele und Geist und ihre nächstdringliche Aufgabe sei es, diesen ihren Geist tüchtig ins Geistselbst umzuwandeln. Die Erschreckensnotwendigkeit tritt eben hier in Kraft: Anthroposophische Probleme legen ihre sprachgestalterische Tarnung ab und erscheinen als – erzürnte Götter. Ballmers Welt-Anliegen (in puncto Aufrütteln des Lesers) ist es, diesem

Zorn (dessen *Verlautbarung*) Luft zu machen, ja ihm zum Kehlkopf zu werden; die Unhöflichkeiten (ein tatsächlich nicht loszuwerdender Spuk!) des Schriftstellers Ballmer sind in Wirklichkeit die der Götter selbst; anders betrachtet, er bringt eben das zum Ausdruck, was in Steiners Texten und Worten schonend verschwiegen oder gemildert wird: die Erzürntheit der geistigen Welt über die sekundär-anthroposophischen Ahnungslosigkeiten. Ballmer steht bei Steiner als Verteidiger im Geistigen, Geistwächter, so wie etwa Marie Steiner diese Rolle im Alltäglich-Irdischen spielte. Die erschütternde Schutzlosigkeit des Schöpfers der Anthroposophie angesichts der Unmengen von zudringlichen Besuchern, die zumeist nur darauf aus waren, geisteswissenschaftliche Erläuterungen etwa über ihre Haustiere oder Familienszenen zu erwirken, bedurfte eines Schutzwalls, der rücksichtslos und unhöflich genug sein konnte, mit den Scharen von allerlei Vampiren entsprechend fertig zu werden. Es unterliegt keinem Zweifel, dass diese Schutzlosigkeit nicht nur zu Lebzeiten Rudolf Steiners zur Geltung kam, sondern auch – und vertausendfacht – nach 1925. Die oben zitierte Toleranzmaxime Ballmers droht in dieser Hinsicht (falls verwirklicht) ganze Bibliotheken zu Ausschuss zu erklären und lauter anthroposophische Karrieren zu verunmöglichen. Versteht sich, dass der einzige Ausweg, nämlich Selbstschutz der Mehrheit, nur darin bestehen konnte, diese Toleranzmaxime für Anti-Anthroposophie zu erklären.

Der äußere Vorwand zur Abrechnung mit dem „*Anti-Anthroposophen*" ließ nicht lange auf sich warten. 1941 erschien im Troxler-Verlag Bern ein Buch Ballmers unter dem Titel: „A. E. Biedermann heute". (Für den Anthroposophen Ballmer wäre es schlechterdings undenkbar, eine Anmerkung außer acht zu lassen, die in der „Erkenntnistheoretischen Schlussbetrachtung" in Rudolf Steiners Schrift „Wahrheit und Wissenschaft" zu lesen ist: „Am nächsten", führt hier Rudolf Steiner aus, „berührt sich unsere Weltanschauung, wie wir sie erkenntnistheoretisch begründet haben, mit der von *A. E. Biedermann* vertretenen".) Im Zentralkapitel des Buches wird das Thema behandelt, dessen Überschrift allein schon ausreichte, um die Dornacher Obrigkeit aus dem Konzept zu bringen: *„Die Karma-Orientierung der Erkenntnistheorie".* Völlig sinnlos wäre es übrigens, damit zu rechnen, dass sich keine Möglichkeit böte, die Weltangelegenheit Anthroposophie in ihrer Potemkinschen Tarnung einmal einer *Steiner-Prüfung* zu unterziehen. Wie in einen Entwickler eingetaucht, zeigte das Dornacher Negativ in diesem elfseitigen, wie auf den Willen der Zukunft niedergeschriebenen Text sein echtes römisch-katholisches Bild. Und ob, wo doch auf keinen geringeren als auf den allseits geliebten Steuermann des anthroposophischen Weltschiffes hier ein Schatten geworfen wurde! Der Passus (in Form des Kommentars zu einem Zitat, laut dem sich die *Aneignung* der Anthroposophie nur mit der *„Methode"* der Wahrheitsfindung deckt und eben derart für *„alle Menschen"* gilt, unabhängig vom Schicksal eines einzelnen) beginnt – *horribile dictu!* welch unerhörte Impertinenz! – mit folgenden Worten: „Ich glaube nicht, dass man gründlicher am Kern der Sache vorbeizielen kann als Steffen mit seinem Gedankengang." Man gebe einfach zu: Die mittelalterlichen Heterodoxen, deren Schicksale sie unausweichlich auf die Scheiterhaufen zutrieben, äußerten sich in ähnlichen Fällen weitaus spitzzüngiger: War es noch bei Luther möglich, die heilige Stadt Rom als Hure zu begrüßen und ihren Heiligen Vater als *„des Teufels Saw den Bapst",* so muss man den späteren Prägungen Ballmers (wie etwa: „Sein Dilettantismus ist die Katastrophe der Gesellschaft") eine ausgesprochene Enthaltsamkeit zugestehen. Der Katalysator sprach indessen auch hier unverzüglich an: In Ermangelung eines Scheiterhaufens im Zeitalter des universitären Atheismus griff man zu Verleumdung und Exkommunizierung. Dr. Heinrich Leiste, Dornacher Hofphilosoph und einer der Vollstrecker der Vulgata-Anthroposophie (wo das Karma zu wirken aufgehört haben soll angesichts der sprühenden *„Freiheit und Liebe"*), setzte sich daran – evidentermaßen im Auftrag des Ersten Vorsitzenden, dem es die hehre dichterische Notwendigkeit eines weiteren Chef d'oeuvre versagte, sich höchstpersönlich zu einer Antwort zu bequemen –, eine Widerlegung *ex officio* im Sonderanhang seines Standardwerkes „Anthroposophie und Anthroposophische Gesellschaft" (Rudolf Geering Verlag, Basel 1941, S. 193–221) zu veröffentlichen, nach dessen Erscheinen die Ketzerschrift aus den anthroposophischen Buchhandlungen verbannt und der Ketzer selbst zur anthroposophischen *persona ingrata* erklärt wurde.

Der goldene Grundsatz Friedrich Hebbels – *„Es ist am Ende an der Religion das beste, dass sie Ketzer hervorruft"* – hat, so scheint es, begonnen, auch vom vergesellschaftlichten Goetheanismus des 20. Jahrhunderts zu gelten.

Ballmers „Karma-Orientierung der Erkenntnistheorie" stellt im Grunde eine um 15 Jahre verspätete Fortsetzung der „Anthroposophischen Leitsätze" *in geänderter Zeitlage* dar. *„Verspätet"* wäre genauer als *„verdrängt"* zu lesen, unter Berücksichtigung des in Dornach seit Ende März 1925 waltenden Karma. Das Autorenrecht Rudolf Steiners wurde schon am Tag nach seinem Hinschied von der okkult taktlosen Flinkheit einer Dame an sich gerissen, die aufgrund ihrer früheren Inkarnationen in der aktuellen Inkarnation in eine *mania grandiosa* geraten zu sein schien und sich in den Kopf gesetzt hatte, schon am 31. März 1925 Rudolf Steiners irdisches Amt antreten zu dürfen. – Ballmers Leitsätze wenden sich – weit über alle Streitigkeiten der in zahlreichen Sekten sich selbst zernagenden Anthroposophischen Gesellschaft hinaus – an die künftigen, noch nicht geborenen oder erst jetzt auf die Welt kommenden Seelen, die *geistesgegenwärtig* genug sein werden, die Anthroposophie als das zu nehmen, was sie *ist*, nämlich: *als die persönliche Sorge des Herrn des Karma.* Hier die kurze Wiedergabe dieses die ganze entmagnetisierte anthroposophische Bewegung auf ihr Urphänomen bringenden Textes – selbstverständlich in den atemberaubend exakten Prägungen des Autors selbst, die ich mir als Leser mit wenigen eingeklammerten Randglossen zu versehen erlaube:

„Die Frage nach dem Wesen der Erkenntnis muss heute – *von uns* – anders gestellt werden, als sie Rudolf Steiner um 1890 gestellt hat. Es hieße die von Rudolf Steiner geschaffene Erkenntnis- und Tatsachenwelt ignorieren, wollten wir uns auf die Wiederholung der Erkenntnistheorie Rudolf Steiners beschränken. Nicht etwa der ideelle Gehalt der Erkenntnislehre Rudolf Steiners steht in Frage, wohl aber deren Konsequenz *für uns* und damit das *Wie unseres* Fragens und unserer Darstellung.

Das entscheidend Neue für uns ist dies, dass wir alles Wissen und alle Wissensproblematik – und damit das Erkenntnisproblem selbst unter den Gesichtswinkel des *Karma* zu rücken haben. Die Andersheit und Besonderheit *unseres* Fragens nach dem Wesen der Erkenntnis besteht darin, dass wir die Erkenntnisleistung Rudolf Steiners als die faktische *Voraussetzung* unseres Fragens wissen. Diese Voraussetzung ist nicht theoretischer, sondern karmisch-faktischer Art, d. h. sie besagt, dass wir unser Problem aus dem Bewusstsein unseres Darinnenstehens in einer konkreten karmischen Situation ergreifen. Wenn die überraschende Behauptung gewagt werden darf – und sie *muss* gewagt werden –, wenn man sich an den Sinn der Sache halten will, so müssen wir geradezu sagen:

'Voraussetzungslos' im Sinne der strengen Forderung von 'Wahrheit und Wissenschaft' wird unsere Erkenntnistheorie nicht sein; sie will vielmehr ausdrücklich voraussetzen die Erkenntnistat einer bestimmten Persönlichkeit."

(An diesen kristallklaren Sätzen wacht der Anthroposoph aus dem *Garten von Gethsemane* zu *Pfingsten* auf. Schließlich wird das anthroposophische Urphänomen scharf in den Brennpunkt eingestellt, damit die *„verehrten Anwesenden"* urplötzlich dahinterkommen können, *wessen Anwesenheit* sie verschlafen haben!)

„Indem wir", lesen wir weiter, „die Erkenntnistheorie Rudolf Steiners zur *Voraussetzung* erheben für unser Erkenntnisfragen, setzen wir demnach nicht eine Theorie voraus, sondern wir orientieren uns auf einen bedeutsamen Brennpunkt der Weltwirklichkeit selbst. Dies ist der einzigartige Sinn unserer Neuorientierung. Dieser Brennpunkt der Weltwirklichkeit ist für uns, obzwar Rudolf Steiner vor 15 Jahren den physischen Plan verlassen hat, kein bloßes 'historisches Faktum'. Wir unterscheiden von der Welt der Historie streng die karmische Welt. In der historischen Erkenntnis wird die zeitüberwindende Kontinuität zwischen einem in der Vergangenheit geschehenen Ereignis und der Gegenwart hergestellt durch die *theoretische* Betrachtung; in der karmischen Sphäre dagegen verbindet sich der einzelne Mensch mit einem zeitlich früheren Ereignis durch ein zeitüberwindendes *existenzielles* Denk-Verhältnis, mit seinem Erleben *als ganzer Mensch*. Zum Beispiel kann die objektive Verehrung, die einer dem von Rudolf Steiner realisierten *Denken* entgegenlebt, für seine gegenwärtige vollmenschliche Existenz konstitutiv sein und fällt eben deswegen in die karmische Sphäre, denn ich muss als Karma ansprechen, was den Kern meines tiefsten Wesens mit-*verursacht* und was – als Ich – nicht identisch ist mit *meinem* Ich. Es wird nie möglich sein, dieses Verhältnis mit den Kategorien des historischen Denkens zu verstehen."

(Ein „*bis zur Scheidung von Gelenken und Mark*" erschütterter Leser wird sich wohl eines rätselhaften Hinweises im letzten der Pneumatosophie-Vorträge erinnern, dessen zunächst überraschender Sinn im Lichte dieser klaren Unterscheidung des gewöhnlich Historischen und ungewöhnlich Karmischen vollauf verständlich wird: „Was ist man eigentlich im gewöhnlichen Leben?", heißt es im erwähnten Vortrag. „Natürlich, man kommt dahinter durch Nachdenken, durch Erkenntnistheorie und Logik, dass man ein Ich ist. Aber im gewöhnlichen Leben ist man in einem sehr fragwürdigen Sinne dieses Ich; im gewöhnlichen Leben ist es sehr fragwürdig, was dieses Ich erfüllt. Was jemand in irgendeinem Momente ist, das ist das, was ihm die Eindrücke des gewöhnlichen Lebens geben. Spielt jemand gerade Karten, so ist er das, was die Eindrücke des Kartenspiels geben. Da ist er nicht das Ich; er ist es, aber nicht seinem Bewusstsein nach. Denn was er real im Bewusstsein hat, das sind die Eindrücke des gewöhnlichen Lebens. […] Dieses Ich ist das, was wir erreichen können im Bewusstsein. Es ist zu erreichen, aber es ist etwas höchst Variables, Flackerndes. Man kommt eigentlich dahinter, was dieses Ich *gewesen ist*, wenn man die Erinnerung *vor* sich bringt. Statt dass man sonst die Erinnerung *hinter* sich bringt, bringt man sie *vor* sich. Das ist ein wichtiger Vorgang." Ich wage nun, das Gehörte mit der Apostelgeschichte 2,2-4 in Zusammenhang zu bringen, wo das *Pfingstgeschehen* dargestellt wird: „Und plötzlich entstand vom Himmel her ein Brausen, wie wenn ein gewaltiger Wind daherfährt, und erfüllte das ganze Haus, worin sie saßen. Und es erschienen ihnen Zungen, die sich zerteilten, wie von Feuer, und es setzte sich auf jeden unter ihnen. Und sie wurden alle mit dem heiligen Geist erfüllt und fingen an, in andern Zungen zu reden, wie der Geist ihnen auszusprechen gab." In der Sprache des letzten der Pneumatosophie-Vorträge heißt es dementsprechend: Sie haben ihre Erinnerung an das im Historischen Erlebte (im Historischen Verschlafene) *vor* sich gebracht, um bestürzt dahinterzukommen, was dieses Ich, das unter ihnen weilte, mit ihnen sprach, aß und von Ort zu Ort wandelte, eigentlich *gewesen ist.* Das Credo des Anthroposophen Ballmer: „*Meine* Gegner sind die, die sich in der Illusion wiegen, dass Rudolf Steiner bloß ein Dagewesener, nicht auch ein *Kommender* sei", lese ich im Kontrapunkt zu dem in Frage Stehenden: Meine Gegner sind die, die ihre Erinnerungen an Rudolf Steiner, als gloriose Vergangenheit, *hinter* sich bringen und *vor* sich also nichts anderes haben als die Rekapitulation des Historischen, im Grunde nur einer dokumentierten Vergangenheit – von der *Donatio Constantini* (zu Deutsch: der *Schlägerei um den Stuhl*) bis zum Unfehlbarkeitssatz: *Dornach locuta, causa finita.*)

„Der Sinn unserer Orientierung auf die Karma-Welt hinsichtlich der Erkenntnisfrage", lesen wir weiter, „kann verdeutlicht werden, indem wir aufzeigen, dass die Annahme einer karmischen Abhängigkeit für die Erkenntnistheorie Rudolf Steiners selbst eine Unmöglichkeit ist. Rudolf Steiner hat zwar seine Erkenntnislehre zuerst an der Naturerkenntnis *Goethes* entwickelt, und es war zweifellos eine Frage des Karma, ob dies geschah. Es muss aber eingesehen werden, dass das Verhältnis Rudolf Steiners zu Goethe genau die Umkehrung ist unseres Verhältnisses zur Erkenntnisleistung Rudolf Steiners: dass Goethe in der Karmasphäre sich in der gleichen Lage befindet wie wir, nämlich in der Situation eines *Schicksals*, dessen Subjekt das Urwesen ist, das in Rudolf Steiner mit der Bestimmung des Wesens der Erkenntnis zugleich die Bestimmung des Menschen vollzieht. Das Urwesen erleidet in Goethe das Schicksal, zwar zu Anschauungen über das physikalische Urphänomen, über die Urpflanze, zu Vorstellungen über das Urtier zu gelangen, nicht aber zur Anschauung des Denkens und des Urmenschen".

(Das bedeutet nur: Geht Goethe als *„historisches Faktum"* Rudolf Steiner voran, so kommt uns in der Karma-Welt gerade die Umkehrung dieser Nachfolge entgegen. Aus der Vollmacht des in Rudolf Steiner die Bestimmung des Menschen vollziehenden Urwesens entwickelt der Bahnbrecher Goethe seine grandiose Denkart, die aber fragmentarisch, auf das Naturanschauen beschränkt und also unvollendet bleibt. Die erkenntnistheoretisch nicht fundierte Goethesche Weltanschauung wird deswegen seit 1832 versteigert und von allerlei Geist-Lumpen der Zeit in Besitz genommen, die bloß darauf brennen, einen solchen Konsorten unter ihren Kampfbannern zu wissen. Goethe bis zum entscheidenden Jahr 1882, vor dem Moment also, in dem ihn sein Karma zu dem kaum über 20 Jahre alten Rudolf Steiner bringt, ist ein *Weltgefangener*: ein prächtiges Weimarer Exponat, mit der Perspektive, irgendwann einmal im Fossilienmuseum ausgestellt oder – näher betrachtet – eines privilegierten Asyls in den Fußnoten zum Haupttext des Darwinismus für würdig befunden zu werden. Es war deswegen *Goethes* Schicksal und nicht dasjenige *Rudolf Steiners*, auf die glückliche Vermittlung *Karl Julius Schröers* zu warten und in den bahnbrechenden fünf Bänden der Kürschner-Ausgabe seinen *Exodus* zu erleben.)

„Unsere vollzogene Umstellung von der rein theoretischen zur karmischen Betrachtungsart des Erkenntnisproblems", heißt es weiter, „verlangt eine Klarstellung der Rolle der Persönlichkeit, denn in der Sphäre von Karma haben wir es mit geistigen Personen zu tun. Zunächst haben wir uns zu erinnern, dass das persönlich Individuelle und das Universelle keine sich prinzipiell ausschließenden Gegensätze sind. [...] Wird das Persönlichkeitsproblem auf dieser Höhe gesehen, dann können sich keine Schwierigkeiten ergeben hinsichtlich der *objektiven* Bedeutung des Individuellen; das Individuelle und Individuellste ist nie die Negation des Universellen. Unser agnostisches, in philosophicis dilettierendes Zeitalter hat keine Methoden zum Verständnis der Rolle der Persönlichkeit beim Zustandekommen der Wahrheit. [...] Die Erkenntnistheorie Rudolf Steiners erfüllt die Aufgabe, uns über die Stellung des Menschen im Weltwesen aufzuklären (vgl. Einleitung zu Band II von Goethes Naturwiss. Schriften, S. XXVII) und betrachtet als zu dieser Aufklärung gehörig, die Bedeutung des menschlichen Handelns zu beleuchten. 'Indem unsere Erkenntnistheorie zu dem Schlusse gekommen ist, dass der Inhalt unseres Bewusstseins nicht bloß ein Mittel sei, sich von dem Weltengrund ein *Abbild* zu machen, sondern dass dieser Weltengrund selbst in seiner ureigensten Gestalt in unserem Denken zu Tage tritt, so können wir nicht anders, als im menschlichen Handeln auch unmittelbar das unbedingte Handeln jenes Urgrundes selbst erkennen. Einen Weltenlenker, der außerhalb unserer selbst unseren Handlungen Ziel und Richtung setzte, kennen wir nicht.' (Goethes Naturw. Schr., Bd. II, S. XLVI.)"

(Man mache doch einmal ernst mit dieser bescheiden – Goethes Naturw. Schr. Bd. II, S. XLVI – beglaubigten Mitteilung, wo ein A-Theismus von solcher Kraft zum Ausdruck gebracht wird, dem gegenüber alle freisinnigen Extemporalien der Zeit – etwa vom Witz eines Virchow bis zum Blitz und Donner schleudernden Nietzsche – noch immer nur wie ein „*toi, toi, toi!*" erscheinen. Man nehme das Wort, wie immer man wolle: Der A-Theismus oder die Abschaffung des alten *theistischen*

Gottes plumpst hier nämlich keineswegs in die Pfütze des materialistischen Atheismus, sondern er stößt auf die Erzfrage der *Erlösung Gottes selbst*, dessen uraltes Karma ihm gerade noch rechtzeitig den letzten Zufluchtsort in dem von Eduard von Hartmann liebevoll ausgestatteten Unbewussten reservierte, auf die baldige Skandalsituation hin, in Freuds Psychoanalyse als sexuell krank behandelt zu werden. Der Weltenlenker, der einer solchen, wohl *dadaistischen* Gefahr ausgesetzt und deswegen von seinen letzten Befürwortern in die tiefste Illegalität des Unbewussten getrieben wird, kommt hier nicht mehr in Frage. Kommt er überhaupt irgendwo in Frage, dann nur *im Bewusstsein eines konkreten einzigartigen Menschen* (des „Einzigen" Max Stirners, aber endlich *beim rechten Namen* genannt), und er ist nirgends mehr sonst zu suchen als im Denken und Handeln *dieser* Persönlichkeit.)

„Wir tun recht", lesen wir weiter, „wenn wir den oben ausgesprochenen Charakter der Erkenntnistheorie Rudolf Steiners als die Mitteilung der Selbstoffenbarung einer Persönlichkeit begreifen und den Begriff in unser Karmaverhältnis aufnehmen. Wir brauchen uns nur das über den Charakter der freien Handlung Gesagte, als der Handlungsart des Urwesens selbst, näher anzusehen, um uns gestehen zu müssen, dass es Anmaßung wäre, wollten wir als allgemeines Gesetz ansehen, dass in unserem Handeln 'unmittelbar das unbedingte Handeln des Urgrundes selbst' sich manifestiere. Rudolf Steiners Erkenntnislehre selbst macht die Einschränkung, dass solches menschliche Handeln 'mehr Ideal als Wirklichkeit sei'. Jedenfalls halten wir zunächst einfach den Atem an, wenn wir den Satz lesen: 'Wenn alle Naturprozesse Manifestationen der Idee sind, so ist das menschliche Tun die agierende Idee selbst' (a. a. O. Bd. II, S. XLVI)."

(Ja, halten wir zunächst einfach den Atem an, wir treuen Zöglinge treubrüchiger Tradition, die uns – selbst angesichts *eines* sich bis auf die Knochen in Geist auflösenden und physisch sichtbaren Geistes – noch immer nahelegt, einen makabren *Ägyptizismus der Gesinnung* vorzutäuschen und *le style Schuré* dort geltend zu machen, wo das *Urwesen der Welt in eigenster Person* zu uns spricht.)

„Wollen wir uns aus der erkenntnistheoretischen Mitteilung der Selbstoffenbarung den Satz zu eigen machen, dass kein Weltenlenker ist, der den Handlungen Ziel und Richtung setzte, so müssen wir die Frage aufwerfen, *was* der (geschaffene) Urgrund der Welt ist. […] Das Urwesen, sofern es den übersinnlichen Menschen zur Erscheinung bringt, nennen wir das 'Wesen Anthroposophie'. Wir gewahren das Wesen nicht nur, sofern es die erkenntnistheoretische Selbstverständigung mit seinem Bewusstsein vollzieht (Selbstoffenbarung), wir gewahren es in der Mitteilung des übersinnlichen Weltinhaltes (Geisteswissenschaft). Wir gewahren das Wesen nicht in der Weise, wie wir sonst Ideelles wahrnehmen und erkennen. Wir sind innerlichst selbst dieses Wesen, aber nur insofern, als wir uns unseres Schicksalbezuges auf den Schöpfer der Anthroposophie voll bewusst sind. Wir *sind* – als Glieder der Erkenntnisgemeinschaft – das *Schicksal* des Wesens, von welchem Schicksal zwar *wir* berührt werden, nicht aber das in sich selbst beruhende Wesen selbst. Unsere Freiheitsmöglichkeit besteht darin, dieses Schicksal zu bejahen. […] Das Wesen wäre nicht Wesen, wenn es nur die Summe von Lehrinhalten wäre, die übernommen werden könnten wie sonstige Lehrinhalte. Das Wesen ist *lebendiges* Wesen und unsere Beziehung zu ihm unsere geistige Existenzfrage. Wir gewahren die Inhalte des Wesens, sofern wir uns von seinem Leben in unserem eigensten innersten Lebensnerv berühren lassen, nämlich sofern wir die Arbeit aufnehmen, unsere sittlich-geistige Potenz aus der Orientierung an der umfassenden Idee des Anthropos zu verlebendigen und zu steigern. Der Prozess der Gewahrung des Wesens ist der Prozess unserer Selbsterweckung. Wir gewahren das Wesen nicht in der egoistischen Isolierung. Wir gewahren es in der Anerkenntnis, dass die Erkenntnisgemeinschaft der Anthroposophen ein Karma von solcher Art ist, welches die Auswirkung unseres individuell-persönlichen Karmas nicht verunmöglicht, sondern erleichtert. Wir gewahren das Wesen nicht in der Reflexion, sondern im aktiven Tun, denn das Wesen ist die 'im Tun begriffene Ideenwelt'. Wir gewahren das Wesen im *verantwortungsbewussten* Tun, und unsere Verantwortungsfähigkeit bestimmt sich aus der Aussöhnung unseres individuellen Karmas mit dem Karma der Erkenntnisgemeinschaft. Als Anthroposoph führe ich ein doppeltes Karma. Ich bin das Produkt meiner Vorleben, und ich bin Glied des Karma der Erkenntnisgemeinschaft der Anthroposophen. An der Konstitution des letzteren Karma (*als* Karma!) bin ich *wissend* dabei, und dieses Wissen als tätiges Handeln ist ein Aneinander-Aufwachen der Glieder der Erkenntnisgemeinschaft. Das Objekt des tätigen Wissenshandelns der Anthroposophen, das 'Wesen Anthroposophie' als Freiheitswesen transzendiert die Sphäre des Karma."

(In der abschließenden Fußnote zum letzten Satz heißt es: „Von der esoterischen Grundlage des hier exoterisch Entwickelten ('Weihnachtstagung') ist im vorliegenden Zusammenhang nicht zu sprechen".)

Es gehört nun nicht bloß zu den historischen Kuriosa, sondern immer wieder zur Karma-Tragik, *wie* das offizielle Dornach auf dieses Pfingstgeschehen reagiert hat. Ich beschränke mich nur auf ein paar Sätze aus dem genannten Buch von Heinrich Leiste: „Durch welchen Faktor soll nun nach Ballmer die Voraussetzungslosigkeit aufgehoben werden? Er behauptet, dass die Erkenntnisleistung Rudolf Steiners die faktische Voraussetzung unseres Fragens sei. Wer schränkt also unsere Freiheit ein, macht sie unmöglich? Rudolf Steiner, weil er eine Philosophie der Freiheit geschrieben hat." (Die beiden letzten Sätze – falls entpolemisiert – können unmöglich anders verstanden werden als eine durchschaubare Selbstentlarvung.) – „Rudolf Steiner", werden wir weiter belehrt, „wurde durch seine Erkenntnisleistung zu einem [!] freilassenden Helfer der Menschheit auf deren Wege zur Freiheit. [*Zwischenbemerkung eines Ex-Sowjetlers:* Es scheint tatsächlich ein „*okkultes*" Phänomen zu sein, dass ein renommierter Dornacher Anthroposoph 1941 von Steiner in einem Stil spricht, der dem gleichzeitigen Moskauer Stalin-Stil wie ein Ei dem anderen gleicht.] Dieses Helfen beschränkt deshalb nicht die Freiheit des Anderen und schafft keine 'Voraussetzungen' im Sinne Ballmers, weil es Betätigung rein geistiger Liebe ist auf dem Erkenntnisfelde. (...) Die entscheidende Realität, auf die wir hiermit weisen, ist Freiheit und Liebe. Karl Ballmer sieht dort eine andere. Er spricht von Karma." Indes: „Ich kann zu Ich im Zeitalter der Bewusstseinsseele in menschenwürdiger [!!!) Weise in eine reale Beziehung treten nur aus der Kraft der Liebe, im Elemente der Freiheit, durch das Mittel der Erkenntnis." Ballmer aber „bezieht sich ausdrücklich auf die Einleitungen, die Rudolf Steiner zu dem zweiten Bande von Goethes naturwissenschaftlichen Schriften geschrieben hat. Da handelt es sich um rein [!] erkenntnistheoretische Untersuchungen, deren Ergebnisse selbstverständlich [!!] für jeden Menschen [!!!!] genau so [!!!!!] gelten wie für den damals sechsundzwanzigjährigen Rudolf Steiner, wenn man die gleichen Untersuchungen in völliger Selbständigkeit [!!!!!!]

in sich selbst durchführt." Da haben wir die Bescherung! „Sie besteht in der völlig willkürlichen Behauptung Ballmers von Rudolf Steiners *absoluter* Sonderstellung. Jeder, der das Werk Rudolf Steiners wirklich kennt, wird die überragende Größe dieser einzigartigen Persönlichkeit sehen und sie auch schon [!!!!!] bei dem jungen Rudolf Steiner anerkennen. [Dr. Leiste begönnert – allerdings „aus der Kraft der Liebe, im Elemente der Freiheit" – Dr. Steiner.] Doch versucht Ballmer die Größe des Einen dadurch zu betonen, dass er [hört! hört!] uns andere alle entsprechend degradiert." Deswegen ist „eine solche Seelenhaltung, wie sie Ballmer fordert", nur „eine Anti-Anthroposophie". *Die* Anthroposophie erschöpfe sich dagegen im folgenden *recitativo accompagnato*: „Im vollbewussten Ergreifen seiner Freiheit erlebt der Mensch unserer Zeit den Anfang der Durchchristung."

In dem Augenblick, wo die beiden Texte – Ballmers Aufruf zum Selbsterkennen und der Dornacher Rufmord an Ballmer – geschrieben wurden, marschierten die deutschen Wehrmachtskolonnen auf Moskau. Die Berliner Rundfunksendungen überstürzten sich mit Reden über die Vernichtung des Widersachers, Moskau ballte das ganze Land zusammen unter dem Ruf: *„Töte den Deutschen!"*, Washington belauerte kaltblütig die Welt-Patience, in der Bereitschaft, sich im richtigen Augenblick ins Spiel einzumischen. Nur in Dornach schien man (offensichtlich aus hoch esoterischer Vernachlässigung dieser erbärmlichen Welt-Maya) am Werk zu sein: Auf den Bühnen des Goetheanum lief ein weiteres Stück A. Steffens, während sich das siegreiche Triumvirat auf eine weitere Stellenplankürzung vorbereitete, um als Zweimännerherrschaft endlich zur Geltung zu kommen.

\* \* \*

Das überwältigende, weltstürzende Tun des Anthroposophen Ballmer lässt sich – durch und durch positiv – nur auf ein Schlüsselwort bringen, nämlich auf das Wort *„Das Schöpferische"*. Es ist das seltsame Schicksal dieses Wortes, dass eben diejenigen, die es auf der Zungenspitze von Vortrag zu Vortrag anthroposophisch feierlich und wie ins Leichentuch gewickelt tragen, immer willens sind, an ihm Lynchjustiz zu üben, sobald es nicht mehr als Wort, sondern als *Tat* auftritt. Nichts zu machen. Das Erzproblem des anthroposophischen Konsums muss ja einmal in vollem Umfang gestellt und bloßgestellt werden. Die Anthroposophie – *„Anschauung von Schöpfung"*, sagt Ballmer – steht und fällt mit dem Faktum *„schöpferische Individualität"*, was nur bedeutet, sie selbst sei immer wieder aufs neue zu erschaffen. Verwunderlich wäre es, zu glauben, der Schlusssteinsatz Rudolf Steiners, dass die Wahrheit nicht „die ideelle Abspiegelung von irgendeinem Realen ist, sondern ein *freies* Erzeugnis des Menschengeistes, das überhaupt nicht existierte, wenn wir es nicht hervorbrächten", gelte für jede wissenschaftliche Denkweise, nur nicht für die anthroposophische. Ich wende diesen Satz auf *„uns selbst"* an und fühle mich sogleich in den Zustand einer *Luftprobe* versetzt; der Boden wankt mir unter den Füßen und das *Ritual des Entsetzens* setzt ein. Der auf *„uns selbst"* angewandte Satz kann nur bei jedem von uns heißen: *Meine* anthroposophische Wahrheit wäre nicht die ideelle Abspiegelung von 350 Bänden der Gesamtausgabe, sondern ein *freies* Erzeugnis *meines* Anthroposophengeistes, das überhaupt nicht existierte, wenn *ich* es nicht selber hervorbrächte. *Hic Rhodus, hic salta.* Man habe doch den Mut, die Situation ohne Umschweife *wirklichkeitsgemäß* zu diagnostizieren. (Das erste, was einem hier einfällt, entreißt einem nur ein Ächzen: Um was für ein *freies* Erzeugnis kann es denn gehen, wenn selbst die ideelle Abspiegelung viel zu wünschen lässt?) Man pflegt sich ja noch immer so zu benehmen, als stünde am Anfang des Anthroposophischen keine „Philosophie der Freiheit", ja als ginge es hier einfach um eine weltumfassendere Fortsetzung des Kalkutta-Londoner Hellstarrens. – *His master's voice*: Es sei doch mit unbewaffnetem Auge zu sehen, dass sich Doktor Rudolf Steiner tiefer und gründlicher in der geistigen Welt auskannte als etwa Miss Besant oder Colonel Olcott! War er doch ein *„großer Eingeweihter"*, der im Auftrag der geistigen Welt gewirkt und sein ganzes Leben der geistigen Welt zur Verfügung gestellt hat! – Dies unter dem aktuellsten Motto: *„Wie erlangt man nie Erkenntnisse der höheren Welten?"*. Rudolf Steiner als rechtschaffener Vermittler zwischen *„uns"*, den Sichtbaren, und den *„geistigen Wesenheiten"*, den Unsichtbaren – was bedeutet denn dieses großtuende Gekeuche, wenn es überhaupt etwas zu bedeuten hat? Da gibt es eine mit Hinz und Kunz Versteck spielende geistige Welt, die man wie eine Stecknadel im Heuhaufen zu suchen hat, die sich aber ab und zu abspiegeln lässt, wenn die Spiegel keine gewöhnlichen sind, sondern, mit Verlaub, *„eingeweihte"*. Die Anthroposophie (nehmen wir weiter kein Blatt vor den Mund) soll es vor Rudolf Steiner nur in dem Sinne nicht gegeben haben, dass es niemanden gegeben haben soll, der anthroposophische Realitäten hätte abspiegeln und wiedergeben können. – Das Interessanteste an diesem platonistischen Rülpsen ist, dass hier dem ein Vierteljahrhundert lang am Rednerpult stehenden und anthroposophische Wahrheiten schaffenden Doktor Rudolf Steiner von den Zuhörern eine rein *rezipierende Funktion* zugemessen wird, so wie diese Funktion hinsichtlich der Vorträge des Doktor Rudolf Steiner selbst seinerzeit in die Zuständigkeit der werten Frau Finckh fiel. Der Unterschied zwischen Rudolf Steiner und seiner ausgezeichneten Stenographin hätte dann von keiner anderen Artung zu sein als von einer rein *quantitativen*, was bedeutet: Die werte Frau Finckh schrieb die Worte Rudolf Steiners nieder, die er selber vom geistigen Original abgelesen haben soll. (Dr. Heinrich Leiste sei höflichst gebeten, dieses *„uns andere alle"* in keiner Weise degradierende Verhältnis zu bestätigen. „Es kann sich da", sagt uns Dr. Heinrich Leiste zwar in einem anderen, doch immer auch in diesem Zusammenhang, „nur um einen graduellen, aber keineswegs um einen qualitativen Unterschied handeln." Ich lese schlichter und schlagender: Alle Anthroposophen sind gleich, doch ist der Anthroposoph Steiner – gleicher.) *In summa*: Irgendein Reales war unsichtbar, da kam ein großer Eingeweihter daher und begab sich daran, es abzuspiegeln. – Ein erbitterterer Unsinn ließe sich kaum vorstellen. Die okkulten Binsenwahrheiten (das theosophische Einmaleins) ausgenommen, sind anthroposophische Wahrheiten keine allgemeingültigen Wahrheiten, sondern die Verkündigung einer Individualität. Man braucht ja, wenn man vorhat, etwa „Faust" zu erdichten, nicht beiläufig auch noch alle 26 Buchstaben des deutschen Alphabets zu erfinden. Das traditionelle theosophische Alphabet wird hier, nachdem die leeres Stroh dreschenden Philosophen ihre absolute Taubheit gegenüber der „Philosophie der Freiheit" bewiesen haben, eben buchstäblich benutzt, ohne dass das freie Schaffen dadurch irgendwie eingeengt würde. Würde ich nun sagen, dass die ganze anthroposophische Geisteswissenschaft nichts anderes sei als ein riesiges Phantasieprodukt Rudolf Steiners, so hätte unsere hausbacken theologisierende Denkträgheit zweifelsohne darob zu erschrecken. Es geschähe ihr ganz recht. Hier eben macht sich der anthroposophische Einsiedler Karl Ballmer über diese Erschrockenheit der verehrten Mitglieder ganz besonders lustig. Es wäre übrigens auch eine barmherzige Gegenfrage (sozusagen zur Erleichterung der Geburtswehen) nicht ganz auszuschließen: Ob die Welt selbst nicht für ein riesiges Phantasieprodukt Gottes zu halten ist. Oder ging es im Genesis-Buch schlechtweg um die ideelle Abspiegelung von irgendeinem Realen? – Ja (bebt man vor Empörung), aber der war Gott, und dieser nur ein Eingeweihter! – Ewiges Los der Wahrheit, die, um von *„unsereiner"* angenommen werden zu können, erst von den *„bösen Kräften"* bezeugt werden muss (vgl. Mark. 3, 11). – Friedrich Gogarten, der bekannte protestantische Theologe und Gegner der Anthroposophie, sei hier – den Anthroposophen zur Mahnung – zu Hilfe gerufen. Im Gespräch mit Karl Ballmer (1921) sagte Gogarten: „Steiner müsste Gott selbst sein, wenn Wahrheit sein sollte, was er lehrt." Man höre nun einmal die Antwort des offiziellen Dornach, laut welcher dieser Gott „bestenfalls im Sinne vorchristlicher Kulturen gedacht werden könnte, etwa im Sinne des Jahwe-Wirkens des Alten Testamentes." Denn (fährt Dr. Heinrich Leiste fort) diese „Ansicht über die Sonderstellung Rudolf Steiners kann durch nichts aus dem Werke Rudolf Steiners selbst begründet werden. Ganz im Gegenteil!" (Ergebenste Bitte an den Leser, dieses „Ganz im Gegenteil!" fünfmal zu lesen.)

Ich kehre zurück zum Stolperstein-Satz aus dem Buch „Wahrheit und Wissenschaft": „Das Resultat dieser Untersuchungen ist, dass die Wahrheit nicht, wie man gewöhnlich annimmt, die ideelle Abspiegelung von irgendeinem Realen ist, sondern ein *freies* Erzeugnis des Menschengeistes, das überhaupt nirgends existierte, wenn wir es nicht selbst hervorbrächten." Ich lasse dem Pfarrer Gogarten alle Gerechtigkeit widerfahren, denn schon dieser Satz allein (wenn überhaupt gelesen und verstanden) genügt, um den Duktus meiner platonistischen Vorstellungsart ins Archiv abzubuchen und mich – zunächst – vor meine vollständige Verwaistheit und Obdachlosigkeit zu stellen. *Die Welt-Wahrheit als freies Erzeugnis des Menschengeistes.* So etwas hat noch kein Sterblicher von sich geben dürfen. Es war ja höchstens der Kunst beschieden, freie

Phantasieerzeugnisse hervorzubringen – immerhin unter Berücksichtigung des strengsten Unterschieds zwischen *Dichtung* und *Wahrheit* und in strengster Isolation eines Elfenbeinturmes *("Viel lügen ja die Dichter!")*. Nun aber heißt es eben: *Wahrheit* und *Wissenschaft*, wo das einstige künstlerische Privileg, dessen Reichweite nur das *Subjektive* erfasste, in keiner Weise aber vom *Objektiven (Wahrheit)* galt, ausgerechnet ins Wissenschaftliche eindringt, auf die unerhörte Möglichkeit hin, die streng wissenschaftlich gültige Wahrheit der Welt *künstlerisch* zu erschaffen. (Ballmers *erstes* anthroposophisches Zeugnis – „und ich begriff und deklarierte: das ist die Wissenschaft als *Kunst*" – gibt den einzig wahren Ton seiner ganzen weiteren Kreativität *in anthroposophicis*.) Beachten wir nun aber nur zwei nebeneinander stehende Worte im Steinerschen Satz, um ein für allemal aus dem anthroposophischen Ruhezustand herauszukommen. Es wird nämlich in „Wahrheit und Wissenschaft" von *dem* die Wahrheit *frei* erzeugenden *„Menschengeist"* gesprochen, an welchen *„wir"* uns dann anschließen. Eben: Die Wahrheit ist ein *freies* Erzeugnis des *Menschengeistes*, das überhaupt nirgends existierte, wenn *wir* es nicht selbst hervorbrächten. Es unterliegt keinem Zweifel, dass die pelagianistische Überzeugung von Leiste, ja von *„uns anderen allen"*, der anthroposophische Brennpunkt sei nicht in der einzigartigen Persönlichkeit Rudolf Steiners (im *Menschengeist* also) zu suchen, sondern im eigenen, allerdings *methodisch* fokussierten, Ich jedes einzelnen Menschen (so ein makrokosmisches Kompliment hat die gute Tante Lieschen kaum je in ihrem Leben geangelt), ihren Anfang gerade in diesem vielverheißenden *„wir"* nimmt. Denn im Kontext des ganzen Satzes hätte dieses *„wir"* eigentlich nicht mehr und nicht weniger zu bedeuten als: Jeder Anthroposoph sei sein eigener Rudolf Steiner! Darauf ist nur zu sagen: Lieber anthroposophischer *„Jeder"*! Nichts Absurderes, als das sonst unzertrennliche Zwillingswort „*Gesagt, getan*" auch in diesem Fall in einem Atemzug von sich zu geben. Es wäre dies doch zu guter Letzt nur ein Erzeugnis mehr *deines* augenblicklichen und eiligen Geistes! Nur – beim heiligen Molière! – *eile mit Weile*, und zwar mit ziemlich viel Weile – auf die Endhaltestelle *Vulkan* zu. Sonst läufst du Gefahr, überhaupt nicht vom Fleck zu kommen, oder, um es in den gewählten Worten Rudolf Steiners zu sagen: „Ja, die Herren steigen auf der Leiter immer höher und höher hinauf, – und wenn sie ganz oben sind, nun – dann kommen sie wieder herunter."

Ich wage ernstlich, den kopfzerbrechenden „Wahrheit und Wissenschaft"-Satz unter der Assistenz von Ballmers „Karma-Orientierung der Erkenntnistheorie" zu lesen: Die Wahrheit, sage ich mir, ist ein *freies* Erzeugnis *des* Menschengeistes, der sich in seinem Denken und Handeln mit dem *Urwesen der Welt* deckt, also mit dem *Weltgeschehen* selbst identisch ist (man denke einmal über die Gründe nach, die Rudolf Steiner veranlassten, den 1893 geschriebenen und veröffentlichten Satz: „*Die Welt ist Gott*", 1918 zu streichen). Der darauf folgende *Nebensatz*: „... das überhaupt nicht existierte, wenn wir es nicht hervorbrächten", röche zweifelsohne nach allen Parfüms luziferischer Anmaßung, wenn „*wir*" dermaßen plump und humorlos wären, ihn schnurstracks auf unsere eigene *Durchschnittsmajestät* zu münzen. Der im Konjunktiv stehende Nebensatz muss als *Bedingung* gelesen werden: Erst wenn „*wir*" mit unseren bunten Schicksalen an *dem* freischaffenden Menschengeist teilnehmen, ja wenn wir *unserer* Identitätsmöglichkeit mit ihm in direkter Abhängigkeit unseres Schicksals vom Schöpfer der Anthroposophie gewahr werden, dann erst schimmert uns die sonst nicht einmal denkbare Perspektive, die Wahrheit der Welt nicht untertänigst abzuspiegeln oder in fremden, schlecht angeeigneten Worten nachzu*denkeln*, sondern in *freier* Denktat eigenmächtig zu erzeugen.

Karl Ballmer: „Ich werfe eine Frage auf, die zunächst ein wenig albern erscheint. Ich frage: 'Was tut der Schöpfer?'." In erster instinktiv-theologischer Annäherung wird die Frage etwa so gelesen: Was tut der Schöpfer, nachdem er die alttestamentliche Welt herausphantasiert hat? Es war ja die fatale Ohnmacht der Theologie, die (durch die Vernachlässigung dieser Frage) das jüngste Hinscheiden des Weltschöpfers – in Nietzsches *Gott ist tot*-Diagnose – oder seine Emeritierung – in Léon Bloys *Dieu se retire*-Feststellung – gefördert hat. Nämlich: Die angebliche Albernheit der von Ballmer aufgeworfenen Frage besagt nichts als deren absolute Novität. Wurde diese Frage überhaupt je gestellt, dann nur – rückwärts und unter dem Diktat der *historischen* Denkfertigkeiten, etwa im Plusquamperfekt: Was hatte der Schöpfer getan? Die Antwort drängte sich in aller Selbstverständlichkeit auf: die Welt. *Tov meod. „Und Gott sah, dass es sehr gut war."* Es versteht sich aber, dass sich die Frage, einmal gestellt, kaum mit solchem Rückblick auf das Vergangene befriedigen ließ und eine wohl konsequente Fortsetzung haben musste, nämlich: Was tut er denn *jetzt*? – Man bedürfte (als Theologe von Amts wegen) eines wirklich bedenklichen Humors, um sich zu der Annahme zu erdreisten, die ganze Nachgenesis-Geschichte sei nur der sich in Jahrmillionen hinziehende *ewige siebente Tag*. Das hieße ja: Der Schöpfer geriet, nachdem er das Weltenall binnen sechs Tagen geschaffen hatte, in einen kreativen Depressionszustand, oder aber er erwies sich schlicht und einfach als berufsuntauglich – verdächtiges Bild eines Weltinhabers, der, von der Leitung entbunden, einen abgefeimten Schurken-Geschäftsführer (alias Teufel) neben sich riechen muss. Allerdings ging es nicht ganz ohne theistische Gewandtheiten ab, die die Ehre des Weltschöpfers dadurch gerettet zu haben glaubten, dass sie ihm das Recht zugestanden, sich von Zeit zu Zeit in die Weltangelegenheiten einzumischen, der Reparaturbedürftigkeiten dieser unregelmäßig laufenden *machina mundi* halber. (Ein Denkmal solcher Kuriosität kommt im Briefwechsel Leibniz-Clarke vor.) An den verheerenden Konsequenzen dieses philosophisch-theologischen Kurzschlusses im Umfang des ganzen abendländischen Weltanschauungsfeldes sollte es nicht fehlen: Ein typisches Thema der metaphysischen Spekulationen schon seit dem 13. Jahrhundert war die Frage, wären denn Katastrophen wie Orkane, Überschwemmungen, Erdbeben als natürliche Vorkommnisse oder als Strafe Gottes zu betrachten? Das bedeutete, dass der alte platonistische Dualismus, von „*christlichen*" Doktoren fleißig angeeignet, schließlich doch in den Altersschwachsinn geraten ist. Wie dem auch sei, man fand sich ziemlich bald zurecht und brachte die ganze Sache ins Reine durch die sachgerechte Zuteilung der Kompetenzen in beiden – *physischen wie metaphysischen* – Ämtern. Der an Parkinson leidende Schöpfer verblieb in theologischer Obhut, allenfalls mit dem Sonderrecht, sich über den Unfug der von ihm einst geschaffenen Welt von allen Kanzeln der Welt herab moralisch oder apokalyptisch zu entrüsten. Der natürliche Lauf der Dinge fiel vollauf in die Kompetenz der Naturwissenschaftler, mit dem im Vertrag eigens ausbedungenen Vorrecht, in allen *physikalisch* unerklärbaren Fällen Hilfe beim alten Herrgott zu suchen oder ihm gar die ganze Schuld daran in die Schuhe zu schieben. Man brachte es nämlich fertig, die Inbrunst der Gottesanbetung mit einem rabiaten Atheismus zu verbinden. Was gibt es Aufrichtigeres als die Pilgerfahrt Descartes', den die Gottes-Präsenz in Sachen *Mechanik* nichts angeht, zur San-Loretto'schen Gottesmutter oder die Gewohnheit Newtons, sein Haupt beim bloßen Erwähnen Gottes zu entblößen! Das ganze Kunststück bestand nun aber darin, dass dieser Gott nur ein *deus ex machina* war, dem in der *machina mundi* selbst schon nichts mehr übrig blieb, als deren Funktionsstörungen zu beheben. Im Angesicht des menschlichen *solus ipse* fand sich die Welt schließlich wieder dazu verurteilt, sich dessen wissenschaftlichen Launen auf Gedeih und Verderb völlig zu ergeben. In dieser cartesianischen Natur, die von geometrisch gegliederten Wirbeln besessen ist, wäre auch die geringste Spur Gottes wie eine Stecknadel zu suchen. Die Residenz des Weltschöpfers war streng auf die Grenzen des *Metaphysisch-Theologisch-Moralischen* beschränkt, von wo aus er not- und bestenfalls verschiedene physikalische Disziplinen zu inspizieren hatte. Es war nun diese *rührselige spießerische Mentalität*, in der die stolze zweieinhalbtausendjährige Denkart des Abendlandes schändlich landete: Solange noch alles glatt und platt läuft, brauche ich keinen Gott; aber sobald gesundheitlich oder geschäftlich etwas schiefgeht, plärre ich gleich los: „Mein Gott!", „Du lieber Himmel!", als hätte der Weltenlenker keine anderen Sorgen, als sich in die Rolle eines *„guten Onkels"* hineinzufinden, der halt den nicht an ihn glaubenden Halunken im Falle von Krankheiten oder Pechsträhnen beispringt und den an ihn glaubenden großen Gelehrten aus der erkenntnistheoretischen Patsche hilft! Er hatte nun aber wirklich allen Ernstes keine anderen Sorgen, der hochbetagte Theologengott, insofern sich die Frage: *„Was tut der Schöpfer?"* nur im Plusquamperfekt geltend machte! Man gab Gott ja nur, was Gottes war, und waren es nun die Ewigkeitsferien, ein *„Verweile doch, du bist so schön"*-Augenblick des verewigten *siebenten* Tages, dann geschah es dem Schöpfer ganz recht, von seinen Geschöpfen als reiche Ernte des *sechstägigen* Atheismus eingefahren und jeweils Sonntags ergebenst respektiert zu werden.

Es war die Ehrensache *eines* Menschenwesens, die ganze Würde der so scham- und gewissenlos ausgebeuteten Welt in Schutz zu nehmen. Von dem Moment an, als Eduard von Hartmann, dieser letzte Thermopyläer des Abendlandes, seinen waghalsigen Bergungsversuch unternahm, den zum Weltasylanten gewordenen Weltschöpfer im Unbewussten philosophisch anzumelden, schien die endgültige Bilanz der Philosophiegeschichte gezogen zu sein. Der Weltgott hat sich zurückgezogen; das könnte nur bedeuten: Weltvakanz ist entstanden, wo es von nun an nur um einen „*Einzigen*" geht, dessen „*Eigentum*" das *Weltgeschehen* ist.

Wir befinden uns mitten in der Frage Ballmers: Was *tut* der Schöpfer? Um nun ihre Einzigartigkeit einzusehen, muss berücksichtigt werden, dass sie im Beisein der *Antwort*, ja aus der Kraft der *Antwort* selbst aufgeworfen wird. Ballmer: „Die Antwort wird in der berühmten Stelle Zykl. 7, 9, 10 erteilt. Sie lautet: 'Ein jegliches Wesen entwickelt sich vom Geschöpf zum Schöpfer.' Also auf die Frage, 'Was tut der Schöpfer?', antwortet die Geisteswissenschaft: 'Ein jegliches Wesen entwickelt sich vom Geschöpf zum Schöpfer.' Der Verstand des Akademikers weigert sich heftig, die Zusammengehörigkeit *dieser* Frage und *dieser* Antwort einzusehen." Man hätte nun, vor die Wahl zwischen dem Verstand des Akademikers und der Einzigartigkeit dieses *Koans* gestellt, einem von beiden den Vorzug zu geben. Man lege sich aber zuallererst Rechenschaft darüber ab, dass der letztere im Grunde nichts anderes darstellt als die konzentrierte Anthroposophie, während der erstere, nachdem er längst bankrott gegangen ist, keine andere Sorge zu haben scheint, als seine fatale Ahnungslosigkeit sorgfältig zu speichern. Trifft nun unsere Wahl den riskanten Weg des Anthroposophischen, dann tun wir gut daran, wenn wir, statt dass wir unsere hausbackene Intelligenz auf diese in *Antwort* stehende Frage anwenden, es der Antwort selbst überlassen, für ihr Erfragt-Werden in uns zu sorgen. Es wäre schlechterdings eine

Anmaßung, angesichts der berühmten Stelle Zykl. 7, 9, 10 anzunehmen, es handle sich lediglich um einen Satz, den *wir* zu denken haben. Klüger wird man durch diese Annahme nicht, man wird im Gegenteil durch diese Annahme dümmer, so dumm gar wie nur möglich und – noch dümmer. Es sind nämlich wir, die wir von diesem Satz *gedacht werden* oder werden *könnten*, wenn wir ein für allemal aufhören würden, im Beisein *Rudolf Steiners* großzutun und die Menge unserer Nullen an seine Eins zu hängen. Auch für diesen Fall prägt der Meister Ballmer eine unvergessliche Toleranzmaxime: „Es gibt ein sicheres Mittel zur Beförderung der Verträglichkeit unter Anthroposophen: die Erkenntnis unserer gemeinsamen Nullität vor Rudolf Steiner." – Ich komme also dankerfüllt dahinter, dass ich von diesem Satz Rudolf Steiners *gedacht werde*, und dass dies vielleicht überhaupt der *erste* Weltgedanke ist, der bei mir zu Besuch ist. Was hätte ich nun, ein *Gedachter*, der ich bin (*cogitor, ergo sum*), diesem *Weltgedanken* entgegenzubringen, damit ich vor ihm nicht wie ein Holzklotz dastehe, sondern wie ein Denk- und Dankbarer? Ja ganz bestimmt keine blamablen Tüfteleien, die sich allenfalls auf einem Lehrstuhl ziemten, sondern schlicht und einfach Geistesgegenwart, um dieser mich ereilenden Antwort keine ihr gebührende Frage schuldig zu bleiben. Ich frage also: Aus *wessen* Vorrecht und Vollmacht wird der obige Satz Zykl. 7, 9, 10 überhaupt möglich? Antwort: So spricht eben der Schöpfer, derjenige, in dessen universeller Anschauung sich ein jegliches Wesen vom Geschöpf zum Schöpfer entwickelt. Ballmers Frage: „Was *tut* der Schöpfer?" wird also von einer Vorfrage antizipiert, nämlich: Was *sagt* der Schöpfer? Die berühmte Stelle Zykl. 7, 9, 10 tritt mir dann *personifiziert* entgegen, mit allen Konsequenzen, die aus dieser Personifizierung folgen. Von nun an besteht keine Möglichkeit mehr, die Antwort im Krebsgang auf das Vergangene zu erfragen. Der Schüler der Geisteswissenschaft mag den Stolperstein *Zeit* berücksichtigen, an dem das theologisierende Abendland (seit Augustin) scheiterte. So wie die Entartung des *historischen* Christentums durch ein einziges Jota entfacht wurde, scheint auch das gegenwärtige ätherische Christentum von einem einzigen Buchstaben bedroht zu sein, wenn nämlich der aktuellen Frage: Was *tut* der Schöpfer? die retrodatierte Frage: Was *tat* er? vorangestellt wird. Das bedeutete aber: Den ewig gegenwärtigen (weil zeitlosen) Weltvorgang in die zeitbedingte Optik zu verschieben und ihn durch das verdreifachte Okular der grammatikalischen Zeitwörter zu konjugieren. Man fixiert nämlich in seinem Alltagsbewusstsein Zeitübergänge von Früher zu Später, und man verallgemeinert sie bis zum Weltgeschehen selbst. Das letztere wird dann durch *historische* Denkfertigkeiten behandelt, sodass sich das *Weltgeschehen* mit der *Weltgeschichte* deckt. Den Theologen fehlt es evidentermaßen an Taktgefühl, wenn sie die Aufeinanderfolge ihrer eigenen Geschöpfeserfahrung (gestern war ich Atheist, heute bin ich Theist) auch vom Weltschöpfer gelten lassen, samt allen Ungereimtheiten eines gestern (in 1. Mose 1) bestens arbeitenden, heute aber (im wissenschaftlichen Materialismus) seines Amtes enthobenen Weltgottes. Die Frage: „Was *tut* der Schöpfer?" setzt hingegen eine totale Revision unserer historisch bebrüteten Zeitvorstellungen voraus. Man liest ja ein Buch wie „Die Geheimwissenschaft im Umriss" nicht mit einer Leseeinstellung, die der Lektüre eines historischen Romans oder – allerdings auf das Kosmogonische übertragen – einer natürlichen Schöpfungsgeschichte angemessen ist. Das Zeitproblem der „Geheimwissenschaft" (1910) wird in dem Lichte verstanden, das von der Einleitung zu Goethes Farbenlehre (1890) auf es fällt: „Die Zeit", sagt uns hier Rudolf Steiner, „gehört der Erscheinungswelt an. Sie hat mit dem Wesen selbst noch nichts zu tun. Dieses Wesen ist nur ideell zu erfassen. Nur wer diesen Rückgang von der Erscheinung zum Wesen in seinen Gedankengängen nicht vollziehen kann, der hypostasiert die Zeit als ein den Tatsachen Vorangehendes. Dann braucht er aber ein Dasein, welches die Veränderungen überdauert. Als solches fasst er die unzerstörbare Materie auf. Damit hat er sich ein Ding geschaffen, dem die Zeit nichts anhaben soll, ein in allem Wechsel beharrendes. Eigentlich aber hat er nur sein Unvermögen gezeigt, von der zeitlichen Erscheinung der Tatsachen zu ihrem Wesen vorzudringen, das mit der Zeit nichts zu tun hat. Kann ich denn von dem Wesen einer Tatsache sagen: es entsteht oder vergeht? Ich kann nur sagen, dass ihr Inhalt einen andern bedingt, und dass dann diese Bedingung als Zeitenfolge erscheint. Das Wesen einer Sache kann nicht zerstört werden; denn es ist außer aller Zeit und bedingt selbst die letztere." Zwanzig Jahre später wird diese allgemein-philosophische Auffassung auf Grund der kosmogonischen Daten bestätigt („Die Geheimwissenschaft im Umriss", 1930, S. 111): „Wer auf diesem Felde zu einem sinngemäßen Urteil kommt, der sieht auch ein, dass in der vollständigen Beobachtung des Gegenwärtigen, die das Geistige mitumschließt, wirklich neben den Stufen des Daseins, die bis zur Entwicklungsvollkommenheit der Gegenwart fortgeschritten sind, auch die Entwicklungszustände der Vergangenheit erhalten geblieben sind, wie neben den fünfzigjährigen Menschen einjährige Kinder vorhanden sind." Noch konkreter heißt es im Berliner Zyklus von 1911, „Die Evolution vom Gesichtspunkte des Wahrhaftigen" (2. Vortrag): „Denn was einmal vorgegangen ist, das vollzieht sich noch heute fortwährend. Was in der Saturn-Zeit sich abgespiegelt hat, das ist nicht bloß dazumal dagewesen, sondern das geht heute noch vor." Ballmers äußerst klares und prägnantes Resümee drängt sich schon von selbst auf: *„Entwicklung beginnt in der Gegenwart und endet in der Gegenwart."* Das soll nur heißen: Das zeitlose Urwesen der Welt, das in allen Ewigkeitsaugenblicken des Weltgeschehens von Saturn bis Vulkan *ist,* entschließt sich, das zu *werden*, was es schon immer *ist*. Das dauernd gegenwärtige Tun des Schöpfers deckt sich derart mit der zeitlichen Entwicklung eines jeglichen Wesens vom Geschöpf zum Schöpfer. In der Sprache der Logik: Das genetische *post factum* setzt das logische *prius* voraus. *Erscheint* der Mensch im evolutionären Vorschreiten als das *letzte*, so *ist* er im Wesen eben das *erste* und erschließt die ganze natürliche Schöpfungsgeschichte, *bevor* er sie abschließt. Sein *Wesen*, das immer gleich ist, manifestiert sich in verschiedensten *Erscheinungsarten*, in denen er – von der Amöbe bis zu seiner jetzigen Form – der *wird*, der er schon *ist*. In der Sprache des Römerbrief 8, 19 heißt es dann: „Alle Kreatur leidet und seufzet unter dem Schmerz der allmählichen Verfestigung, alle Kreatur seufzt, der Vergeistigung harrend." Ich lese zeitgemäßer und mit der Gewähr, dass auch jene Witzbolde, die sich die Gelegenheit um keinen Preis entgehen lassen, über den folgenden Satz zu kichern, unter die genannte Kreatur bevorrechtet einzureihen sind: Jeder Stein, jeder Grashalm, jede Amöbe leidet und seufzt, der Vermenschlichung harrend, ja vor Sehnsucht vergehend, die Inhalte des Buches „Geheimwissenschaft im Umriss" irgendwann einmal hören, erfassen, ja erschaffen zu können. Dem prachtvollen Weltbild Haeckels, in dem nur die eine zeitbedingte und sich in Zeitperspektiven entwickelnde Seite des Weltgeschehens zur Geltung kommt, liegt die ewige Präsenz des Welt-Autors zugrunde, der – wohlgemerkt! – sich nicht nach heidnisch-christlicher Weise als Idee oder Ikone darstellt, sondern (und schon einzig christlich) als *Geist gewordener physischer Mensch.*

Ich werfe die in Rede stehende Frage (eines *reculer pour mieux sauter* halber) ein bisschen weniger albern auf. Ich frage zunächst nicht: Was tut der Schöpfer?, sondern: Was tut der Schöpfer etwa eines erstrangigen literarischen Kunstwerkes? Zwei Zustände kämen hier in Betracht: derjenige *vor* dem Schaffen und derjenige *während* des Schaffens. Es wäre in der Tat ein ziemlich riskanter Versuch, den Autor *vor* seinem Werk charakterisieren zu wollen. (Man gebe sich, um Missverständnisse zu vermeiden, Mühe, diesen Denkversuch auf einen *rein ideellen* Autorenzustand zu beschränken, ohne die Wechselfälle der übrigen *menschlichen, allzumenschlichen* Existenz in Kauf zu nehmen. Man wende also eine Prozedur, wie die in Husserls Schriften viel beschriebene *phänomenologische Reduktion*, ausgerechnet auf diesen Fall an, um sein Nebensächliches in Klammern zu setzen und sein *Eidos* rein zu intuieren. Wäre beispielsweise von Flaubert die Rede, so käme hier nur der *Künstler* Flaubert in allen phänomenologisch reduzierten und wesensgemäß angehaltenen Augenblicken seiner schöpferischen Gegenwart in Betracht, nicht aber jener brummige, tobende, seufzende, sich schnäuzende oder was immer sonst erleidende *Privatmann* Flaubert in den Maya-Verhältnissen des Pariser *beau monde*. Soviel zur Rechtmäßigkeit und Kommensurabilität unseres Vergleichs.) – – Also ein Künstler *vor* dem Beginn seines künstlerischen Tuns. Das hieße dann: Noch gibt es *nichts*, er aber *ist* da, und wenn es überhaupt zulässig wäre, von einer Fülle der Ideen zu sprechen, die er unrealisiert in sich getragen haben soll (man mache doch dieses Zugeständnis, um nicht die Ästhetiker von vornherein zu verscheuchen), dann nur im *style salaud* eines Diderot, der, einmal dazu befragt, sich keine erlesenere Antwort einfallen ließ als diese: „*Mes idées, ce sont mes catins.*" In höflicherer Fassung heißt das dann: Er steht allen denkbaren Ideen als *Herr* gegenüber. Er *lebt,* ohne im geringsten zu merken, dass er sein Leben nichts anderem als dem Tot-Sein seiner künftigen Geschöpfe zu verdanken hat. Eine ganze wundervolle Welt, wie etwa jene, in der ja mehr als achthundert handelnde Personen *ihr* Leben leben *könnten* (so hoch etwa die Bevölkerungsdichte in Tolstois „Krieg und

Frieden"), schlägt er dauernd in sich tot, damit er selbst, der vollkommene Egoist, ungehindert und selbstgenügsam in seinem zentripetalen Inkognito leben kann. Ja, so bliebe es für immer, wenn ihn nicht der Stachel seines Inkognito stäche. Beunruhigt stellt er fest, dass er sich selbst überhaupt nicht kennt, dass er sich seines Selbst, dieser seiner egoistischen Vollkommenheit, nicht zu erinnern vermag. Er leidet ja an Gedächtnisschwund, an einer Identitätskrise; er läuft Gefahr, sich an seiner eigenen Perfektion zu verschlucken, weil perfekt, wie er ist, er immerwährend im Perfekt ist, ohne dass ihm seine Geistes-Gegenwart verfügbar wäre.

Er trifft dann die schicksalsschwere Entscheidung (wodurch sein eigenes Schicksal erst gebildet wird) und wartet fortan auf den Augenblick, in dem der Zufall in sein Recht zu treten geruht, damit er sich ans *Werk* machen kann. *Alea jacta est.* Er gibt seine Souveränität und Freiheit preis und schlägt sich in seinen Geschöpfen tot, die aus dem permanenten Faktum seines Todes auf die Welt kommen und zu leben beginnen. Das Leben seiner Geschöpfe rührt also von seinem Tod her. Er muss tot und nicht sein, damit sie leben und sind. In diesem Leben seiner Geschöpfe *wird* er der, der er *ist*; er bringt seine Erinnerung *vor* sich und erinnert sich in den unergründlichen Wechselfällen seiner Phantasiekraft, die er selbstlos seiner Schöpfung hingibt, seiner selbst. Auf solche Weise kommt er, ein Ichloser und Weltvoller, dahinter, was sein einstiges Ich vor der Schöpfung *gewesen ist*. Noch lässt sich seine Anwesenheit auf den ersten Seiten des Werkes deutlich spüren; er bringt immer wieder neue Personen zustande und zusammen, lässt sie in verschiedensten Verhältnissen auftauchen, Gespräche führen, sich verlieben und hassen, Intrigen spinnen, töten und sterben, Gutes und Böses treiben, kurz, er erweist sich noch als fast sichtbar bei der Gestaltung ihres Karma, sodass das Ganze anfänglich einem Marionettentheater ähnelt, wo das Schicksal (im Grunde nur sein künstlerischer Wille) zwar uneingeschränkt, wohl aber *exakt* schaltet und waltet, und wo das einzige Privileg der Geschöpfe nur darin besteht, sich ihres erschaffenen Schicksals bewusst zu werden und über seine Unabwendbarkeit auf hohem Kothurn zu jammern.

Allmählich wird aber alles anders. Je weiter und tiefer er sich seinen Geschöpfen hingibt, desto selbständiger und unabhängiger kommen diese sich selbst vor, desto entfesselter wird ihr Benehmen. Sie bringen es mit der Zeit sogar fertig, seine aufopfernde Anwesenheit überhaupt nicht zu bemerken oder sie schlechterdings in Frage zu stellen. Flaubert drückt dies wie folgt aus: „*L'auteur, dans son œuvre, doit être comme Dieu dans l'univers, présent partout, et visible nulle part.*" Er ist ja überall und nirgends in seinem Werk, ein *physischer* und *unsichtbarer* Mensch, der sich bis auf die Knochen in sein Werk auflöst und wie ein Toter wird, dessen unsichtbare physische Form dann als Form des Werkes selbst gilt. Kein Wunder, wenn manchen seiner reiferen Geschöpfe nichts besseres einfallen kann, als einen rabiaten Atheismus zu bekennen. Sie verneinen ihren Autor, diese physischen und sichtbaren Wesen, die ihre sichtbare Physizität der unsichtbaren ihres Schöpfers zu verdanken haben, die es aber vorziehen, als eines anderen Stammbaumes Früchte zu gelten. Punktum. Es ist vollzogen. Mehr als achthundert *dramatis personae* aus „Krieg und Frieden" scheinen um den Verstand gekommen zu sein. Alle, sowohl Kriegende als auch Friedende, treten zu einer Volksabstimmung zusammen und beschließen einträchtig, Tolstoi seine Urheberrechte abzunehmen. – „Ja, und was nun!", erschallt irgendwo von hinten eine zaghafte metaphysische Stimme, „es wird doch kein Buch von selbst geschrieben, ohne den Autor!" – „Selbstverständlich", hallt die Antwort wider,

„aber er ist doch tot, der liebe Autor. Uns bleibt also nichts, als jedem – sein eigener Autor zu werden!"

Es brauchte Jahrtausende, bis diese Trefflichen mit langer Leitung kapierten, dass Er wirklich tot, ja zum Tod selbst geworden ist, damit ihr Leben samt ihrem Theismus und Atheismus vonstatten gehen kann. Die in Äonen rollende Polemik der beiden Widersachergötter, die die Anthroposophie unter den Namen *Luzifer* und *Ahriman* anspricht, erreicht eben hier ihren Höhepunkt. Die (erdichteten) Tanten bekreuzigen sich eilig und prallen zurück etwa in die „Bekenntnisse einer schönen Seele." Die (erdichteten) Onkel rennen auf ihre Promotionen und Habilitationen zu, ohne im geringsten ihre Nerven zu verlieren – nicht einmal die *„motorischen"*. Die einen lechzen nach alten unnennbaren Tagen, wo noch der Glaube Berge versetzte und selig machte, und wo der fürsorgliche extramundane Autor noch hie und da hellseherisch zu halluzinieren war. (So lässt sich etwa ein unglückseliges Geschöpf wie Hiob auf einen Rechtsstreit mit seinem Urheber ein, als käme sein kleinbürgerlicher Wohlstand überhaupt noch da in Frage, wo das unsterbliche Hiob-Kapitel der Weltpoesie aufs Spiel gesetzt ist.) Die anderen brechen mit aller Vergangenheit und bilden sich anmaßend ein, die Zeit sei schon gekommen, die Zügel der Schöpfung vollends in die Hand zu nehmen. Die Erzfrage: Was tut der Schöpfer? bekommt in diesem Kapitel des Werkes eine unmögliche Bedeutung, bei der alle Dämonen der theologischen Anständigkeit das Fell sträuben: Der Schöpfer tut hier nämlich nichts anderes, als dass er schlicht und einfach schwachsinnig wird (wie etwa ein Shakespeare im König Lear, dessen Schwachsinn ja kein poetisch erträumter ist, sondern ein klinisch überprüfbarer bei dem in diesem Augenblick zum *Psychiatrie-Patienten* werdenden Autor). Man gebe doch einmal *„theologisch"* zu, dass auch der Schwachsinn als unergründliche Entwicklungsnotwendigkeit im Weltgeschehen des Werkes der Intuition und Erlösung bedarf. Nehmen wir an: Der werte Famulus Wagner macht sich, nachdem er aus ideologischen Gründen mit seinem Herrn Faust gebrochen hat, ans Studium der Physiologie und stößt dann auf die sensationelle Entdeckung, es gebe in Menschengeschöpfen Bewegungsnerven, die, einmal vom Gehirn (dem angeblichen Sitz des Willens) erregt, diesen Reiz dann den Muskeln verliehen und den Menschengeschöpfen dadurch den Ansporn zur Bewegung gäben. Dieser blühende Unsinn wäre wohl lobenswert, wenn er nicht so sehr (um mehrere Jahrtausende) verfrüht und forciert wäre. Es fällt nämlich dem Nobelpreisträger Wagner nicht ein, den Sitz seines Willens nicht in seinem akademisch gegerbten Gehirn, sondern in demjenigen *Goethes* zu suchen; ja es fällt ihm ärgerlicherweise nicht ein, dass wenn er sich überhaupt im Zeitraum der „Faust" genannten Tragödie zu bewegen befähigt ist, sein Dank nicht seiner eigenwilligen Motorik, sondern dem Willen des Schöpfers zu gelten hat, ohne dessen Vollmacht (die die des Todes ist) er nicht einmal zu mucken wagte, und aus dessen Vollmacht er sich nun herausnimmt, aus vollem Halse zu bellen und zu brüllen. Es wäre nun eine nicht im geringsten in die Zuständigkeit des Literaturwissenschaftlers fallende Frage: Was geschieht mit dem flinken Selbstbeweger Wagner in dem Moment etwa, wo der Dichter Goethe seine Feder weglegt, um meinetwegen seinen ministeriellen Verpflichtungen nachzukommen? Der renommierte Mann – darüber kann ja kein Zweifel aufkommen – verduftet im Nu, wie *„vom Winde verweht"*, samt seinen efferenten wie afferenten Nerven. So spielt es sich nun aber in einer *unvollkommenen* und nur vergleichshalber behandelten Schöpfung wie „Faust" ab. Man bedarf keiner außerordentlichen Auffassungsgabe, um einzusehen, wie es mit den *Wagners* in der *vollkommenen* Weltschöpfung steht. Wenn nun etwa ein Du Bois-Reymond oder meinetwegen das ganze akademische, Unsinn über Unsinn auftürmende Team eben nicht verschwindet (es verschwindet ja nicht einmal *post mortem*), dann nur deswegen, weil der Welt-Goethe (es wäre eigentlich Welt-Gott zu sagen) *ununterbrochen* und ohne Ausgeh-Augenblicke am Werk ist, dessen einziger Sinn es ist, dass sich ein jegliches Wesen (von dem erstbesten Schafsschädel, der sein *os intermaxillare* jedem erstbesten Akademiker entgegenfletscht, bis zum Schädel des Faust-Urhebers) vom Geschöpf zum Schöpfer entwickelt.

Man nehme nun sein Herz in beide Hände, und man erweitere das Kunstwerk-Gleichnis bis zum Kunstwerk Weltgeschehen in der Spannweite Saturn-Vulkan (welche, merken wir es uns wieder einmal zum ersten Mal, *gegenwärtig* ist). Man bilde sich nur nicht ein, der Ernsthaftigkeit dieser Erweiterung aus dem Grunde zu entschlüpfen, sie sei ja nur eine Übertragung *per analogiam* und als solche völlig unverbindlich und wissenschaftlich ungültig. Es ziemte sich wohl im *merry old* Helmholtz-Jahrhundert, sich auf solche unschuldig-theoretische Plaudereien einzulassen und jahrelang aus dem Takt der Schöpfung zu geraten, auf das trübselige *Heureka* hin, einmal bewiesen zu haben, dass diese Analogie unverbindlich sei (sie ist ja aber mehr als nur verbindlich). Ich glaube bei alledem eben, die ganze Tiefe des Problems durch die Didaktik dieses glücklichen Vergleichs erleichtert darstellen zu können. Ballmer greift nicht nach Analogien. Er packt den Stier unserer Denkplumpheit gleich bei den Hörnern und quält ihn so lange, bis dieser zahm wie ein Meerschweinchen wird. Nur ein Satz aus vielen, bei denen einem ein Mühlrad im Kopf herumgeht (was geht das übrigens den Einrenker Ballmer an!): „Das ewige Werden des Gottes Körper, als des Einzigen WELT-Körpers, aus dem die 'Natur' gemacht ist, kann interpretiert werden durch den Satz: 'der Mensch', der in Wirklichkeit EINER ist, *pflanzt sich fort,* – also der einzige Körper pflanzt sich selbst fort. Diese Fortpflanzung der *Welt* (denn der Eine *ist* die Welt) ist ein Akt der *Kraft der Erinnerung.*"

Ich mache mir eine Erleichterung (ganz im Ton Ballmers). Wenn Herr Meyer in ein Schwimmbecken taucht, obschon er überhaupt nicht schwimmen kann, dann beginnt Herr Meyer im Wasser krampfhaft zu zappeln, was nur besagt, dass sich Herr Meyer ziemlich früh und unbedachtsam zur *„Wasserprobe"* erdreistet hat. Wenn nun Herrn Meyer ein Rettungsring ins Wasser geworfen wird, dann hätte er sich normalerweise, nachdem er wieder sicheren Boden unter den Füßen hat, bei denen, die ihm den Rettungsring zur Verfügung gestellt haben, zu bedanken, nicht aber sich auf dank- und taktloses Theoretisieren über die Unverbindlichkeit des Rettungsringes zu verlegen. Herr Meyer mag sein Gebildetsein aufblasen, wie es ihm beliebt; uns anderen aber beliebt es, darauf mit einem Achselzucken zu reagieren. Ich nehme an, es ließen sich unter den Lesern hypothetische (von realen ganz zu schweigen) Meyer finden, die sich im oben zitierten Ballmerschen Satz weniger sicher fühlen würden als bei einem Schiffbruch. Der Ertrinkende klammert sich an den Strohhalm dieser Analogie. Frage: Was stellen die sechsunddreißig Dramen Shakespeares dar? Antwort: Die sechsunddreißig Dramen Shakespeares stellen nichts anderes dar als das auf seine schöpferische Lebenszeit beschränkte Werden des Shakespeare Körpers, als des Einzigen mit seinem Werk identischen Körpers, aus dem dieses Werk gemacht ist, und das bedeutet nur: *„der Mensch"* Shakespeare, der in der Wirklichkeit seiner Welt EINER ist, pflanzt sich in seinen handelnden Personen fort. Es ist also sein einziger Körper, der sich selbst in seinem Werk (als sein Werk) fortpflanzt. Diese Fortpflanzung des Werkes Shakespeares (denn er allein ist sein Werk) ist ein Akt der *Kraft seiner Erinnerung.*

Fällt das Wort „*Körper*" einem spiritualistisch verwöhnten Ohr schwer, dann ist darauf zu erwidern, dass Shakespeares Werke nicht mediumistisch, etwa durch Tischrücken, sondern unter der restlosen Teilnahme seines „*göttlichen*" Körpers geschaffen sind, in dessen Notdurft-Verrichtungen mehr Geist zu finden wäre als in den Gedankenverrichtungen zahlreicher Geistträger. Dilet-Tanten wähnen alles durch das Ideelle und Körperlos-Geistige erklärt zu haben. Solcher Grundgesinnung gälte wohl die Antwort Stéphane Mallarmés im Gespräch mit seinem Freund Degas, all denen zur Mahnung, die darauf erpicht sind, hohle Urteile über das schöpferische Tun von sich zu geben, ohne ein einziges Mal sich die Finger am Schöpferischen verbrannt zu haben. Degas (der große Maler, der in diese Anekdote geriet, nur weil er die Schwäche hatte, Gedichte zu schreiben und darüber Urteile zu fällen) beklagte sich einmal über die Poesie: „Eine verdammte Kunst, diese Ihre Poesie! Ich bin voll von Ideen, kann aber nichts damit anfangen." – „Mein lieber Degas", parierte Mallarmé, „Gedichte macht man nicht mit Ideen. Man macht sie mit Worten." – – – Shakespeares Körper – nicht derjenige, der in Londoner Spelunken prasste und verweste, sondern derjenige, der sich in Hamlet und Macbeth *gleichzeitig* fortpflanzte, also kein anonymer Virchowscher Leichnam in der Totenkammer einer der derzeitigen Uni-Kliniken, sondern der einzigartige, bis in die Knochen durchgeistigte Atma-Körper Shakespeare – deckt sich vollauf mit seinem Werk, ist dieses Werk selbst. Man wird später über die künstlerische Form des Shakespeareschen Werkes rechten und richten unter der Gültigkeit einer Ästhetik und ohne von der eigentlichen Gültigkeit des in Frage Stehenden zu ahnen. Die Strukturanalyse von Shakespeares künstlerischem Werk kann aber nichts anderes sein als die des Shakespeareschen Körpers, der als Körper durch und durch Geist und Eingebung ist und dessen unverwesliches Phantom in Form des Werkes

– als Stil, als Phantasiekraft, als überbordende Genialität des Dichterischen (Goethe: „Und ich rufe: Natur! Natur! nichts so Natur als Shakespeares Menschen. Da hab' ich sie alle überm Hals. Lasst mir Luft, dass ich reden kann!") – *erscheint*, auf dass die künftigen Ästhetiker zu dem sonderbaren Schluss kämen, das *Werk* Shakespeares sei auch ohne Shakespeare selbst zu konsumieren, welch letzterer nur als eine überflüssige Hypothese zu gelten hat. Wäre diese Strukturanalyse (etwa in ihrer modernen französischen Prägung) scharfsinniger und von jederlei terminologischem Wortkram ausgekehrt (Rudolf Steiners Diktum nach: „Zuerst müssen die Universitäten ausgekehrt werden" – Dornach, den 24. November 1918), dann stieße sie wahrscheinlich auf etwa folgende Imagination: Shakespeare, der Schöpfergott und Herr des Karma aller von ihm geschaffenen Geschöpfe, hängt als Leichnam am Kreuz (das die Welt *seiner* Schöpfung ist) und erinnert sich seines gewesenen Ich im großartigen, rückwärts fließenden und gleichzeitigen Panorama seines fortschreitenden Werkes. Aus der Kraft seiner Erinnerung, außer der es im Grunde keine andere Realität gibt, pflanzt er sich fort im *sound and fury* seiner Menschengeschöpfe. Das heißt aber: Sein *unsichtbarer* Körper wird in ihnen (als sie) *sichtbar.* (Den Ästhetikern ins Ohr und Nietzsche zum Andenken: Man hätte sich als *Ästhetiker* einmal darüber klarzuwerden, dass man im Grunde nur ein *Physiologe sui generis* zu sein hat.) Er, ein Toter, der er *ist, wird* in seinen Geschöpfen (die aus dem Können seines Todes erst zu ihrem Leben kommen) der, der er *ist,* oder anders gesehen, sie *werden* in ihm (als er) der, der er *ist*. Er entsinnt sich nämlich seines Könnens, das das Können seines Todes ist, und bringt derart seine Geschöpfe in der Erinnerung *vor* sich, damit sie aus der Kraft seiner Erinnerung (die das Können *seines* Todes ist) die zerfallene, zerfetzte, in Scherben gegangene und unkenntlich gewordene Einheit *Shakespeare* wieder zu sich, zu ihrer Ur-Einheit zu bringen vermögen, was nun heißt: Ein jegliches Wesen seines Werkes – vom fetten Ritter Falstaff oder meinetwegen vom Ritter und *beafeater* Junker Andreas von Bleichenwang bis zum weisen Prospero – entwickelt sich, durch dick und dünn gehend und unter bunten Pseudonymen getarnt, zu seinem eigentlichen und auf dem weißen Stein geschriebenen (Off. 2, 17) Eigennamen, der *Shakespeare* ist. Es macht ihm nun, dem allmächtigsten und zugleich ohnmächtigsten Ur-Beweger und Lebensgeber aller dieser vor Lebensfülle strotzenden Wesen, nichts aus, wenn sie in der Anmaßung ihrer Lebensfülle, das heißt des Könnens *seines* Todes, dazu tendieren, ihn zu vernachlässigen oder gar zu leugnen. Es kann doch sein, dass er in diesen, ihn verneinenden Menschenbrüdern *mehr* der wird, der er ist, als in denen, die ihn nur beweihräuchern. Karl Ballmer: „Es gibt in der ganzen Natur kein 'Leben', wenn nicht der Tod in jeder Sekunde die physikalische URZEUGUNG vollzieht. Unsere Physiologen (als die hervorragend tüchtigen, nüchternen und unendlich sympathischen Forscherleute) empfinden heute sehr deutlich, dass mit dem alten Geschwätz von Seele und Leben und Entelechie keine Wissenschaft zu machen ist; sie werden geradezu zu der Einsicht hingeprügelt, dass der KÖRPER als das Subjekt-Objekt des physikalisch-physiologischen Geschehens toto genere GEIST sein muss: Körper *als* Geist, und Geist *als* Körper. So gesehen – die Forscherleute werden das einsehen lernen – ist der 'Materialismus' der neuzeitlichen Forschung eine – Gottesgabe."

Die Geistwerdung des Körpers, wo sich ein konkreter physischer Mensch restlos in Geist auflöst, ohne zu einem spiritistischen Spuk zu werden, ganz im Gegenteil: völlig Mensch bleibend, mit dem man zwar jahrelang umgeht, *den man aber nicht sieht* – also die Durchgeistigung des Körpers zu einem unsichtbaren physischen Phantom-Körper, der im Grunde EINER ist – im Gedenken an ein leeres Grab des Jahres 33 und in alle Ewigkeiten: das wäre nun die letzte Deutung der Frage aller Fragen: Was tut der Schöpfer? In aller Präzision gesagt: Er tut eben nichts anderes, als dass er fortwährend stirbt und Leben schöpft, bis hin zu dem Ur-Zustand seiner vor sich gebrachten Erinnerung, wo die letzte Grenze zwischen Tod und Leben verschwindet. Er ist der Vater Tod, ein im Leichnam des Sohnes vermenschlichter und in seinem auferstandenen Atma-Körper verlebendigter Tod, dessen Geschöpfe sich – ausnahmslos – dazu entwickeln, irgendwann einmal bis ins ewige Leben hinein sterben zu können. Das platte englische Motto der Neuzeit: „Das Endziel der Entwicklung ist das allergrößte Glück der allermeisten Menschen", ist allein unter dem Korrekturfaktor der *Theosophia deutsch* zu lesen: *Nur, wenn das allergrößte Glück der Tod ist.* In unserem fortwährenden physischen Sterben haben wir eigentlich nichts anderes als dauernde Welt-Einübung im Tod, ein blasses und entferntes Ebenbild dessen, was einmal in endgültiger Fassung geschehen muss. Wir spielen nur groß geschriebener MENSCH, indem wir sterben; nichts gehört uns an uns selber weniger als unsere Geburt und unser Tod, solange wir *ex Deo nascimur* und *in Christo morimur*. Unser im unendlichen Zuge von Toden und Geburten zum (heiligen) Geist werdender Körper, vor dem das historische Christentum mit zugehaltener Nase dasteht und den es mit dem Munde des Papstes Innozenz des Dritten *à la Baudelaire* besingt („unreine Erzeugung, ekelhafte Ernährung im Mutterleibe, Schlechtigkeit des Stoffs, aus dem der Mensch sich entwickelt, scheußlicher Gestank, Absonderung von Speichel, Urin und Kot"), eignet sich allmählich das Gebaren des Schöpfers an, zu Lebzeiten sterben und im Tod wiedergeboren werden zu können, damit die welttragende Frage: Was tut der

Schöpfer? schon nicht mehr im Seufzen der Kreatur widerhalle, sondern im Donnerjauchzen der Seraphim.

Rudolf Steiner bittet seine Zuhörer, und weit über diese hinaus seine schon geborenen und noch nicht geborenen Leser, nur um das *eine* – ja, es wäre vielleicht unausweichlich, sich einmal in den Brennpunkt der fragenden Zumutung scharf einstellen zu lassen, worum Rudolf Steiner uns überhaupt zu bitten hätte? Die Antwort klingt uns von fast jeder Seite des von ihm Geschriebenen und Gesprochenen entgegen: Wir sind um nichts anderes gebeten denn um – *gesunde Wahrnehmungskraft* und *gesunden Wahrheitssinn*. Ich lese periphrastischer: Weder um eine strammstehende und verbrühende Verehrung mit schwerem Rosenkreuz am Halse werden wir also gebeten (Patentinhaberin: Tante *in Lucifero*), noch um eine vorlaute und sich *ex nihilo* brüstende Gelehrtheit (Patentinhaber: Onkel *in Ahrimani*), sondern lediglich um eine gekonnte Unvoreingenommenheit und Aufmerksamkeit. Die Anthroposophie ist ja keine Lehre, die mit gutem Sitzfleisch zu meistern ist, sondern die Welt-Offenbarung, der guter Mutterwitz mehr gälte als Geübtheiten rein universitären Paukens. Man ist sich im Alltäglichen doch darüber einig, dass die ganze Gelehrtheit dort eben zu nichts taugt, wo sich etwa das derbe Wort: „Da braucht man eben Köpfchen!" allein geltend macht. Nichts hindert mich nun daran, dieses Wort auch von dem Anthroposophischen gelten zu lassen. Also eben um „*anthroposophisches Köpfchen*" wird der Schüler der Anthroposophie vom anthroposophischen Lehrer gebeten, und nicht etwa um Speicherkapazität für allerlei Gelehrtheit oder um verbrühende Verehrung.

Soviel zur Vorbereitung des folgenden entscheidenden Satzes: Die ganze Karl-Ballmer-Probe steht und fällt mit der

Frage: *Wer ist Rudolf Steiner?*, die auch als: *Was tut Rudolf Steiner?* gelesen werden mag. Hier eben tritt die erwähnte Bitte des Schöpfers der Anthroposophie in ihr Recht, wie auch sein anderes wortwörtlich zu nehmende Wort: „Wenn nur ein halber Mensch das aufnehmen wird, was ich zu geben habe, werde ich meine Mission erfüllt sehen." Man mache doch einmal ernst mit diesem ungeheuerlichen Positivum! Statt dass man sich auf das draufgängerische Unternehmen einlässt, seinen anthroposophischen Lehrer einer karmischen Besichtigung zu unterziehen, auf das Glück hin, auch seiner eigenen anthroposophischen Halbwenigkeit ein warmes, historisch relevantes Plätzchen im Schatten des *„großen Eingeweihten"* zu verschaffen, trägt man der Bitte des Lehrers gebührend Rechnung, wenn man ihn goetheanistisch als *Urphänomen* versteht, folglich als etwas, dessen Erklärung sich mit dem Faktum seines *Erscheinens* selbst vollauf deckt. In Goethes Worten und ganz im Sinne der Ballmer-Probe heißt es dann: Man suche nur nichts hinter dem Phänomen Rudolf Steiner im Zeitabschnitt 1861–1925, er selber ist die Lehre.

Ich schlage nun das Buch „Die Geheimwissenschaft im Umriss" oder die Aufsätze unter dem Titel „Aus der Akasha-Chronik" auf, und ich stelle die Frage: Was tut hier Rudolf Steiner? Die Frage gilt selbstverständlich vom ganzen Werk, dessen jeder Satz das *Ganze* ist und es nur von verschiedenen Seiten und situationsbedingten Zuhörerbedürftigkeiten her dosiert und repräsentiert. Mir kommt zunächst eine seltsame Konkretisierung der Frage in den Sinn, und zwar: Welchem *Genre* wären diese Bücher zuzurechnen? Über das ganze scheinbare Kuriosum meiner Antwort werde ich mir plötzlich klar – erst nach der Antwort selbst, die etwas überraschend zu klingen scheint: Der *Memoirenliteratur*. Hier erinnert sich nämlich einer seines eigenen Lebensganges, dessen abschließende (veröffentlicht abschließende) Kapitelüberschrift „Mein Lebensgang" das ganze Werk – und schon im landläufigen Sinne einer Biographie – nur auf das weltgeschichtliche Jahr 1907 bringt. Ein anderes Wort fällt mir, da ich in meiner urphänomenalen Stimmung alle mondänen wie hausbacken okkulten Denkfertigkeiten preisgebe, gar nicht ein. Es ist ja wirklich nichts zu machen, wenn die übrigen Memoirenschreiber mit ihrem Geburtsjahr anzufangen und etwa mit ihrer momentanen Gegenwart zu enden pflegen, während dieser eine seine Erinnerungen auf die Saturn-Zeit datiert und mit der Vulkan-Zeit unterbricht, da eben diese Zeitspanne *seine* (sagbare) Gegenwart ausmacht. Letzten Endes erinnert sich ein jeder ja nur dessen, woran er sich eben erinnern kann, und das Objekt der Erinnerungen gilt dann üblicherweise als eigenes Leben mit dem dazugehörigen eigenen Ich. Letzteres pflegt ja nur auf gewisse Ruf- und Eigennamen wie auch auf Berufsbeinamen zu hören, sodass, wenn beispielsweise Herr Professor Dingsda mit seinem Namen und Titel angesprochen wird, der Anrede ein bestimmtes „Ich" entgegenklingt. Dass nun das Menschen-Ich auch bestimmte Erweiterungen zulässt, nimmt man eben nur bis zu einem gewissen Grade an. Man vergisst dabei treuherzig, dass sich die Dehnbarkeit dieser als Ich geltenden Sprungfeder in keiner Weise nur auf unsere bürgerlichen Vorstellungsmöglichkeiten beschränkt, und dass es Dinge zwischen Himmel und Erde gibt, die in keinem Konversationslexikon nachzuschlagen sind. Das christliche Abendland zeigt bestimmt keine Neigung, mit dem Worte: *„Ich bin der Weg und die Wahrheit und das Leben"* einmal ernst zu machen; dieses Wort pflegt es nur für Sonntagspredigten zu reservieren und ihm jede persönliche Selbstempfehlungskraft abzuerkennen. Es war dem christlichen Abendlande immer nach dem Herzen, über die Unbegrenztheit des Ich bombastisch zu räsonieren und sich gleichzeitig gegen ein einziges konkretes

Indizium dieser Unbegrenztheit tollwütig zu stemmen. Das Schweigekomplott gegen Rudolf Steiner muss doch einmal bei seinem rechten Namen genannt werden, wie unartig dieser Name – ich rede selbstverständlich vom *Schwachsinnskomplott* – auch immer klingen mag. Man entschließe sich aber einmal, den Atem anzuhalten und sich einer gesunden Schullogik hinzugeben! Wenn sich einer des ganzen Weltgeschehens erinnert, wie dieses im Buch „Die Geheimwissenschaft" erzählt wird, dann drängt sich unausbleiblich nur der folgende Schluss auf: Der Inhalt des Buches „Geheimwissenschaft" kommt dem Umfang des Gedächtnisses Rudolf Steiners gleich, wo sich das Welt-Ich seines eigenen Werdens entsinnt. Es schickt sich ganz einfach für das Ende des 20. Jahrhunderts, solche unmöglichen Sätze von sich zu geben, um dem Phänomen des Schöpfers der Anthroposophie einen entsprechenden Wahrheitssinn entgegenzubringen. Es ist alles in bester Ordnung, wenn so mancher Nüchterne dadurch in Harnisch gebracht wird; man verabschiedet sich von dem alten Hausrat der platonistisch-aristotelisch-kirchenväterlichen Tradition nicht so schnell und folgenlos, nach deren Rebus alles Göttliche körperlos, alles Körperliche aber gottlos ist. Dieser Wut-Test (etwa anhand des obigen unmöglichen Satzes), sprich: Die Karl-Ballmer-Probe, wäre dann: Eine *„Ich sage dir, steh auf"*-Zumutung angesichts des irdischen Auferstehens des Christus-Bewusstseins. Nicht zu vergessen, dass der Christusgott in Palästina zwischen 30 und 33, also der Menschenkörper Gott, von den werten Christen völlig verkannt wurde, die es während der zwei sich christlich nennenden Jahrtausende fertigbrachten, die alten heidnischen Abgötter Plato und Aristoteles samt ihren körperlosen Ideen und ideenlosen Körpern unter christlicher Tarnung anzubeten. – Man wird übrigens nicht nur fremder-, sondern auch – und vielleicht noch heftiger – anthroposophischerseits in Harnisch gebracht. Es soll an anthroposophischen *„Plato-*

*nikern"* und *„Aristotelikern"* von (bestenfalls) mittelalterlichem Schlag, also an berufenen Darbietern des Karma der anthroposophischen Bewegung, nicht fehlen, die ständig auf der Hut sind, jede Tendenz zurechtzuweisen, in Rudolf Steiner mehr als nur *einen* großen Eingeweihten zu sehen. Das alte thomistische Gespenst – Wahrheit als *adaequatio rei et intellectus*, d. i. Abspiegelung von irgendetwas Realem – trübt noch, wenn auch mit einem Bein schon im Fossilienmuseum, die Durchsichtigkeit des Ereignisses *Rudolf Steiner.* Rudolf Steiner (so wird einmütig angenommen) war nur ein großer Eingeweihter, der seine Erkenntnisse aus der Akasha-Chronik herauslas. Also gegen das Zeugnis des Schöpfers der Anthroposophie, dass die Wahrheit keine Abspiegelung, sondern ein *freies* Erzeugnis des Menschengeistes ist, beharrt der eigensinnige Anhänger der Anthroposophie darauf, Rudolf Steiner sei des okkulten Lesens kundig gewesen und stehe als Dolmetscher in den Diensten der geistigen Welt. Das Buch „Die Geheimwissenschaft im Umriss" soll dementsprechend nichts anderes als eine ordentliche Abschrift des unsichtbaren Originals sein, und wenn wir, die wir sonst okkult nicht bis drei zählen können, über einem Buch wie „Wie erlangt man Erkenntnisse der höheren Welten?" hocken, dann können auch wir einmal in Akasha buchstabieren oder eine Aura sehen. Viel Erfolg. Dass Rudolf Steiner unter anderem auch ein großer Eingeweihter war, ist so wahr, wie wahr ist, dass sich etwa Georg Kantor im Einmaleins gut auskannte. Es würde aber sicherlich auf die Mathematiker keinen guten Eindruck machen, setzte sich einer der Kollegen in den Kopf, den Schöpfer der Mengenlehre auf so bizarre Weise zu empfehlen. Rudolf Steiner als Eingeweihter: Ja, sagt uns Karl Ballmer, er war es, aber nur „im Nebenberuf". Was nun Rudolf Steiners *Hauptberuf* betrifft, das lässt sich wohl am besten durch die Klärung des oben erwähnten anthroposophischen Vorurteils feststellen. Es wird also behauptet, im Buch „Geheimwissenschaft" oder auch „Aus der Akasha-Chronik" ereigne sich nicht ein *freies* Erzeugnis des Geistes aus der Kraft der eigenen Erinnerung, sondern ein tüchtig telepathisches Belauschen und Belauern eines fremden Gedächtnisses. Akasha will heißen: Weltgedächtnis. Ich nehme mir die Freiheit, meinen gesunden Menschenverstand zu einer Entseuchungsanlage gegen allerlei idealistisch-spiritualistisch-spiritistische Mikroben auszustatten und das in Frage stehende Thema im Freien weiterzubehandeln. Meine Logik entspricht der Strenge eines Lehrbuches der Logik. Damit Zahnschmerz geschehen kann (so etwa würde ich dem Thema beikommen), muss der Zahnschmerz in einem konkreten Zahn lokalisiert werden. Ein Zahnschmerz ohne Zahn ziemte sich eher für eine neokantianistische Mundhöhle und würde bei jedem Zahnarzt entschiedenen Protest auslösen. Ich schließe nun vom Zahnschmerz auf das Weltgedächtnis. Es geht über meinen Mutterwitz, mir ein Weltgedächtnis zu denken, ohne dass es in einem konkreten Menschengedächtnis lokalisiert wäre. Fehlt dieses letztere, wird das erstere zum Weltvergessen, gesetzt, das Gedächtnis bedürfe doch eines Sich-Erinnernden, ohne dessen Erinnerungskraft es eben der Vergessenheit anheimfällt. Die Schablone eines auf der transzendenten Leinwand lesenden Eingeweihten, der ja nur ein Mensch *„wie du und ich"* ist, allerdings ein viel entwickelterer, hält keiner Kritik stand und ist als tote Last der heidnisch-theistischen Vergangenheit über Bord zu werfen. Man sei am Ende des Jahrtausends doch so sachkundig, die Beisetzung dieser Vergangenheit bereits einem *Max Stirner* zuzuerkennen. Es geschah einmal im christlichen Abendlande, dass sich die werten Christen daran gewöhnt hatten, den Maßstab und die Möglichkeit ihres Christseins nicht nach den *objektiven* Zumutungen des gegenwärtig wirkenden Christus-Impulses zu messen, sondern nach dem Ausmaß ihrer eigenen aufgewärmten Gefühle und Vorstellungen. Man pflegte sich nämlich allein mit *seinem* christlichen Bekenntnis abzufinden, etwa nach dem Modell: *So stehe ich zu Christus,* und man gab sich keine Mühe, mit der Frage einmal ernst zu machen, *wie der Christus selbst dazu stehen könnte?* Es wäre dann gar nicht auszuschließen, dass sich das ausgesprochen *negative* Stehen eines Abtrünnigen als viel *christlicher* erwiese und dem Christusgott mehr Freude brächte als manches höchstpersönlich beglaubigte und sich an sich selbst ergötzende christliche Positivum. – – Was will uns der Stirner-Skandal sagen? Man höre einmal die Antwort aus dem Munde Rudolf Steiners:

„Erst *Max Stirner* hat in seinem 1844 erschienenen Buche 'Der Einzige und sein Eigentum' in radikaler Weise von dem Ich gefordert, es sollte endlich einsehen, dass es alle Wesen, die es im Laufe der Zeit über sich gesetzt hat, aus seinem eigenen Leibe geschnitten und als Götzen in die Außenwelt versetzt hat. Jeder Gott, jede allgemeine Weltvernunft ist ein Ebenbild des Ich und hat keine anderen Eigenschaften als das menschliche Ich. Und auch der Begriff des allgemeinen Ich ist aus dem ganz individuellen Ich jedes Einzelnen herausgeschält.

Stirner fordert den Menschen auf, alles Allgemeine von sich abzuwerfen und sich zu gestehen, dass er ein *Einzelner* ist. […] Das einzelne Ich im Sinne Stirners soll man nicht durch einen Gedanken, eine Idee definieren wollen. Denn Ideen sind etwas Allgemeines; und durch eine solche Definition würde somit der Einzelne – wenigstens logisch – sofort wieder einem Allgemeinen untergeordnet. […] Der Weg, auf dem Stirner zu seiner Anschauung des Einzelnen gelangt ist, kann als universale Kritik aller das Ich unterdrückenden allgemeinen Mächte bezeichnet werden. […] Indem er alle diese Mächte zerstört, richtet Stirner auf den Trümmern die Souveränität des Einzelnen auf."

Die zweieinhalbtausendjährige Herabwürdigung des *konkreten Menschen* um Gottes willen explodiert also in Stirner mit einer Revolution, der gegenüber alle vom Abendland je erlebten Revolutionen als Lappalien erscheinen. Bezeichnend ist, dass das letzte Steinchen, das diese Lawine ins Rollen brachte, Hegels Philosophie war – mit ihrer absoluten Diktatur der Weltidee über die zur Marionette entarteten Menschen; ebenso bezeichnend ist, dass der Sturz der Hegelschen (im Grunde der ganzen heidnisch-christlichen) Selbstherrschaft der Idee in die vierziger Jahre des 19. Jahrhunderts fällt und gleichzeitig in zwei revolutionären Ereignissen detoniert: in Stirners „Der Einzige und sein Eigentum" (1844) und im Marx-Engelsschen „Kommunistischen Manifest" (1848). Es ist peinlich, die in beiden Büchern ausbrechende Revolution zu vergleichen. Wie ein bürgerliches Gebrumm räsoniert die ganze Tobsucht des „Manifestes" gegenüber dem weltstürzenden Schwung der Radikalität des „Einzigen". Marx, der verspätete, umgestülpte Platoniker, ein seines Amtes enthobener Geistlicher auf der Suche nach einer neuen Herde, geifert vor Ressentiment, indem er den Weltbrand heraufbeschwört, in welchem die eine Abstraktheit vernichtet werden müsse, damit die andere ans Ruder komme. Es lugt in Marx hinter der revolutionären Gestik das alte bürgerliche, allzubürgerliche Gebaren hervor: *„Ihr habt es satt, zu zechen! Wir andern sind nun am Zuge!"* – Stirner, der eigentliche Revolutionär, legt alles bloß, mit einer Folgerichtigkeit, bei der einem das Blut in den Adern vor Entsetzen gerinnt; Gott, Moral, Seele, Geschichte, Staat, Gesellschaft, alle geschriebenen wie ungeschriebenen Werte werden hier rücksichtslos abgebucht. Selbst *„der"* Mensch, um dessentwillen das ganze Gemetzel arrangiert worden sein sollte, platzt hier wie eine Seifenblase. *Was* ist *„der"* Mensch? Das alte Befremden eines Joseph de Maistre – „Ich habe zeit meines Lebens Franzosen, Engländer, Deutsche gesehen. Dank

Montesquieu weiß ich, dass es auch Perser gibt. Nur dem Menschen bin ich nie begegnet" – spitzt sich in Stirner auf ein unmögliches *solus ipse* zu. Der Mensch kann, so Stirner, nur der Einzige sein, ja nicht einmal *der* Einzige, sondern dieser *eine* Einzige alias Johann Caspar Schmidt, als Sohn eines Flötenmachers in Bayreuth geboren und, um auch diese letzte Nabelschnur der Tradition zu zerschneiden, in *Max Stirner* umerschaffen. Versteht sich, dass das Eigentum dieses Einzigen nicht mehr und nicht weniger, ja eben nicht weniger als die *Welt* sein konnte. Der Streit um den Weltenlenker erfuhr solcherart eine unerhörte Lösung.

Es blieb die Frage der Bekleidung des Amtes. Der Zusammenbruch aller Prätendenten (von Stirner selbst bis zu Nietzsche) bezeugte aber keineswegs den Bankrott der Sache selbst und fiel in keiner Weise in psychiatrische Zuständigkeit, wie sich allerlei konservative Behüter der abgelaufenen Geisteskonserven zu erklären übereilten. Die alte Welt war zerschlagen, sodass sich die Weltordnung als Weltvakanz erwies, und das einzige, worum es sich noch handeln konnte, die Frage war: Wer ist es, der sich die Freiheit und das Recht nehmen wird, das Weltamt anzutreten?

Ich zitiere nun einen Passus aus dem „Ausblick" der ersten Auflage der „Rätsel der Philosophie" („Welt- und Lebensanschauungen im 19. Jahrhundert"), also einen mit 1900 datierten Text Rudolf Steiners. Es steht zu hoffen, dass sich Ohren finden lassen, die, einmal nach der Stimmgabel Max Stirner gestimmt, hören werden, was in den folgenden Sätzen zu hören ist:

„Wenn ich mit meinen Gedanken die Dinge durchdringe, so füge ich ein seinem Wesen nach in mir Erlebtes zu den Dingen hinzu. Das Wesen der Dinge kommt mir nicht aus ihnen, sondern ich füge es zu ihnen hinzu. Ich erschaffe eine Ideenwelt, die mir als das Wesen der Dinge gilt. Die Dinge erhalten durch mich ihr Wesen. Es ist also unmöglich, nach dem Wesen des Seins zu fragen. Im Erkennen der Ideen enthüllt sich mir gar nichts, was in den Dingen einen Bestand hat. Die Ideenwelt ist mein Erlebnis. Sie ist in keiner anderen Form vorhanden als in der von mir erlebten."

Es werden dringend Experten gesucht zur sofortigen Klärung dieser Sätze, solange unter Anthroposophen noch immer keine Neigung besteht, zur Kenntnis zu nehmen, in *wessen* Saft sie eigentlich schmoren. Man erkundige sich als Unwissender bei den Wissenden, wessen Mundes Worte diese Worte sein müssen. Ein Bonaventura, ein Siger von Brabant, ein Pater Malebranche, ein Bischof Berkeley, ein Hegel, ja der uns schon bekannte Pfarrer Gogarten seien hier ergebenst gefragt, WER die Sprache spricht, die in den folgenden Sätzen gesprochen wird: „ICH erschaffe eine Ideenwelt, die MIR als das Wesen der Dinge gilt. Die Dinge erhalten durch MICH ihr Wesen." Zwecks Verstärkung unserer Bestürzung bringen wir diese Sätze in Zusammenhang mit der „Erkenntnistheoretischen Schlussbetrachtung" zu „Wahrheit und Wissenschaft", wo der völlige Bankrott sowohl des altthomistischen *Seins* als auch des deutschidealistischen *Ich* erklärt wird („Nach unseren Auseinandersetzungen muss der *Dogmatismus* sein 'Ding an sich', der *subjektive Idealismus* sein 'Ich' als Urprinzip fallen lassen..."). Wenn es aber so ist, dann dürfen die obigen Sätze nicht einem fichteanischen Ich gutgeschrieben werden, sondern sie müssen als Verkündigung *eines konkreten Menschen* (des *Einzigen)* gelten. Ja, was sollte mich nun daran hindern, die darauf folgenden Sätze: „Die Ideenwelt ist MEIN Erlebnis. Sie ist in KEINER anderen Form vorhanden als in der von MIR erlebten", mit gleichwertigen Wortänderungen zu lesen, also etwa so: „Die Akasha-Chronik ist MEIN Gedächtnis. Sie ist in KEINER anderen Form vorhanden als in der von MIR erinnerten." Es steht mir frei, auch andere Vertauschungen zu wagen, etwa anstelle der „Ideenwelt" die „geistige Welt" zu setzen. Vielleicht gelingt es mir durch diese letzte Vertauschung doch, vor einer höchst durchsichtigen Stelle aus der am 10. Januar 1925 geschriebenen Vorrede zur „Geheimwissenschaft" nicht wie verbrüht zurückzuschrecken, sondern sie so durchsichtig zu lesen, wie sie geschrieben ist: „Deshalb entschloss ich mich", sagt hier Rudolf Steiner, „die 'Theosophie' mit dem Inhalte erscheinen zu lassen, den ich als DAS WESEN IM LEBEN EINES EINZELNEN MENSCHEN erschaut hatte." Mir bliebe dann nichts anderes übrig, als mich allen Ernstes zu fragen: Wie viele Anthroposophen, von der Zahl derer, die anthroposophische Bücher schreiben und anthroposophische Vorträge halten, wie auch derer, die diese Bücher und Vorträge lesen und hören, geistesgegenwärtig genug wären, diese schwerste und im Grunde allein entscheidende Prüfung im Weltfach *Anthroposophie* zu bestehen, wie sie ein Karl Ballmer bestanden hat?

* * *

Ballmer stellt den unglaublichen, wenn auch einzig gebührenden Fall dessen dar, wie man anthroposophisch schöpferisch sein kann. Ein Geschöpf Rudolf Steiners, hat er sich bis zum Schöpfer entwickelt. Ballmers Anthroposophie ist keine Abspiegelung derjenigen Rudolf Steiners, sondern ein erstaunliches Phantasieprodukt von ihm selbst, die Verkündigung *seiner* einzigartigen Individualität. Der Stirner-Skandal setzt sich in Ballmer fort und in eine unerhörte Metamorphose um. Der Verfasser von „Der Einzige und sein Eigentum" sagt sich hier überraschenderweise von seinem Ich los und lässt sich – zur Vermeidung der konsequenten Selbstvernichtung – dankbar von dem Anderen Ich denken, dem ersten Ich, das nicht *das* Ich, sondern *der* Ich zu nennen ist. Ballmers Motto: „*Nicht ich, sondern R. ST. in mir*", das heute noch immer eines einmütigen Anathems sowohl kirchlicher- als auch anthroposophischerseits für würdig erachtet würde, wird bald als ein *christlichstes* Wort von seiten derer wiedererkannt werden, die sich selbst schöpferisch genug wissen werden, ein Buch wie die „Philosophie der Freiheit" als Erschaffung und Erlösung des Christus-Bewusstseins und ein Buch wie die „Theosophie" als gegenwärtiges Christus-Wirken erkennen zu dürfen. Folgende Ballmerschen Sätze besagen mächtig nicht nur die ersten Manifestationen der im Christus-Bewusstsein kommenden Anthroposophie, sondern auch einen konkreten Bewusstseinszustand, in dem der Christus-Erlöser Steiner selbst seine Erlösung bejubelt:

„Der Schüler der Geisteswissenschaft verzichtet auf die Zumutung Brentanos, der kapitalistische Besitzer einer Ich-Substanz zu sein. Eine 'Seele' kann sich der Schüler der Geisteswissenschaft nicht mit den Denkmitteln des Aristoteles vorstellen. Er findet, der Heide Aristoteles rede irre über die Seele (Zykl. 45, 2, 21). Der Schüler der Anthroposophie findet sich damit ab, dass er zunächst von seinem wahren Ich nicht mehr weiß als von seinem Tode. Er kann die Vorstellungen 'Seele' und 'Ich' nur wagen, indem er die Auferstehung eines Gekreuzigten glaubt; Seele und auferstehender Leib sind ihm das gleiche. Er kann sich nicht erlauben, im Stil 'christlicher Philosophie' unter Seele eine Naturtatsache zu verstehen. Seine Resignation befindet sich dabei in bester Übereinstimmung mit der echten, sich selbst verstehenden Naturforschung, die nirgends auf eine Naturtatsache 'Seele' gestoßen ist. Die streng *wissenschaftliche* Hoffnung, über 'Seele' nicht mythologisch, sondern *wissenschaftlich* sprechen zu können, heißt dem Schüler der Geisteswissenschaft: Christus-Impuls. Wenn ich *wissend* so etwas wie 'Ich' ergreifen und verstehen will, dann brüte ich nicht in meinem Innern, ich verzichte darauf, ein Schieber im Innern zu sein, sondern ich fasse den Entschluss, in den Mitteilungen der geistigen Welt (= Anthroposophie), die ich nicht 'glaube', sondern *denke*, geistig Substanzielles *wahrzunehmen*. Das ist genau das Gegenteil der Brentanoschen arrogant illusionären Wahrnehmung der *eigenen* psychischen Zustände. Der technische Ausdruck der Anthroposophie zur Bezeichnung des *Objektes* meiner Wahrnehmung von substanziellem 'Ich' heißt: die Erscheinung des Christus in seinem Ätherleibe seit der Mitte des 20. Jahrhunderts. Das Wahrgenommene ist die notwendige Ursache, zu der solche Menschen, die *wissend* mit Sinn zu sich 'Ich' sagen wollen, *in Freiheit* die Wirkung sein können. Denn die Ursache wirkt nur, wenn Menschen die Wirkung *wollen*. Indem der Schüler der Geisteswissenschaft zu sich 'Ich' sagt, kann er nicht ein Privateigentum meinen; sein 'Ich', das ihm eingewirkt wird, ist von vornherein und prinzipiell eine gesellschaftlich-soziale Angelegenheit".

Ich stelle nun die für die ganze Ballmer-Probe entscheidende Frage: Wie konnte es dazu kommen, dass der Mensch, der das geschrieben hat, was wir soeben gelesen haben, nicht nur auf den offiziell-anthroposophischen Index geriet, sondern auch dermaßen massiv verschwiegen wurde, dass sein Name bis heute fast niemandem etwas sagt, mit Ausnahme der wenigen Anthroposophen der älteren Generation, die beim bloßen Erwähnen dieses Namens schon beinahe reflexartig zu reagieren pflegen: „Ah, Ballmer! Der war aber ein kranker Mann!"? – – Die Antwort kommt mir unverzüglich: So hätte es sich eben einer rein *bürgerlichen* Atmosphäre geziemt. Möge sich jeder dabei denken, was ihm beliebt, aber die Geschichte der anthroposophischen Gesellschaft nach dem Weggang Rudolf Steiners vom physischen Plan ist die einer konsequenten und immer deutlicheren *Verbürgerlichung*, wo sich die einzigartigste *Erkenntnis*gemeinschaft der Weihnachtstagung in das Karma der sonstigen *Glaubens-* oder *Konventions*gesellschaften fügt. Man entsinne sich nur dessen, *was* hier verbürgerlicht wird, und man gibt sich dann Rechenschaft über das Geschehene. *Anthroposophie* ist keine Bekenntnissache, zu der wir uns frei entschließen oder auch nicht entschließen können, um dann, wenn wir uns dazu entschlossen haben, die Sache für erledigt zu halten und uns um das nächste zu kümmern. *Anthroposophie* ist *Weltangelegenheit*, für die kein geringerer sorgt als der Herr des Karma, dem das private Faktum unseres Bekennens oder Nicht-Bekennens höchst gleichgültig sein mag, solange wir entscheidenden Wert eben auf *unsere Person* legen. *Anthroposophie* ist *Christus-Offenbarung* und – als solche – *gegenwärtiges Urchristentum*; man berücksichtige einmal einen Vortrag wie den Londoner Vortrag vom 2. Mai 1913, um sich der ganzen schwindelerregenden Ernsthaftigkeit seines eigenen Anthroposoph-Seins oder Anthroposoph-sein-Wollens bewusst zu werden. Der erschütternde Tenor dieses Vortrags: Die Auferstehung des Christus-Bewusstseins im Irdischen. Was sich im ersten Jahrhundert *einmalig* vollzog: der Tod im Physischen und die Auferstehung im Physisch-Geistigen, kommt uns jetzt als der Tod (das Auslöschen des Christus-Bewusstseins) im Geistigen und das Auferstehen im Irdischen, in *unserem* Bewusstsein. Wir sind als Anthroposophen *Urchristen*, mit dem entscheidenden Unterschied zum historischen Urchristentum, dass das Pfingstereignis, das uns damals als *Gnade* von oben entgegenkam, jetzt nur als *unsere Erkenntnis* vom Irdischen aus dem ganzen Kosmos entgegentritt. *Christus will in uns Denker werden*, und im Lichte dieses Christus-Willens platzen alle Werte der christlichen Welt, die sich noch immer an altes museales Geistesgut klammern, in der vergeblichen Illusion, ihre Agonie noch um wenige Augenblicke hinauszögern zu können. In dem Moment, wo wir uns dieses in uns wirkenden und uns erst erschaffenden Weltwillens bewusst werden, verwandelt sich die ganze Kultur von zwei Jahrtausenden des historischen Christentums, die sich nur als Denkmal ihrer selbst kennen will, in einen Greuel der Verwüstung, dem das alte Wort noch immer aufs neue gilt: „Siehe, euer Haus wird euch öde gelassen." Durch Ballmers Diktum: „Indem der Schüler der Geisteswissenschaft zu sich 'Ich' sagt, kann er nicht ein Privateigentum meinen", leuchtet das ganze Mysterium des *Wesens Anthroposophia* durch: Das Christus-Ich, als das Welt-Ich, kommt uns *universell* entgegen, um in uns, kraft unseres Erkennens („Wissenschaft der Freiheit") *individuell* zu werden („Wirklichkeit der Freiheit"). Anthroposoph-Sein heißt deswegen: Nicht mein philosophisch wie alltäglich falliertes Ich, das sich unter allen Umständen in die alte Geschichte fügt, Gedichte schreibt oder Geschäfte führt, kommt fortan in Betracht, sondern das Christus-Ich der Welt, das ich mir als *Ursache* meiner selbst (meines Selbst) erst dann entgegenkommen lasse, wenn ich seine Wirkung als meine gegenwärtige Existenz wissend *will*. Die entsetzliche Entartung dieses frei zu bejahenden (weil im Auftrag des Herrn des Karma wirkenden) Karma setzt dann ein, wenn ich die Bekanntschaft der Anthroposophie mache, ohne mein bürgerliches Gebaren preisgeben zu wollen. Dann bekenne ich mich (mit besonderem Nachdruck auf mein Ich) zur Anthroposophie, so gut wie sich mein Nachbar (mit gleichem Nachdruck auf sein Ich) zum Marxismus oder meinetwegen zur Psychoanalyse bekennt, und unsere einzige Sorge wäre dann nur, das ganze Bukett aller möglichen Bekenntnisse tolerant gegenseitig zu respektieren. Ich gehe dabei von der Unverletzlichkeits-Präsumtion des fremden

Ich aus, die mir als die höchste Instanz meines moralischen Handelns gilt. Ich merke aber nicht, dass diese Klausel nichts anderes besagt als die Übertragung des alten heilig-bürgerlichen *Habeas corpus* auf das Geistige, wo sich die Freiheit im Sinne der „Philosophie der Freiheit" nur als englisch gesteuertes *establishment of liberty* geltend machen kann. Als einziges Erfolgskriterium gilt dann das Inkraftsetzen und reibungslose Funktionieren des ganzen anthroposophischen *contrat social*, sprich: der Allgemeinen Anthroposophischen Gesellschaft: Buchindustrie, Periodika, Vorträge, Wochenendseminare, Eurythmieaufführungen, Pharmazie, Landwirtschaft usw. usf., sodass es möglich wird, die eigene Tätigkeit von Jahr zu Jahr mit den anderen allgemeingesellschaftlichen Initiativen zu vergleichen, im Hinblick etwa auf folgendes optimistisches Endergebnis: Hier laufen „*wir*" dem Roten Kreuz den Rang ab, dort aber stehen „*wir*" ihm noch nach. Viel Glück!

Versteht sich, dass auf einer solchen Rennbann einem *Karl Ballmer* nichts zuteil werden kann denn als ein verdrießliches Hindernis zu gelten und so schnell wie nur möglich beseitigt zu werden.

Die Frage ist nun: Nur einem Karl Ballmer? Wie steht es, ja, mit – *Rudolf Steiner*? Man bedürfte keiner tatsächlichen Bestätigung, um allein auf Grund der Sachlage *a priori* darauf zu schließen, dass als allererstes Hindernis einer so entarteten anthroposophischen Bewegung kein geringerer als ihr Beweger selbst gelten müsste. An Tatsächlichem soll es indessen nicht fehlen. Man berücksichtige nur die in anthroposophischen Kreisen von Tag zu Tag zunehmende Tendenz, Rudolf Steiner den „Nimbus" zu nehmen und ihn als „*unsereinen*" zu behandeln, um des schändlichen Bankrotts einer Gesellschaft der Bewegten gewahr zu werden, in die der Beweger einst wie in seinen Sarg eingetreten ist. Rudolf Steiner (so klingt es uns von überall her entgegen) soll hier und da fehlgegangen sein; er sei ja letzen Endes auch ein Produkt seiner Zeit gewesen. Wir erweisen ihm (so klingt es weiter) nur einen Dienst, wenn wir ihn dadurch *vermenschlichen*, dass wir ihm das allzumenschliche Recht nicht aberkennen, von Zeit zu Zeit zu entgleisen und in der Tinte zu sitzen. – Und siehe da, da nimmt es sich ein anthroposophisches Geschöpf heraus, indem es die erste Auflage der „Philosophie der Freiheit" mit der zweiten vergleicht, vom *Konformismus* des Verfassers zu reden, während ein anderes schon so hoch hinauswill, dass es sich – allen Schutzpatronen des guten Geschmacks und der Zurechnungsfähigkeit zuwider – das Recht anmaßt, für Rudolf Steiner (für gewisse Äußerungen Rudolf Steiners) vor der ganzen Menschheit um Verzeihung zu bitten. – – Offensichtlich haben die forschen, sich zur Anthroposophie bekennenden Federgewandten nichts von der alten Parabel „*motorische Nerven*" dazugelernt; sie wähnen noch immer, den Schöpfer der Anthroposophie *in sich* hinterlegt zu haben, als ein weiteres Geistdepositum ihres privateigentümlichen Ich (welches Depositum ja unter Umständen auch pleite gehen kann), und sie ahnen eben nicht, dass es gerade sie selbst sind, die *in ihm*, samt ihren *bills of rights* und sonstigem Unfug, nicht nur hinterlegt, sondern erst ermöglicht werden, ja *zu ihm selbst* (zwar ahnungslos, doch unausweichlich) werden, damit das einmalige Diktum: „Ein jegliches Wesen [d.h. auch ein sich zur Anthroposophie bekennendes Wesen] entwickelt sich vom Geschöpf zum Schöpfer [der Anthroposophie]" erfüllt wird.

Es erhielt sich ein Briefentwurf Karl Ballmers an Johanna Mücke vom 12. Oktober 1932 bezüglich des Sachverhaltes im Rudolf Steiner-Archiv in Dornach. Ein Passus aus diesem

Brief sei hier zitiert, damit wir es dann dabei bewenden lassen können:

„Die Inventarisierung und systematische Ordnung des hintersten von Rudolf Steiner beschriebenen Fetzchens Papier scheint mir eine ganz selbstverständliche *Pflicht* und die Versäumnis dieser Pflicht wird für die Beteiligten nicht leicht zu tragen sein. Ich darf Ihren eigenen Satz [Fräulein Mücke warf Ballmer vor, aus jeder Mücke einen Elefanten zu machen. – K. S.], mit verändertem Subjekt, zitieren: 'Ich gehe von Tatsachen aus und veranlasse nicht aus Nichtkenntnis der Dinge Ratschläge und Maßnahmen, denen keine Realität zu Grunde liegt.' Ich könnte auch das 'wir' Ihres Satzes stehen lassen, und das 'wir' hieße dann völlig sinngemäß: Rudolf Steiner und Ballmer."

Im Schlusssatz des Briefes, den jeder von uns auf sich münzen möge, heißt es dann: „Ich hoffe mich deutlich ausgesprochen zu haben und begrüße Sie, in Respekt vor dem Herrn des Karma".

Mir kommt zu guter Letzt eine knappe Formel in den Sinn, auf die sich das ganze Änigma Karl Ballmer entweder zusammendrücken oder eben ausdehnen lässt – diese Formel lautet: ER HAT RUDOLF STEINER VERSTANDEN. Berücksichtigt man nun (im Lichte der obigen Ausführungen), WEM dieser Satz eigentlich gilt; entsinnt man sich zugleich des oben zitierten Wortes Rudolf Steiners, dass er seine Mission erfüllt sähe, wenn nur ein halber Mensch das aufnähme, was er zu geben hat, dann erst wird man einsehen, welche Bedeutung dieser zunächst so bescheiden klingenden Formel beizumessen ist. Dem erschütternden Positivum des Schöpfers der Anthroposophie, der bereit war, *seine* Sache allen Ernstes

und ohne Übertreibung auf *einen halben Menschen* zu setzen
– angesichts der durch und durch Vollmensch spielenden
Viertel-, Achtel- und Infinitesimalmenschen –, fiel unerwartet
zu, so reichlich zurückerstattet zu werden. Ein halber Mensch
soll im strengen Sinne des Verfassers von „Wahrheit und
Wissenschaft" heißen: Eine nicht durch Erkenntnis zum
Vollmenschen gewordene Hälfte der Wirklichkeit Mensch.
Im *Vollmenschen* Karl Ballmer gelangt die Mission Rudolf
Steiners zu ihrer Erfüllung. Wohlgemerkt, ich sage nicht etwa:
*Nur* in Karl Ballmer, was so undankbar wie auch falsch wäre
– im Angesicht der wenigen anderen Schüler Rudolf Steiners,
darunter zuallererst *Carl Ungers*, dessen hier nicht anders
gedacht werde als in Ballmers unvergesslichen Worten: „Es
kann in uns immer wieder die Versuchung aufsteigen, gegen
den Herrn des Karma aufzumucken; doch wenn wir alt genug
sind, werden wir uns schließlich dabei beruhigen, dass so
im Jahre 1909 sich das Nebeneinander von Carl Unger und
R. St. ereignete", – ja darunter immer wieder zuallererst des
naturkatastrophal genialen *Andrej Belyj*, der das Wunder des
„Fünften Evangeliums" so ausnehmend und für Steiner selbst
überraschend verstanden und individuell erschaffen hat, als
hätte ihn das Karma eigens nach Kristiania (Oktober 1913)
gebracht, damit auch dieses Akasha-Evangelium nicht ohne
seinen Evangelisten bleibe. – – Ich sage also nicht: *Nur* in Karl
Ballmer, ich sage bloß: *So wie* in Karl Ballmer. Nämlich: So
vollständig, allseitig, monumental, wie in Karl Ballmer, wurde
Rudolf Steiner von kaum jemandem sonst verstanden.

Ja, was hieße denn das Wort „*verstanden*", dort, wo das
zu Verstehende Anthroposophie heißt? Die weitgehenden
und schon unheimlichen Perspektiven dieser Frage, wie sie
einen etwa in „Marginalien 1 und 2" heimsuchen – schon
von der ersten Seite an, wo anhand des anthroposophischen

Verstehens der Wirksamkeit unserer Sinne die unglaubliche Evidenz behauptet wird, dass der sehend wahrgenommene Löwe *stofflich* ganz und gar in den Sinnesvorgang eingeht –, diese Perspektiven (in deren Licht unser Verständnis Rudolf Steiners nicht nur eine harmlos-semantische Aneignung des von ihm Geschriebenen oder Gesagten voraussetzt, sondern auch eine konkrete *Einverleibung* von Rudolf Steiners *Geisteskörper*) lasse ich bis auf weiteres beiseite und begnüge mich mit gesundlogischen Evidenzen. Mein Ausgangspunkt spitzt sich auf den Satz zu: Ich verstehe die Anthroposophie, die Rudolf Steiner ist. Wenn ich sie nun wirklich verstehe, dann nur deswegen, weil ich im Akt meines Verstehens sie werde. Ich bin als Verstehender wesensgleich dem Doktor Rudolf Steiner, was bedeutet: Er, der sich immerfort tötet, damit ich Ahnungsloser lebe, kommt in mir als Verstehendem zum Leben, während ich (als Verstehender) in ihm sterbe. Beachte ich dabei, dass das, was ich heute (1994) von ihm zu verstehen habe, keine in Buchform gegossene Lehre ist, sondern nur (hie und da in ganz Europa binnen eines Vierteljahrhunderts aus den Bedürfnissen konkretester Situationen heraus und gemäß diesen Situationen) sorgfältig dosierte und schonend ausgesprochene Worte, dann bringt mich mein Problem als Verstehenden auf einen höchst gefährlichen Punkt, der dem Okkultisten unter der Bezeichnung *Luftprobe* bekannt ist. Ich befinde mich nämlich in einer Situation, die, insofern sie den in den Vorträgen angesprochenen Situationen gegenüber heterogen ist, den Gegenstand meines Verstehens selbst in Frage stellt. Denn *was* verstehe ich eigentlich, wenn ich aus dem Jahr 1994 heraus Nachschriften von Vorträgen lese, die seit Anfang des Jahrhunderts etwa in Berlin, Hannover, Hamburg, Kassel, Basel, Dornach oder Norrköping gehalten wurden? Wo also nicht das Ich des Vortragenden zu den Ichen der Hörenden sprach und sie lehrte, sondern wo sich dieses einmalige Ich in den Ichen der Hörenden fortwährend totschlug, damit die armen Seelen aus dem Können dieses Todes ihre Schicksale nicht mehr der Gutenbergschen Druckerpresse verdanken, sondern direkt im Buche des Lebens lesen können.

Seltsame Situation eines Verstehens-Aktes, dem ein Objekt des Verstehens fehlt! Die alte Gewohnheit (so bequem und human sie auch sein mag), die Vortragsnachschriften Rudolf Steiners für so etwas wie aus dem Stegreif gesprochene Bücher mit einer in ihnen gespeicherten allgemeinen Weisheit zu halten, muss ich preisgeben, damit die erbärmliche Versuchung vermieden werden kann, zu behaupten, Rudolf Steiner habe sich ab und zu widersprochen. („Na, überprüfen Sie doch selber mal, in GA 156 steht das und das, während er in GA 165 ganz was anderes sagt!", ruft von Zeit zu Zeit so mancher Anthroposoph aus, der ja bloß darauf brennt, seinen Abstand zu dem Lehrer derart human zu verkürzen.) So wird man, paff!, zum Kritiker Rudolf Steiners, wobei man sich keine Rechenschaft darüber ablegt oder ablegen will, dass der ganze Humbug von Rudolf Steiner selbst vorhergesehen und vorsorglich durch ein saftig-allopathisches Wort Luthers unschädlich gemacht worden ist. Man sei nun als Kritiker Rudolf Steiners, der ihn der Widersprüche überführt zu haben meint, doch bitte so gut, dieses von Rudolf Steiner (in GA 177) – zwar wie immer aus einer ganz konkreten Situation heraus, aber diesmal, scheint es, wohl auch allgemeingültig – zitierte Wort Luthers zur Kenntnis zu nehmen: „Es kann jemand zum Beispiel auftreten und eine ganze Menge schreiben über Widersprüche, die ich verbrochen haben soll in meinen verschiedenen Schriften und über allerlei andere Dinge. Man könnte heute zwar daran erinnern, dass *Luther* eine ganze Menge, nicht ein paar Dutzend, sondern Hunderte und Hunderte von Widersprüchen nachgewiesen worden sind. Er hat darauf nur geantwortet: Die Esel reden von Widersprüchen in meinen Schriften. Wenn sie sich nur einmal die Mühe gäben, eines von den Dingen, das den andern zu widersprechen scheint, begreifen zu wollen!"

Diese (alte aristotelisch-thomistische) Gewohnheit, dem Akt des Verstehens ein sicheres Objekt des Verstehens voranzuschicken (dessen historischer Name das *Sein* ist), lege ich also ab, wenn ich meinem Verstehen selbst treu bleiben will. Damit aber finde ich mich vor das unheimliche Paradoxon gestellt, das zunächst fast nach einer Ungereimtheit riecht: Ich verstehe etwas, das es nicht gibt. Um nun das offensichtlich Absurde dieses untröstlichen Satzes loszuwerden, berücksichtige ich vor allem die Folge, in der er mir erscheint. Der Satz lautet nämlich nicht: Es gibt etwas nicht, was ich verstehe, sondern umgekehrt: Erst verstehe ich etwas, und dann besinne ich mich plötzlich darauf, dass es dieses etwas eben nicht gibt. Ja *was* verstehe ich denn dann? Antwort: Was ich selber momentan, geistes-gegenwärtig erschaffe. Logisch hieße das: Zuerst kreiere ich mir das Objekt des Verstehens und dann verstehe ich es. Im unmittelbaren Erleben des Aktes des Verstehens geschieht dies gleichzeitig.

Kein Sein. So geht mir ein Licht über den Sinn dessen auf, was in Rudolf Steiners Satz angesprochen wird: „Es ist unmöglich", sagt Rudolf Steiner, „nach dem Wesen des Seins zu fragen." Ich lese: Da, wo das Wesen des Seins *individuell erscheint*, fragt nur der Ahnungslose – angesichts des Wesens des Seins – nach dem Wesen des Seins. Pilatus, der verstockte Aristoteliker, gab dem Denken des Abendlandes den Ton an, als er die Wahrheit selbst im Beisein der Wahrheit nach dem Wesen der Wahrheit fragte. Zweitausendjähriges Schweigen der Wahrheit, die sich nicht nur in Heiligen, sondern auch in *Erkenntnistheoretikern* wissen wollte, folgte darauf. Jetzt will die Wahrheit *gedacht* werden können (im Auftrag des 1274 in Fossanova sterbenden und sich 1920 in Dornach dieses seines Auftrags erinnernden Thomas), was aber heißt: Die Wahrheit hört auf, als das Sein aufzutreten und zu wirken, insofern sie die Wahrheitssuchenden damit unfrei und sich selbst dementsprechend unwahr macht. Die Wahrheit (als das Sein) löst sich in den Schein auf, damit sich der homöopathisch verwandelte Schein die *Freiheit* nehmen kann, die sonst nicht mehr ansprechbare Wahrheit (als das Sein) zu *erschaffen*. „Denn wäre in dem", statuiert Rudolf Steiner, „was man subjektiv erlebt, etwas anderes als Schein, so würde man nie frei sein können. Wird aber der Schein reines Denken, dann kann man frei sein, weil dasjenige, was nicht ein Sein ist, einen eben nicht bestimmt, währenddem einen ein jedes Sein bestimmen müsste." Die Wahrheit (als das Sein) schlägt sich in den Schein tot, damit sich die sonst immerwährend seufzende Kreatur aus dem Verstehen des Geschehenen *Verantwortung* aneignen kann und die Chance nicht verpasst, zum Schöpfer zu werden. 6000 Male bietet sich diese Chance im Vortragswerk Rudolf Steiners. 6000 Male erlitt er den Kreuzestod in seinen Zuhörern, jedesmal selbst zum Schein werdend, ja zu Herrn Dr. Rudolf Steiner, dessen Vorträge ich (der ich, beiläufig gesagt, auch ein Dr. bin) sorgfältig kurz zusammenfasse und zu dem ich ein paarmal herzlich zu einer Tasse Tee und einfach so zum Gespräch eingeladen wurde, ohne dass mir, dem Armen, damals eingefallen wäre, welche Chance ich mir bei diesem Gespräch entgehen lassen habe.

Eben diese Chance (mitunter scheint es, alle 6000 Chancen) verpasst der Anthroposoph Karl Ballmer nicht. Er *versteht* Steiner in jedem seiner Worte, und erst in diesem Verstehen wird der sonst scheinbare (sich zum Schein bringende) Herr Dr. Steiner, der (sagt Herr Dr. Leiste) sich von uns allen anderen nur graduell, keineswegs aber qualitativ unterscheidet, wieder zum Weltsein Rudolf Steiner. Was wäre denn ein unverstandener Rudolf Steiner? Er wäre eine *Antwort*, auf die es keine Fragen gibt. Er wäre keine Welt mehr, eher eine – Ökowelt. *"Ich verdanke Rudolf Steiner meine Existenz (buchstäblich)."* Er gehörte aber sicher nicht, der posthume Mensch aus Lamone, zu denen, die so resonanzlos beschenkt werden können, um sich dann durch einen flüchtigen Dank darüber hinwegzusetzen. Wozu bräuchte ein Karl Ballmer diese ihm gerettete Existenz, wenn er sie nicht restlos zu *verstehen* hätte? Das tut er nun nicht nur als *Denker*, sondern auch als – *Maler*. Es ist hier nicht der Ort, das weitere Änigma des (diesmal) Malers Karl Ballmer zu berühren. Es sei nur eines seiner malerischen Werke erwähnt, nämlich das um 1930 entstandene lithographische Porträt Rudolf Steiners, dessen magische Wirkungskraft (bei aller technischen Einfachheit der künstlerischen Ausführung) fast urzeitlich wirkt. Der erste Eindruck: Man wankt zurück vor der Unerträglichkeit des einem entgegenbohrenden Blickes und kneift fast instinktiv die Augen zusammen. Mit der Zeit aber gewöhnt man sich allmählich an das Bild, bis man nicht einmal mehr die Augen davon abwenden will. Dann kommt aber auch die Erklärung: Rudolf Steiner ist auch hier, auf diesem Bild, nicht *gemalt*, sondern *verstanden*.

Es gehört noch immer zu unseren Trägheitsunkosten, dass wir vor Empörung eben dort zu platzen drohen, wo es wohl angebracht wäre, vor Jauchzen zu platzen. Macht nichts. Die anthroposophische Bewegung ist noch zu jung, um sich der ganzen Überraschung ihrer Urgeburt bewusst zu werden. Es sind nur unvermeidliche Kinderkrankheiten, die hie und da herauskriechen und den werdenden anthroposophischen Körper im Fieber schütteln. Da aber die Welt keinen einzigen Augenblick unbeaufsichtigt bleiben kann, sorgt sie dafür, dass der EINZIGE immer auf dem Posten sei. Wenn H. E. Lauer etwa drastisch fragt: Hundert Jahre sind schon seit der Zeit vorbei, als der junge Rudolf Steiner Goethe weitergeschaffen hat – wo ist denn der, der heute imstande wäre, Rudolf Steiner selbst weiterzuschaffen, so verklänge diese Zumutung wohl resonanzlos, stieße sie nicht auf das anthroposophisch verhunzte, exkommunizierte, verschwiegene und uns dennoch von der Zukunft her entgegenkommende Änigma Karl Ballmer.

Basel, im September 1994

# Erstes Nachwort [2]

## Propädeutisches zur Methode Karl Ballmers

Die im vorliegenden Band gesammelten Texte Karl Ballmers behandeln die Christologie der Geisteswissenschaft. Es wäre aber sachlichkeitswidrig und der ganzen Ballmerschen Lebenshaltung fremd, zu meinen, diese Texte seien – ihrem Thema und ihrer Form nach – als *Buch* konzipiert und verfasst worden. Ballmer ist Gelegenheitsautor, wohl in demselben Sinne, in dem sich Goethe einmal Gelegenheitsdichter nennt. Sein Ethos eines Schriftstellers lässt sich nie dazu herab, so ohne weiteres *("ideell")* zu schriftstellern; er greift zur Feder, nicht um „Ideen" (oder gar „sich selbst") auszudrücken – nach Ballmerschem Wertmaßstab ein unzumutbares und recht blamables Metier –, sondern um dem sprechenden Geschehen der Welt sein Ohr zu schenken und Schicksale scharf in jenen Brennpunkt einzustellen, dessen er sich als seines *Gedachtwerdens von Rudolf Steiner* bewusst war. Sollte sein Leben an dem schwer vorstellbaren Widerspruch geformt werden, sich in voller Vereinsamung und zugleich in einer ungemein sozialen Aktivität zu erfüllen, so bot sich ein atypisch gehandhabtes Schreiben (bei dem „späteren", will sagen anthroposophisch exkommunizierten Ballmer vorwiegend in Briefform) wohl als die einzige Möglichkeit, dieses Widerspruchs Herr zu werden. Atypisch heißt: Mit den *„Kollegen in litteris"* hat der *„Schriftsteller"* Ballmer wohl nur die Schreibutensilien gemeinsam; im übrigen liegt ihm nichts ferner als eine Schriftsprache, welche sich – in Anbetracht ihres Geschändetseins durch die Literaten – aus hygienischen Gründen als stark desinfektionsbedürftig erweist. In Ballmers

---

[2] Zu: Karl Ballmer, Umrisse einer Christologie der Geisteswissenschaft. Texte und Briefe, Rudolf Geering Verlag, Dornach 1999.

Gebrauch wandelt sie sich in ihr resolutes Gegenteil um. Das Schreiben (in welcher Form auch immer) hat für Ballmer nur insofern Sinn und Geist, als es ausgesprochen *karmisch* geladen ist und praktischen Karma-Übungen dient, wobei der Begriff „Karma" nicht unbedingt hergebrachtermaßen, im Sinne einer Abrechnung mit dem Alten, zu verstehen ist. Ballmers Karma-Praxis via Schreiben folgt vielmehr dem Duktus jenes Berliner Vortrags Rudolf Steiners (vom 17. Juni 1909), wo neben dem alten ein neuer, „aus dem Nichts" erschaffener, also von der Zukunft her rührender Begriff des Karmas in Kraft gesetzt wird, oder auch jenes anderen, wiederum Berliner Vortrags (vom 1. Januar 1909), in dem anhand der exemplarischen Erläuterung des Erdbebens erörtert wird, wie sich verschiedene Karmafäden in ein gemeinsames Unglück verflechten, dessen Ursache aus dem Grunde allein nicht im Vergangenen zu suchen ist, weil es selbst eine völlig ausgeglichene Zukunft *setzt*. Diese Topik wird von Ballmer in seinem Joyce-Fragment[3] an dem bekannten Roman von Thornton Wilder thematisiert; der entsprechende Passus muss hier, zwecks eines besseren Verständnisses des „Schrifttums" von Ballmer selbst, vollständig angeführt werden:

„Da frägt der berühmte Roman mit 'religiösem Ernst': warum auf der Brücke von San Luis Rey gerade diese fünf Personen zu Tode kamen. Aber das ist dort sehr ungeschickt gefragt. Thornton Wilder ist doch zu gescheit, um es nicht abgeschmackt zu finden, in den abgelaufenen Leben der fünf auf der Brücke Umgekommenen die Indizien für einen 'Plan' der Vorsehung zu erschmökern. Es wird doch wohl sein, dass die *Gemeinsamkeit* des Todes der Fünf gerade *keine* Ursache hat. Das Wesen dieser Gemeinsamkeit wird doch dies sein,

3 Erschienen 1996 in der Edition LGC, Siegen / Sancey le Grand, unter dem Titel „Anknüpfend an eine Bemerkung über James Joyce".

dass sie *Beginn* von etwas ist, ein originärer Neuanfang, weil die Welt (indem Einer der wird, der er schon immer ist) in jedem Augenblick solche ursachlosen Weltanfänge setzt. Zu Ehren des Brückeneinsturzes von San Luis Rey wurde irgendwo in der Welt ein originaler Gedanke erstmals gedacht, – und dieser Gedanke bildete dann das Vehikel, in dem die Fünf sich zum *Beginn* einer Reise zusammenfanden, deren Ziel im nächsten Erdenleben der Fünf sichtbar werden kann: vielleicht werden die Fünf dann zusammen in Santiago eine Eiscrèmefabrik betreiben, oder in Buenos Aires ein Sport-Team bilden oder in New York einen religiösen Weltanschauungsverein. Jedenfalls sollten die Dichter, nachdem ihnen schon lange nichts einfällt, sich den Gedanken aneignen, dass es stets neu beginnende Weltanfänge gibt".

Dass diese Optik nicht nur für Dichter segensreich zu sein verheißt, sondern sich auch als karmische Technik handhaben lässt, kann man greifbar an Ballmers Autorschaft gewahren. Was für ihn allein von Interesse ist, sind Weltanfänge *ex proprio motu*, die sich dadurch setzen lassen, dass der „Autor" gelassen und „ichstark-selbstlos" (Ballmers Ausdruck) Gelegenheiten wahrnimmt, Menschen anzusprechen, mit denen ihn nichts verbindet außer seinem bewusst gelenkten Willen, sich forthin und auf Vorrat ebenbürtige Partner für ein derzeit misslungenes *anthroposophisches* Gespräch zu schaffen. Man würde kaum fehlgehen, wenn man Ballmers stattlichem und bei weitem nicht immer beantwortetem Briefwerk ausgerechnet unter diesem Gesichtswinkel gerecht wird. Sollte ihm in *diesem* von Rudolf Steiners Erkenntnisgnaden ermöglichten Leben kein ebenbürtiges, ja nicht einmal ein auch nur im Ansatz verständnisfähiges Gegenüber unter den Lebenden begegnen, so beliebt er aus dieser Not *seine* Tugend zu machen, der einsame Mann aus Lamone, dessen Lebenssinn sich mit dem *Verstehen* des Werkes Rudolf Steiners in voller Höhe deckt und der darauf aus ist, dieses *sein* Verstehen als eine Herbstsaat, sozusagen auf bessere Zeiten hin, zu handhaben. Hierdurch lässt sich auch das Kompromisslose des Ballmerschen Stils immanent erfassen, dem weder Laune noch Hybris zugrunde liegt (wie „*wir*" kurzerhand zu schließen gieren, nur um einem Weltanfang mehr auszuweichen), sondern eine angemessene Lebens- und Denkerfahrung. Ist Karl Ballmer für uns allzu radikal (man pflegt ja „undiplomatisch" statt „furchtlos" und „wahrhaftig" zu sagen), so deswegen nur, weil er sich nicht im geringsten an die Tradition – ganz gleich, welche – anschließt, also sich in seiner Gegenwart nicht nach Gewesenem richtet, sondern dem *kommenden* Rudolf Steiner restlos und konzentriert entgegenlebt. So lässt sich auch seine karmaorientierte Technik erklären, die sich etwa eines *Unfalls* bedienen muss, um – auf einen derart kausierenden Weltanfang hin – in Gang kommen zu können. (Mussten sich die Briefempfänger des Briefabsenders Ballmer ob der sprachlichen Besonderheiten der genannten Technik maßlos gekränkt fühlen – ein Stil-Beispiel: „Wenn Ihnen der Ausdruck 'Blödsinn' nicht passt, so kann ich nur bedauern, dass ich einen treffenderen Ausdruck nicht zur Verfügung habe" –, so war dies zwar eine plausible, aber sicher nicht die beste Art der Reaktion, wo man sich doch auch damit hätte abfinden können, den Fall in direkter Parallele zu den fünf Personen zu entschärfen, die in einem Leben „*unschuldig*" zu Tode kommen, um dem abgrundtiefen Sinn des theosophischen Begriffs „Schuld" im nächsten Leben – und vielleicht auch noch an Ballmers Texten – gewachsen zu sein.) Dem Leser, der an Ballmers unverblümter Redeweise von vornherein einen Schock erleidet und sich dadurch der weiteren Lektüre verschließt, bleibt nichts übrig als zwischen seiner degenerierten Sensibilität und seiner Intelligenz zu wählen.

Die Logik der Ballmerschen Diktion lässt sich daher in keinster Weise mit derjenigen philosophischer oder sonstiger Konventionen vergleichen. Weil es hier um Neuanfänge geht, kann diese Logik nur jene der *Schöpfung* als Referenz angeben. Man denkt an ein schönes Wort Paul Valérys, von dem man glauben möchte, es sei nicht ganz ohne die Assistenz Ballmers im Geiste entstanden: *„Je prends la plume pour l'avenir de ma pensée – non pour son passé". – „Ich greife zur Feder um der Zukunft meines Gedankens, nicht um seiner Vergangenheit willen."* Schreiben heißt dann nicht: Ideen fortlaufend aussprechen, sondern: den Ideen alle sie umschwirrenden und sie bepflasternden Worte so lange *wegnehmen*, bis sie sich in ihrer Ersterschaffenheit aussprechen. Dabei muss dem alten Volksglauben der Mystiker, das Ersterschaffene bedeute eine Rückkehr zum Urbeginn, das letzte Geleit gegeben werden. Es bedeutet zwar Rückkehr, doch niemals rückwärts, immer nur vorwärts gewollt, oder in Ballmers Worten: *„Aufbruch aus dem Ziele heraus."* Der *kreative* Gedanke setzt selbst sein Karma ins Künftige, nicht weil er in seiner Vergangenheit mit Irrtümern belastet ist (waren diese doch in ihrem vormaligen *„Vorwärts"* notwendig und bahnbrechend), sondern weil die Irrtümer nachträglich auf Vorrat konserviert und zum Pflichtunterricht gemacht werden: Die sich *gegenwärtig* denken wollenden Gedanken müssen sich dann zum Neuplatonismus, Neukantianismus, Neuhegelianismus und ähnlichem bekennen, wobei das Präfix „Neu" amüsanterweise nichts anderes besagt als die Tötung alles Neuen. Im Schlusskapitel des Buches „Die Rätsel der Philosophie" weist Rudolf Steiner auf die Kräfte hin, die bei den karmabefangenen (voraussetzungsbehafteten) Philosophen unbewusst und instinktiv brodeln:

„Wer die Gestaltung der philosophischen Weltanschauungen bis in die Gegenwart hinein betrachtet, dem können sich in dem Suchen und Streben der Denkerpersönlichkeiten Unterströmungen offenbaren, die in ihnen gewissermaßen nicht zum bewussten Ausbruch kommen, sondern instinktiv leben. In diesen Strömungen sind Kräfte wirksam, welche den Ideen der Denker die Richtung, oft auch die Form geben, auf welche aber ihr forschender Geistesblick nicht unmittelbar sich richten will. Wie getrieben von verborgenen Gewalten, auf die sie sich nicht einlassen wollen, ja vor denen sie zurückschrecken: so erscheinen oft die Darlegungen dieser Denker. Es leben solche Gewalten in Diltheys, in Euckens, in Cohens Gedankenwelten. Was in diesen Gedankenwelten behauptet wird, ist der Ausdruck von Erkenntniskräften, von denen die Philosophen zwar unbewusst beherrscht sind, die aber in ihren Ideengebäuden keine bewusste Entfaltung finden."

Zukunftsgerichtet denken – vordenken! – heißt somit: die genannten Unterströmungskräfte von ihrer Bindung an ein (vergangenheitsbedingtes) Karma befreien und in *Zusammenhänge* stellen, die es nie geben würde, wenn sie sich nicht in einem gewollten und gekonnten Denkakt per *Zufall* darleben ließen. Im oben erwähnten Berliner Vortrag vom 17. Juni 1909 kann man unter anderem das *licet* der Ballmerschen Logik der Schöpfung finden. Mit Rücksicht auf die Mahnung des Vortragenden allerdings: „Ich bitte jetzt ganz genau zu folgen, wir kommen zu einem allerwichtigsten und auch allerschwierigsten Begriff." Der Begriff heißt: *Das Schaffen aus Verhältnissen als das Schaffen im Geiste*. Erstaunlich, dass der Topos, an dem Rudolf Steiner diesen allerwichtigsten und auch allerschwierigsten Begriff zu verdeutlichen bevorzugt, ein äußerst schlichter und unbedarfter, ja fast trivialer ist – nämlich ein durch nichts bedingtes und spontan gewolltes Gefühl der *Freude*:

„Nehmen Sie an, Sie hätten einen Menschen vor sich, der zwei anderen gegenübersteht. Nehmen wir alles das, was zur Entwickelung gehört, zusammen. Nehmen wir den einen Menschen, der die zwei anderen betrachtet, vor uns und sagen wir: er ist durch frühere Inkarnationen hindurchgegangen, er hat das herausentwickelt, was frühere Inkarnationen in ihn hineingelegt haben. Das ist auch bei den beiden anderen Menschen der Fall, die vor ihm stehen. Nehmen wir nun aber an, dieser Mensch sagt sich jetzt folgendes: 'Der eine Mensch neben dem anderen nimmt sich hier doch sehr schön aus.' Es gefällt ihm, dass gerade diese zwei Menschen nebeneinander stehen. Ein anderer Mensch brauchte gar nicht dieses Wohlgefallen zu haben. Das Wohlgefallen, das der eine an dem Zusammenstehen hat, das hat gar nichts zu tun mit den Entwickelungs-Möglichkeiten der beiden anderen, denn das haben sie sich nicht erworben, dass sie nebeneinander stehend dem dritten gefallen. Das ist etwas ganz anderes, das hängt allein davon ab, dass *er gerade* den beiden Menschen gegenübersteht. Sie sehen also, der Mensch bildet sich im Innern das Gefühl der Freude über das Zusammenwirken der beiden, die vor ihm stehen. Dieses Gefühl ist durch gar nichts bedingt, was mit der Entwickelung zusammenhängt. Solche Dinge gibt es in der Welt, die nur dadurch entstehen, dass die Tatsachen zusammengeführt werden. Es handelt sich nicht darum, dass die beiden Menschen durch ihr Karma verbunden sind. Diese Freude, die er daran hat, dass die beiden Nebeneinanderstehenden ihm gefallen, wollen wir in Betracht ziehen. Der Mensch hat eine ganze Menge Angelegenheiten, die nichts zu tun haben mit einer früheren Entwickelung, sondern dadurch da sind, dass der Mensch in Berührung kommt mit der Außenwelt, durch gewisse Verhältnisse. Aber dadurch, dass der Mensch diese Freude hat, ist sie in ihm etwas geworden, ist sie für ihn ein Erlebnis geworden. Es ist etwas entstanden in der Menschenseele, was durch nichts Früheres bestimmt ist, was aus dem Nichts heraus entstanden ist. Solche Schöpfungen aus dem Nichts entstehen fortwährend in der menschlichen Seele. Es sind die Erlebnisse der Seele, die man nicht durch Tatsachen erlebt, sondern durch Relationen, durch Beziehungen zwischen den Tatsachen, die man sich selber herausbildet. Ich bitte, wohl zu unterscheiden zwischen Erlebnissen, die man aus den Tatsachen, und denjenigen, die man aus den Beziehungen zwischen den Tatsachen hat. Das Leben zerfällt wirklich in zwei Teile, die ohne Grenze ineinanderlaufen. In solche Erlebnisse, die streng durch frühere Ursachen, durch Karma bedingt sind, und in solche, die nicht durch Karma bedingt sind, sondern neu in unseren Gesichtskreis hereintreten. Es gibt z. B. ganze Gebiete im menschlichen Leben, die in dieses Kapitel fallen. [...] Das Schaffen aus Verhältnissen heraus nennt man in der christlichen Esoterik das Schaffen im Geiste. Und das Schaffen aus richtigen, schönen und tugendhaften Verhältnissen heraus nennt man in der christlichen Esoterik den Heiligen Geist. Der Heilige Geist beseligt den Menschen, wenn er imstande ist, aus dem Nichts heraus das Richtige oder Wahre, das Schöne und Gute zu schaffen. Damit aber der Mensch imstande geworden ist, im Sinne dieses Heiligen Geistes zu schaffen, musste ihm ja erst die Grundlage gegeben werden, wie zu allem Schaffen aus dem Nichts. Diese Grundlage ist ihm gegeben worden durch das Hereintreten des Christus in unsere Evolution. Indem der Mensch auf der Erde das Christus-Erlebnis erleben konnte, wurde er fähig aufzusteigen zum Schaffen im Heiligen Geist. So ist es Christus selbst, welcher die eminenteste, tiefste Grundlage schafft. Wird der Mensch so, dass er fest steht auf dem Boden des Christus-Erlebnisses, dass das Christus-Erlebnis der Wagen ist, in den er sich begibt, um sich weiterzuentwickeln, so sendet ihm der Christus den Heiligen Geist, und der Mensch wird fähig im Sinne der Weiter-Entwickelung das Richtige, Schöne und Gute zu entwickeln. [...] Es hängt die christliche Esoterik zusammen mit dem tiefsten Gedanken, den wir haben in aller Entwickelung, mit dem Gedanken der Schöpfung aus dem Nichts."

Die verscheuchten Leser Karl Ballmers könnten mindestens hier eine Entschädigung für ihr Scheitern sehen, geht es doch in seinem Grundimpuls, seiner *faculté maîtresse* um den *tiefsten Gedanken in aller Entwicklung*. Und können sie nicht umhin, ihn für verrückt zu erklären, so mögen sie zumindest an das Wort erinnert werden, das er einmal vorbeugend von sich sagt: „Dass ich von mehr als einem Standorte für verrückt zu halten bin, macht mir weniger Sorge als die andere Sorge, ob man das *streng Methodische* des Verrücktseins zugestehen kann."

Eine weitere Erläuterung gilt dem Wort *Idee*, insoweit es der „Schriftsteller" Ballmer in seinem „Schaffen aus Verhältnissen" mit *Ideen* zu tun hat. Damit nun dieser philologisch wie philosophisch verkrüppelte Terminus nicht zum unterdrückten Leser-Gähnen abberufen wird, muss gesagt werden, dass sich hier auch *Ideen* nicht im traditionsschönen, sondern im scharf eingestellten Licht der Geisteswissenschaft sichtbar machen, wo sie erst einmal *entkörperte Menschen*, insbesondere aber *entkörperte Philosophen* sind. Ballmers Grundgedanke ist: *der Gott Menschenkörper* (= ein natürlicher Einzelmensch, der seinen Geist identisch mit seinem Körper hat, ein Mensch also, *der denkt, was er ist, und ist, was er denkt*; zugleich aber auch: die *Welt*, die sich kraft *Intuition* als konkreter *leibhaftiger* Mensch hat) setzt die bedingungslose Identität der sogenannten Toten und der sogenannten Lebenden voraus: Die Toten verhalten sich zu den Lebenden wie die Sehkraft zum Auge oder die Luft zu den Lungen. *Verkörpert* und *entkörpert* sein heißt in dem sich als Mensch wissenden Weltganzen nicht mehr und nicht weniger als *ein-* und *ausatmen*. Es sind also ausgeatmete Ideen (entkörperte

Menschen), die dann als Einfälle, Geistesblitze, *Inspiration* eingeatmet und durch ahnungslose verkörperte Menschen maßlos missinterpretiert und verhunzt werden. Ballmers *ordre du jour* (was von den Simpeln Routineangelegenheit genannt wird) ist es, Routinetatsachen im Blick zu behalten, um dann aus deren Verhältnissen im Geiste zu schaffen. Eine Sonderstellung nehmen dabei die Fälle ein, wo diverse Dissonanzen und Diskordanzen aufgelöst werden, die im zunehmenden Ideengewirr der Köpfe entstehen. Wie jener sterbende Dichter (bei Rilke), der, beinahe tot, das Sterben hinausschob, um der Krankenschwester ihren Sprachfehler auseinanderzusetzen, und erst dann starb, duldet er keinen Missklang im Geiste und fasst die nächstbeste Gelegenheit beim Schopf, um ihn aufzulösen.

Ein Beispiel für viele: Im Brief an C. S. Picht vom 2. Mai 1951 wird das folgende Problem angeschnitten: „Eduard von Hartmann verstarb am 6. Juni 1906 (beiläufig: die Berliner Urtheosophin Gräfin Brockdorff verstarb am 8. Juni 1906). Da das Buch 'Theosophie' 1904 erschien, besteht theoretisch die Möglichkeit, dass Ed. v. H. das Buch noch kennen lernte. Die Frage, ob es faktisch der Fall war, quält mich von Zeit zu Zeit. Ist Ihnen darüber etwas bekannt?" Dass sich diese Frage als *persönliche* Sorge darstellt, kann keineswegs nur „philosophisch" erklärt werden. Setzte sich Eduard von Hartmann, „die klügste Persönlichkeit des 19. Jahrhunderts" (so Rudolf Steiner) und der Hüter der Schwelle des philosophischen Abendlandes, mit der „Philosophie der Freiheit" auseinander (als der letzte Erretter Gottes sozusagen, dem er sein Unbewusstes – mangels eines gebührenderen Bewussten – als Zufluchtsort zur Verfügung gestellt hatte), so fiel diese Kollision offensichtlich nicht im geringsten in „rein" philosophische Kompetenz, zumal die Philosophen es zuwege brachten, das philosophische Hauptwerk

Rudolf Steiners keines Blickes für würdig zu erachten. Es standen allemal größere – weltkonformere – Verhältnisse zur Behandlung, von denen die saturierten Holzwegbereiter der Universität weder zu reden, ja nicht einmal richtig zu schweigen vermochten. Eine Tragik offenbart sich hier, von der niemand geahnt hätte, wäre sie nicht aus einzigartigen Verhältnissen einmal erschaffen worden. – Man weiß nicht, ob Hartmann das Buch „Theosophie" gelesen hat oder nicht; jedenfalls ging das Gerücht, er soll die ihm bekannt gewordenen theosophischen Aktivitäten Steiners schlankweg mit „materiellen Schwierigkeiten" des letzteren erklärt haben. Es bedürfte der Ohren noch hinter den Ohren, um am Zustand der verrenkten Welt zu erschaudern, wenn ein Eduard von Hartmann mit dem „*Ereignis Rudolf Steiner*" durch den Hinweis auf dessen Unbemitteltsein fertig zu werden wähnt. Weil aus dem „beiläufig" in Klammern eingeschlossenen Hinweis auf den gleichzeitigen Tod Hartmanns und der alten Theosophin Brockdorff die Frage nach dem angedeuteten Zusammenhang entstand, setzt der nächstfolgende Brief an denselben Adressaten vom 9. Mai 1951 den Fall weiter auseinander: „Mein Wissen von einem 'Zusammenhang' Gräfin Br. – Ed. v. H. beschränkt sich auf die Kenntnis von beider Todesdaten. Die Tatsache des Zusammenfallens beider Tode finde ich ungeheuer impressionierend. Wenn die Vorstellung anthroposophisch weder unmöglich noch verboten ist: der 'Gegner' Ed. v. H. sei nach seinem Tode ein unmittelbarer Gönner der A[nthroposophie] geworden, dann ist es zugleich ein schöner Gedanke, die mit Ed. v. H. möglicherweise von irgendwoher liierte Gräfin habe sich sozusagen als Wahrnehmungsorgan für den jetzt toten großen Metaphysikus eingeschaltet." Man sollte unter anderem den Ton nicht unbeachtet lassen, in dem dies berichtet wird: „Mein Wissen ... beschränkt sich", „ich finde ungeheuer impressionierend", „wenn die Vorstellung anthroposophisch weder unmöglich noch verboten ist...": lauter Ablenkungsmanöver zwecks Beiseitesetzung alles Persönlichen und der Diffusion faden okkulten Beigeschmacks. „Denn ich habe vom geistigen Kampf die Vorstellung, dass *nur die Ideen* interessant sind, die man kämpfen lässt. Als Person bin ich mir dabei so uninteressant wie nur möglich."

Eine entscheidende Orientierungskraft kommt dem Kennwort *„schöner Gedanke"* zu. Man zielte am Kern der Sache vorbei, würde man diesem Ausdruck eine Nebenbedeutung oder gar keine zumessen. „Ein schöner Gedanke" mag zwar logisch unhaltbar sein, er ist dennoch schöpferisch allein maßgeblich. Auch dem Schöpfer von Himmel und Erde, als er sich seine Schöpfung ansah, kam nichts besseres in den Sinn als „dass es gut – schön – war". Man täte gut, wenn man der Sache einmal im Atelier des Malers Ballmer nachginge und sich bei dem Maler Ballmer erkundigte, was das Schöne *ist*: „Über das Schöne lässt sich ausmachen: Das Schöne, das per Zu-Fall *von außen* auftritt, ist nicht irgend ein Wiederholtes oder Erinnertes, nicht irgend ein Reproduziertes (weswegen 'naturalistische' Kunst als Abbild der Natur ein Nonsens ist). Es gehört notwendig zum Auftreten des Schönen, dass es spontan, in reiner Gegenwart, wie aus dem Nichts entstehend als absolut Neues *da* ist. Das Schöne ist eine höchst besondere und einzigartige Art von Dasein. Das Schöne hat eine unzweifelbare quasigöttliche Eigenschaft: es ist unhöflich. Stelle ich an ein Werk des Schönen die philosophische Wahrheitsfrage, d.h. frage ich 'was ist das?' oder 'was stellt das dar?', so erhalte ich vom Dasein des Schönen bildlich gesagt eine Ohrfeige. Hier gibt es überhaupt keine Fragen zu stellen. Hier wird angeschaut! Die *Antwort* auf jede mögliche Frage ist in der unmittelbaren Schau einfach vorweggenommen, die Antwort ergibt sich dem intellektuellen Gedanken nicht, sie muss angeschaut werden. Das Dasein des Schönen ist unhöflich, es schneidet mir meine Frage kurzweg ab. – Wir müssen uns jetzt bei den modernen Ästhetikern entschuldigen, dass wir sorglos und optimistisch den Namen und Begriff des Schönen in Gebrauch nehmen. Diese nämlich haben, seit sich die moderne Ästhetik 'phänomenologisch' orientierte, den Namen des Schönen kurzweg aus ihrem Vokabularium gestrichen. Wie es eine moderne Psychologie ohne Seele gibt, so gibt es also eine moderne Ästhetik ohne das Schöne. Die Gründe für das Gehaben dieser modernen Ästhetiker liegen auf der flachen Hand. [...] Doch sollten sich die akademischen Theoretiker gelegentlich bei Malern vergewissern, dass das Urteil 'Schön!' – noch immer – das entscheidende Kriterium ist. Zwei Maler, der eine meinetwegen aus Stockholm, der andere aus Madrid, begegnen sich in der Bildergalerie einer modernen Weltstadt. Gelangweilt schlendern sie durch die endlosen Säle. Da plötzlich geschieht es, sie bleiben irgendwo stehen und sagen ohne Verabredung: 'Schön!', sonst nichts. Sie blicken sich an – und jetzt findet eine der ganz seltenen Begegnungen von Menschengeist zu Menschengeist statt – in Wirklichkeit und Gegenwart." (Apropos „schöner Gedanke": Die erste Impression, die sich dem 28-jährigen Ballmer bei der Bekanntschaft mit dem Werk Rudolf Steiners eingeprägt hatte, hieß – „Schön!")

## Zur Zusammenstellung dieses Bandes

Es leuchtet ein, dass auch der vorliegende Band keinesfalls als ein (im gängigen Sinne) Buch, sondern als eine Art Prisma in Frage kommen kann, durch das dann das Schöne zutage zu treten beliebt. Der Titelentwurf stammt zwar von Ballmer selbst, er setzte ihn jedoch nicht über ein eigenes Buch, sondern über seinen Anhang zu einem fremden. Es war diesmal der Schweizer Theologe *Alois Emanuel Biedermann*, der, als „Gelegenheitszentrum" bedeutender karmischer Zusammenhänge, dem „Schriftsteller" Ballmer den Ruck gab, seine Christus-Erfahrung im Zeichen der karmischen Zusammengehörigkeit von Theologie und Philosophie zu Papier zu bringen, teils in Form einer veröffentlichten Schrift, teils als Briefwechsel und schließlich als Einleitung und Anhang zu einer geplanten, jedoch nicht erfolgten Publikation. Ballmers Interesse an Biedermann rührt von seinem fundamentalen Interesse an Theologie her, welches sich nur mit seinem Interesse an Philosophie und Physik messen lässt. Die folgende Bemerkung Rudolf Steiners in der „Erkenntnistheoretischen Schlussbetrachtung" zu „Wahrheit und Wissenschaft" sollte ein Impetus für das ganze Unternehmen werden: „Am nächsten berührt sich unsere Weltanschauung, wie wir sie erkenntnistheoretisch begründet haben, mit der von *A. E. Biedermann* vertretenen." Sollte einem nicht entgehen, dass hier eine Affinität zwischen zwei Büchern behauptet wird, von denen das eine voraussetzungslose Erkenntnistheorie, das andere aber „Christliche Dogmatik" zum Thema hat, so könnten nur Ahnungslose an dieser Bezugnahme vorbeiverstehen. Ein enormes Problem bot sich hierdurch: inwiefern es der abgewirtschafteten Theologie möglich war, würdig und sachgemäß abzudanken zugunsten einer mächtigeren Gotteskunde (nach naturwissenschaftlicher Methode). Demjenigen, der dem Ernst des Problems und seiner Lösung gewachsen war, blieb nur übrig, den Zufall zu evozieren, auf dass er auch hier in seine Rechte trete. Der Zufall, vermutlich mit Rücksicht auf die theologische Topik des Falls, beliebte es diesmal, sich in einen derben theologischen Fehlgriff zu kleiden. Der Theologieprofessor Martin Werner hat 1939, „im Auftrage des evangelisch reformierten Synodalrates des Kantons

Bern", eine Broschüre „Anthroposophisches Christentum?" veröffentlicht, in der nebst dem übrigen Mumpitz der Gedanke suggeriert wurde, Rudolf Steiner soll ob seiner katholischen Herkunft und Erziehung verständnislos für das Wesen des Protestantischen gewesen sein. Der Witz bestand darin, dass der Protestant Werner vor lauter Verwandtschaften seiner liberalen Dogmatik mit der des Protestanten Biedermann die starken Berührungspunkte des letzteren mit Rudolf Steiners Weltanschauung übersah. Es galt, dem Fall – „zur theologischen Aufrüstung" – gerecht zu werden und parallel – das Risiko einiger Neuanfänge einzugehen. 1941 erschien im Troxler-Verlag, Bern, Ballmers Antwort an M. Werner unter dem Titel „A. E. Biedermann heute!" Dass es sich bei dieser Antwort nur um einen Anlass handelte, *dii maiores* ins Erkenntnisgelände einzuberufen, geht aus dem Text hervor. Dem „Auftrag des evangelisch reformierten Synodalrates des Kantons Bern" galt, im Grunde genommen, nur ein einziger (letzter) Satz – ein *coup de grâce* – um ihn unwiderruflich rückgängig zu machen: Worauf es ankam, war, zu zeigen, wie die Theologie völlig im Erkenntnisproblem aufgeht, und in einer solchen Perspektive schien der Broschüre M. Werners eine mitnichten größere Rolle zugemessen zu sein, als der Kriminalchronik der Zeitungen für die Romane Dostojewskis. Noch einmal: Worum es einzig und allein ging, war, an der Entschärfung einer präpotenten Ignoranz Faustskizzen der Schöpfung anzuzünden. Die Schrift „A. E. Biedermann heute!" stellt einen Kontrapunkt aus vier Leitmotiven dar, in deren Durchführung es das Anliegen des Karmakünstlers Ballmer ist, Ideen- qua Schicksalsknoten kraft *schöner Gedanken* zu lösen. Dem Spielraum des Textes geht ein eigens erschaffener Sinn-Raum voran („Rund um A. E. Biedermann"), in dem das Verhältnis von vier Denkern zu Biedermanns Weltanschauung klar umrissen wird, oder, mit anderen Worten: hier erweist sich der verstorbene Theologe (nun ein rein geistig bewirkendes Geschehen seiner vormals ergrübelten Dogmatik) als Sammellinse und Brennglas großer Schicksalszusammenhänge. „Biedermann ist uns deswegen entscheidend interessant, weil er ungebrochen *die unausweichliche Schicksals-Einheit von Theologie und Philosophie* verkörpert." Dass in der zweiten Hälfte des 19. Jahrhunderts eine *christliche Dogmatik* ersonnen werden konnte, die sich „am nächsten" mit der aufkeimenden *Anthroposophie* berührte, bezeugte eine ausgerechnet *karmische* Symptomatik: ein Memento dem kommenden Thomas, der, in Erfüllung seines Vermächtnisses aus dem 13. Jahrhundert (des „Christlichwerdens des Denkens"), nicht mehr auf Dogmatik, sondern allein auf Empirik rekurriert, um der Christus-Gegenwart der Welt weder theologisch noch metaphysisch, sondern durch und durch naturwissenschaftlich, als einem (seelischen) Beobachtungsresultat, gerecht zu werden. „Zugegeben werden muss, dass Biedermanns Behauptungen den unseren vielfach ähnlich sind; unsere *Methode* aber berührt sich mit der seinigen durchaus nicht." („Wahrheit und Wissenschaft".) Biedermann, von dem auch Eduard von Hartmann, der Dedikationseigner des Buches „Wahrheit und Wissenschaft" und Verfasser von „Die Selbstzersetzung des Christentums", einmal bemerkt, er rage unter seinen theologischen Zeitgenossen um mehr als Hauptelänge hervor, bewirkt in dieser karmischen Beziehung eine Selbst-Aufopferung des theologischen (theistischen) Gottes zugunsten der neueren und wirklicheren Götter der goetheanistischen Theosophie; der tiefere Beweggrund seiner Dogmatik wäre dann, kundzugeben, was das eigentliche Problem sei und wie dieses Problem *nicht* behandelt werden dürfe. Figurativ geredet: Es musste im ausgehenden finsteren Weltalter doch mit einem König zu rechnen sein, der seine einstmalige Grandeur und Glorie dem neugeborenen Christus-Bewusstsein darbrächte.

Um so auffälliger tritt dann aber dieses Schicksal bei den beiden späteren Theologen auf, die sich wider Willen in die Inszenierung versetzt fanden: Karl Barth und Martin Werner. Man kann von dem Eindruck nicht loskommen, der Zufall wolle in beiden Fällen den Didaktiker spielen, damit auch Problemblinde zu sehen vermögen, wozu eine Theologie entarten kann, wenn sie länger auf Erden verweilen will als sie lebt. Vom Fall M. Werner war schon die Rede: Wenn er sich fest an Biedermann hält und sich parallel dazu durch den Synodalrat beauftragen lässt, „anthroposophisches Christentum" zu widerlegen, so kann man sich schwerlich ein konsequenteres, nämlich widerchristlicheres Ergebnis vorstellen, als es sich aus diesem Stück Theologie ergab. Noch schlüssiger, wenn auch von der entgegengesetzten Seite und in einer entgegengesetzten Richtung, macht sich Karl Barth an die Sache. Die eiserne Konsequenz, mit der bei Barth (diesem unerbittlichen Gegenpart Biedermanns und Thomas' und *ipso facto* Hasser R. Steiners) alles, was an die Philosophie gemahnt, vertilgt wird, lässt den Gelehrten Barth im Schatten des Charismatikers Barth sein theologisches Glück versuchen; allein, es darf nicht über den Endstand dieser Konsequenz hinweggesehen werden, wo sich die vieltausendseitige „Kirchliche Dogmatik" auf die Notwendigkeit zuspitzen muss, das Absterben der Liberaltheologie durch einen brüsken Putsch und die darauf folgende Diktatur Gottes aufzuhalten – eines Gottes wohlgemerkt, dem, nachdem er sowohl im Bewussten wie auch im Unbewussten Bankrott gegangen war, nichts übrig blieb als sich einer wild und blind drauflosfahrenden Irrationalität anzuvertrauen. Man wird sich das Spiel der Analogien nicht versagen wollen, die von dieser charismatischen Gotteslehre im Zeitalter des Totalitarismus wachgerufen werden: Barth, der theologische Rivale Adolf Hitlers, dem er anscheinend nicht hat vergeben können, dass er die Allüren *seines* Führergottes plagiierte, revanchiert sich durch... Stalin, den er (1948!) für seinen Beitrag zur „Lösung der sozialen Frage" lobpreist und von dem er an dessen Todestag, dem 5. März 1953, seinen Studenten bekennt, dass er „seit Jahren, und besonders in den letzten Wochen, für Stalin gebetet" habe. Die Väter des absurden Theaters hätten gewiss gelb und grün zu werden vor Neid, betete hier doch kein geringerer als „der größte Theologe" des Jahrhunderts, *requiescat in pace helvetica*, jahrelang für Stalin.

Dem Buch über Biedermann schließt sich ein Anhang an: „Vom Schicksal der Biedermann-Schule in *Johannes Rehmke* und vom Schicksal, das Max Stirner im philosophischen Seminar zu Greifswald zu Teil wurde", ein wie in einem *allegro fuggitivo* durchgeführtes Glanzstück karmaorientierter Erforschung. Man sieht wie mit Augen, wie fein und seltsam, vor allem aber künstlerisch *ad hoc* ein Karma seine Fäden knotet, flicht und webt. Diesmal fällt es dem Greifswalder Philosophen *Johannes Rehmke* zu, als „Gelegenheitszentrum von Geschehen" aufzutreten. Rehmkes philosophisches Hauptwerk „Die Welt als Wahrnehmung und Begriff" (1880) ist „seinem verehrten Lehrer und väterlichen Freunde Prof. A. E. Biedermann" gewidmet. Dieses Werk, mit einem schon im Fahrwasser der nachmaligen „Philosophie der Freiheit" stehenden Titel, bezeichnet Rudolf Steiner einmal als ein „ausgezeichnetes Buch". Rehmkes Wagnis ist es, das Einzelne *logisch* zu legitimieren; er setzt sogar die logische Kategorie der *Einzigkeit*, wodurch es möglich wird, das (nach Kant) blinde Einzelne nicht bloß begrifflich zu vermummen, sondern immanent zu denken. Die logischen Anstrengungen des Lehrers brechen sich in der Doktorarbeit eines seiner Schüler, Hermann Schultheiss, zum Thema... *Max Stirner*. Diese Arbeit wird später neu veröffentlicht durch... einen Anthroposophen. Eine gewisse Gravitation (Ortung oder Bohrung) der Karma-Welt lässt sich in diesen Verhältnissen gewahr werden, an denen man dem Leben der Ideen beiwohnen kann: Der Theologe Biedermann, auf der Suche nach einer *Theosophie des Goetheanismus*, erfasst das Ziel, scheitert aber wegen eines Versuchs mit untauglichen (metaphysischen) Mitteln. Diese Neigung vermacht er gleichsam seinem Schüler und Nachfolger Rehmke, bei dem dann die Themen der „Christlichen Dogmatik" ins Erkenntnistheoretische gerückt werden, womit die gesuchte Identität des Problems der Christologie mit dem Erkenntnisproblem profilierter hervortritt. In Rehmkes Denken kreuzen sich zwei Ströme: Geschichte (Tradition) und Schöpfung (Gegenwart). Man wäre fast versucht, anzunehmen, es sei nicht ganz ohne die Teilnahme des unlängst verstorbenen Max Stirner geschehen, wenn der Philosoph Rehmke (gleichsam unter den Auspizien der Wahlverwandtschaft seines Lehrers Biedermann mit der Welt der anbrechenden Anthroposophie) seine Aufmerksamkeit, um nicht in die ausgefahrenen Geleise des philosophischen Schlendrians abzurutschen, auf eine logische Anomalie sui generis richtet, nämlich auf die *Kategorie* der Einzigkeit, was keinen anderen Effekt hätte zeitigen können, als Stirners anthropologische *force majeure* logisch zu rekapitulieren. Aber auch Stirners verborgene Präsenz in der Rehmkeschen „Grundwissenschaft" wird ihrerseits durch eine tiefer wirkende Gewalt kausiert, nämlich durch die noch nicht geschriebene (obzwar bereits in Kürschners Goethe-Bänden sich anbahnende) „Philosophie der Freiheit", deren ersten Teil Steiner später „den philosophischen Unterbau für die Stirnersche Lebensauffassung" nennen wird. Ob des Versagens, die seltsame Karma-Musterung weiter zu führen, „überantwortet" Rehmke das Problem seinem jungen Doktoranden Schultheiss (dritte Generation!), der es bei dessen rechtem Namen *Stirner* anzusprechen wagt. Die Stirner-Dissertation von Schultheiss (1906), welche der alte Skeptiker und Spötter Fritz Mauthner als „das geistig Beste, was bisher über Stirner geschrieben worden ist" bezeichnet hat, findet sich später einen *anthroposophischen* Verleger in der Person des Dr. Richard Dedo, der ein Freund des kurz zuvor verstorbenen Autors war. Hermann Schultheiss stirbt 1921. Der Anthroposoph Dr. Dedo stirbt 1923. Inzwischen (1922) erscheint in 2. Auflage das Buch „Stirner" mit einem Vorwort des Verlegers, in dem er eine Übereinstimmung feststellen zu können glaubt zwischen der Stirner-Interpretation von Schultheiss und den früheren Gedanken Rudolf Steiners über Stirner... An dieser schwindelnden Verwicklung kann man sehen, wie das Karma des großen *Theologen* Biedermann seinen *anthroposophischen* Keimlingen gewachsen sein will, wie es aber dadurch scheitern muss, dass sich „das geistig Beste, was bisher über Stirner geschrieben worden ist" schlechthin als Unsinn erweist (muss es doch als Unsinn gelten, wenn Stirners Philosophie als „Glaube" bezeichnet wird). Der Fall ist von Ballmer erschöpfend abgeklärt und korrigiert.

Diese philosophische Ideengärung, die man allerdings nie in der Welt der Geschichte, sondern allein in der Karmawelt zu finden vermag, kulminiert in einem Interludium, das „Die Karma-Orientierung der Erkenntnistheorie" heißt und eine einzigartige Deutung des *Mysterium magnum* der Anthroposophie darstellt, das unter dem Namen „Weihnachtstagung" bekannt ist. *„Weihnachtstagung"* heißt: *esoterisch* agierende „Wahrheit und Wissenschaft", Schöpfungsakt einer anthroposophischen Schicksalsgemeinde als frei gesetzter Anfang (Genesis!) der Erkenntnis; *nach* Ballmer sieht man klar und scharf: *Weil* man die Prüfung durch Rudolf Steiners Erkenntnistheorie nicht bestanden hatte (man glaubte sich die letztere nur theoretisch aneignen zu müssen, statt sich zu ihr persönlich in eine karmaorientierte Beziehung zu setzen), musste man *auch* als durch die Weihnachtstagung auserwählter (gesetzter, erschaffener, verwirklichter!) Anthroposoph versagen. Die armen Berufenen saßen als Auserwählte im Saal und hörten, wie der „*Doktor*" am Rednerpult „die Menschenseele" anspricht, glaubten aber offenherzig, es seien damit ihre werten (ganz egal, ob poetisch zu besingenden oder psychiatrisch zu behandelnden) Scheinseelen, ja sie höchstpersönlich, seine tatkräftigen und getreuen Schüler und Mitstreiter, angesprochen. Von der Mutmaßung, es könnte mit der „Menschenseele" wohl doch kein geringerer als der Gottgeist – höchstpersönlich – angesprochen sein, schienen sie, im anbrechenden Zeitalter des Jeder-Mensch-ein-Künstler-Optimismus, nicht den leisesten Schimmer einer Ahnung haben zu wollen. Hier, in diesem obskuren Tiefpunkt, findet alles Darauffolgende seine Erklärung: Wenn *dies* möglich sein konnte, dann deswegen nur, *weil* auch anderes möglich war, nämlich: Man las in Jahrzehnten das philosophische Werk „Wahrheit und Wissenschaft", und man meinte (insbesondere wenn man ebenfalls im Besitz der Doktorwürde war), die hier entwickelte Erkenntnistheorie gälte auch von seiner höchstpersönlichen Erkenntnisfähigkeit, sei also, im Stil Kants, „allgemeingültig". Was dem Augenmerk dabei entging, war der kleine, aber recht fatale Umstand, dass sich diese Erkenntnistheorie als *voraussetzungslos* weiß und setzt. Es galt, den philosophisch harmlosen technischen Ausdruck *voraussetzungslose Erkenntnistheorie* einmal ins Theosophische zu übertragen, um sich an den Rand seines Verstandes versetzt zu fühlen. Was philosophisch *voraussetzungslos* heißt, was historisch etwa *traditionsunabhängig* heißen könnte, heißt theosophisch, Vorsicht!, *karmafrei*, heißt ferner: Eine Denksubstanz ist da, jene des Autors des Buches „Wahrheit und Wissenschaft", die so wenig durch die Erbsünde der Philosophiegeschichte verdorben ist, wie wenig die Leiblichkeit von Jesus durch die Erbsünde der Schöpfungsgeschichte verdorben war. Glich also die reine Leiblichkeit Jesu der

Möglichkeit, mit der Christus-Wesenheit eins zu werden, so ist das reine Denken des Autors von „Wahrheit und Wissenschaft" fähig und willens, der Geistleib (der ätherische Leib) des auferstandenen und kommenden Christus zu werden. Dieses von *„uns"* verschlafene Denkereignis schlägt in das Pfingstereignis der „Weihnachtstagung" um, ohne dass *„wir"* wenigstens an *dieser* okkulten Handlung dahinterkämen, was *„wir"* in einem AAG heißenden Garten von Gethsemane eigentlich verschlafen haben. Das meint die Schlüsselformel Ballmers, indem sie uns dazu ermahnt, *die Erkenntnisleistung Rudolf Steiners als die faktische Voraussetzung unseres Fragens zu wissen.* Das will sagen: *Unsere* Beziehung zum „Wesen Anthroposophie" kann kein passiv erleidendes, sondern nur ein aus unseren Erkenntnisbemühungen gewolltes Schicksal sein. „Wir sind innerlichst selbst dieses Wesen, aber nur insofern, als wir uns unseres Schicksalbezuges auf den Schöpfer der Anthroposophie voll bewusst sind. Wir *sind* – als Glieder der Erkenntnisgemeinschaft – das *Schicksal* des Wesens, von welchem Schicksal zwar *wir* berührt werden, nicht aber das in sich selbst beruhende Wesen selbst. Unsere Freiheitsmöglichkeit besteht darin, dieses Schicksal zu bejahen".

Es soll hier nachdrücklich auf die *Reaktion* der erwähnten „Erkenntnisgemeinschaft" hingewiesen werden, die sich entschied, die frohe Botschaft einer *karmaorientierten Erkenntnis* als *Anti-Anthroposophie* schuldig zu sprechen. Im Buche Dr. Heinrich Leistes „Anthroposophie und Anthroposophische Gesellschaft" bricht die Weihnachtstagungsgesellschaft den Stab über sich selbst. Um diese Notwendigkeit ins Leben zu rufen, musste der Zufall ein *crimen maiestatis* zum Anlass nehmen. Es reichte eine einzige kritische Bemerkung über A. Steffen aus – übrigens: die artigste und *„diplomatischste"* von allen, die A. Steffen von seiten Ballmers je zuteil wurden

–, um den Notstand ausrufen zu lassen. Dass sich, nebenbei gesagt, nicht der Erste Vorsitzende selbst zu einer Antwort bequemte, sondern nur sein Philosoph Dr. Leiste, könnte wohl auf zweierlei Art erklärt werden, einmal dadurch, dass es sich dem ersten Manne nicht schickte, sich mit solchen Lappalien abzulenken, das andere Mal dadurch, dass die Antwort eine philosophische und keine dichterische sein musste. Hier einige Muster dieser Hofphilosophie: „Er [Ballmer] behauptet, dass die Erkenntnisleistung Rudolf Steiners die faktische Voraussetzung unseres Fragens sei. Wer schränkt also unsere Freiheit ein, macht sie unmöglich? Rudolf Steiner, weil er eine Philosophie der Freiheit geschrieben hat." „Die entscheidende Realität, auf die wir hiermit weisen, ist Freiheit und Liebe. Karl Ballmer sieht dort eine andere. Er spricht von Karma." Häresie? „Sie besteht in der völlig willkürlichen Behauptung Ballmers von Rudolf Steiners *absoluter* Sonderstellung. Jeder, der das Werk Rudolf Steiners wirklich kennt, wird die überragende Größe dieser einzigartigen Persönlichkeit sehen und sie auch schon [!] bei dem jungen Rudolf Steiner anerkennen. Doch versucht Ballmer die Größe des Einen dadurch zu betonen, dass er uns andere alle entsprechend degradiert." Leistes *his master's voice* bleibt, ungeachtet der Tempi passati, auch heute noch bestehen: fürwahr ein klassisches Vorbild für anthroposophische Bureaufräulein samt ihren anthroposophischen Lieblingsrednern und -seminarleitern, die sich um nichts in der Welt damit einverstanden erklären können, *entsprechend* degradiert zu werden. Die Frage lässt sich nicht wegdenken: ob ein intelligenter und integrer Mensch über die Anthroposophie mehr als kein Wort würde verlieren wollen, wäre ihm diese durch Dr. Leiste oder seine derzeitigen Doubles präsentiert worden?

Dem Buch über Biedermann schließt sich ein kurzer Briefwechsel mit dem Pfarrer Ulrich Neuenschwander an. Auch hier spitzt sich das Thema auf das große Biedermann-Problem zu: die Schicksalseinheit von Philosophie und Theologie. Dass als Gesprächspartner diesmal ein junger Pfarrer auftritt, stellt eine Gelegenheit mehr dar; dem achtsamen All-Leser Ballmer genügte es, auf einen „ungewöhnlich prägnanten Aufsatz" in der „Schweizerischen Theologischen Umschau" vom November 1947 zu stoßen, um mit dem Autor sofort in Kontakt zu treten. Der Beweggrund dieser „Geselligkeit" sui generis lag offensichtlich nicht im Bedarf nach Meinungsaustausch, sondern eher im Gegenwarten auf einen möglichen Neuanfang (= Fürsprache für jemand bei Rudolf Steiner). Ein soziales Problem zeichnet sich hiermit ab, im Kernpunkt der folgenden Frage: Wird einem Anthroposophen wie Ballmer jede Möglichkeit genommen, Anthroposophie innerhalb der Bewegung *sozial* zu vertreten, muss er dann tatsächlich resignieren und sich ganz in sich zurückziehen? So romantisch-nietzschisch konnte es mit diesem Alleinsler doch wohl nicht stehen, dass er in der Klause seine *„sieben Einsamkeiten"* besungen hätte. Ballmers Anliegen, nachdem die Spatzen schon von allen Dächern pfiffen, dass Anthroposophie bei den Anthroposophen mit etwa dem gleichen Erfolg zu suchen wäre wie die Christlichkeit bei den Christen, kann es nur sein, sie bei Nicht-Anthroposophen zu suchen. Suchen heißt aber nicht: vorfinden, sondern: *wollen*. Man sucht Anthroposophie aus der Kraft der Anthroposophie, die aber erst *gewollt* werden muss, um aus ihrem Gewolltsein überhaupt wirken zu können. Ballmer: „Denn die Ursache wirkt nur, wenn Menschen die Wirkung *wollen*." Dies kann aber nur geschehen (oder eben nicht geschehen), wenn Menschen wissen, was sie wollen (oder nicht wollen). Man *begegnet* der Anthroposophie, und man trifft seine Entscheidung. *Aktivität* heißt hier, auf den Zufall warten, bis ein Zufall es zulässt,

Menschen vor Anthroposophie zu stellen und ihr Schicksal in Form einer *Erkenntnisnot* anzufachen, damit Anthroposophie, falls gewollt, als *Herzens- und Gefühlsbedürfnis* gewollt werde. Ballmer wirkt ausgesprochen *sozial* nicht trotz seiner Einsamkeit, sondern aus ihrer Vollmacht heraus, zumal auf *urchristliche* Art und Weise, wo es seinerzeit „*Menschenfischer*" hieß („Kommet her, ich will euch zu Menschenfischern machen"). Die Eigenart seines Metiers ist es, dem kommenden Christusbewusstsein der Welt Menschen zu fischen, ohne sich dabei im geringsten allerlei Köder, Angeln oder Netze zu bedienen; sein Fischen besteht ja – bewusst und betont – aus lauter Abkühlung und Abschreckung, weil er nicht im Trüben, sondern im Lichten fischt, was bedeutet: Anthroposophie als Ideengemeinschaft ist zugleich auch Schicksalsgemeinschaft; Idee als Schicksal agitiert aber nicht, sie agiert. Ballmers *schöne Gedanken* bewirken Abkühlung und Abschreckung nur im Spiegelbild unserer arroganten Ignoranz. Wo man auch im Ideellen mit Mittagsruhe, Toleranz und Menschenrechten rechnet, erhält man nur Schock und Schrecken. Denn ein anderes ist eine schicksallose Idee, ein anderes aber Idee als Schicksal. Im letzteren Fall hat sie alle Chancen, Ideal zu werden, im ersteren Fall wird sie nur Idol. Ballmers Sorge ist es, dass seine Briefpartner ihr zukünftiges anthroposophisches Karma nicht in einer Geschenkpackung bekommen, sondern aus einer tiefen inneren Kollision und ohne Schmerzlinderung. Der gute Pfarrer Neuenschwander bildete zweifelsohne keine Ausnahme unter den übrigen Anthroposophiekandidaten *in spe*, mit denen der Privatgelehrte aus Lamone korrespondierte. Kein Wunder, dass auch er sich, nachdem er schon einmal den Kontakt mit dem unmöglichen Herrn nicht sofort unterbrochen hat, bemüßigt fühlte, zurückhaltend oder misstrauisch auf Dinge zu reagieren, deren lichtdurchflutete Realität ihm erst im Tode zum *heureka* würde werden müssen.

Die Korrespondenz endet oder bricht ab mit einem nicht abgesandten Briefentwurf Ballmers. Jetzt, nach mehr als fünfzig Jahren, wo der Brief in *Buchform* endlich abgesandt wird, gilt er *jedem* Leser als seinem Adressaten. Es wäre außerordentlich produktiv, an diesem Entwurf den schicksalsdefizienten und sekundäranthroposophisch totgeredeten Topos der *Schwelle* einmal wieder zu thematisieren.

Für die Aufnahme der Korrespondenz mit Pfarrer Neuenschwander in den Band sprach nicht nur ihre direkte Anknüpfung an das *Thema* „Biedermann heute", sondern auch ihre zeitliche Parallelität (ein für Ballmers Methode allenthalben entscheidender Faktor) zur Arbeit an einer vorbereiteten Biedermann-Edition. Das Projekt, den dogmengeschichtlichen Teil der „Christlichen Dogmatik" zu veröffentlichen, entstand am Vorhaben Werner Teicherts (eines Mitarbeiters der Rudolf-Steiner-Nachlassverwaltung, mit dem Ballmer einige Zeit im intensiven Briefwechsel stand), einen eigenen Verlag zu begründen; als Herausgeber sollte Ballmer Einleitung und Anhang zu dem Buch schreiben. Diesem gescheiterten Verlag und Plan verdanken wir ein Manuskript, das den vorliegenden Band abschließt. Dieser letzte Teil des vorliegenden Bandes bedarf einer Erklärung: Ein editorischer Sonderfall muss hier gerechtfertigt werden, versagte doch dem Herausgeber das Bewusstsein keinmal, er sei auch nur ein Leser und Lehrling des von ihm Herausgegebenen. Es war das Schicksal dieses Manuskripts, als Entwurf niedergeschrieben zu werden und unediert zu bleiben. Warum soll es da nicht das Schicksal seiner Leser sein, es in der Form zu Gesicht zu bekommen, in der es entstand, also ohne Lektorats-Kosmetik und -Schleifung. *Unsere* einzige Leser-Sorge angesichts der hier aufbrechenden Perspektiven würde eigentlich diese sein müssen: Ob wir überhaupt noch in der Lage sind, diesem Bewusstseinsstrom nachzuschwimmen, ohne dabei mit Sinn und Verstand im Gelesenen zu zappeln, und wenn ja, dann wie lange, und wenn lange genug, dann mit wie viel Verständnis (Symptom: Verstummen!), und wenn mit einigem Verständnis, dann ob auch mit der gebührenden Dankesschuld, an einem solchen Gipfeltreffen der Schicksalseinheit von Theologie und Philosophie einmal ichbewusst entstehen zu dürfen. Ballmers Christologie kann sich erschließen und entschlüsseln lassen, wenn berücksichtigt wird, dass sie um kein Jota weniger ein Werk des *Kunstmalers* Ballmer als des *Privatgelehrten* Ballmer ist. Er schreibt (tippt!) sie wie mit dem Pinsel. Jene Leser, die den Maler Ballmer bereits erlebt haben, werden mich verstehen. Weil das Geschriebene wie gemalt wirkt, muss auch das (von uns) Gelesene gleichsam *gesehen*, ja *hellgesehen* werden. So wenig man vor einem Gemälde halluziniert, sondern es sieht, so wenig tappt man auch im „abstrakten" Denken hilflos herum, wenn man es als Kunst wahrnimmt. Eines ist sicher: Man wird als Leser mit Ballmer nie Glück haben, solange man seinem logischen Trieb stattgibt, alles Gelesene – und zwar sofort – verstehen zu wollen (allerdings auf *seine* Art und Weise verstehen, was heißt: durch die bedingten Reflexe eines universitär und/oder journalistisch geschulten Kopfes). An Ballmers Texten kann man jedenfalls daran erinnert werden, dass es auch andere als nur dressiert-intellektuelle Modi des Verstehens gibt, nämlich *künstlerische*. Man versteht Rembrandt oder Van Gogh gewiss doch *nicht* dadurch, dass man sie durch gelehrte Termini exterminiert, sondern man versteht sie erst, wenn man sich schweigsam vor sie hinstellt und sie selber sprechen hört. Ballmers Stil (eine fast unglaubliche Mischung aus Robustheit und Eleganz im Element absoluter Wahrhaftigkeit) lässt sich literarisch bisweilen mit dem Stil Prousts oder Joyces vergleichen; allein: das wäre wohl erst recht ein Joyce, der nicht den Bodensatz eines banausischen Dubliner

Unbewussten spontan und eruptiv Wort werden ließe, sondern die Sorgen des Ed. v. Hartmannschen Unbewussten.

Das Manuskript (Maschinenschrift mit handschriftlichen Zusätzen) besteht insgesamt aus fünf fragmentarischen Teilen. Weil uns das Ganze als Skizze, *nicht* als ein ins Reine geschriebener Text vorliegt (das Typoskript bricht mitten in einem Satz ab), geben wir es, wie gesagt, in seiner authentischen Form wieder. Auf die Dienstleistungen einer Philologie sollte in diesem Fall im großen und ganzen verzichtet werden. Die oben erklärte Absicht lag – ganz bewusst und betont – darin, dem Leser die Schwierigkeiten eines rohen *Manuskripts* nur minimal zu ersparen. Es scheint absolut klar und unanfechtbar, dass ein *solches* Buch nicht etwa kredenzt, sondern nur Wort für Wort urbar gemacht (gelebt) werden kann. Kurz, von herausgeberischer Seite wurde alles unternommen, um dem Leser seine Ballmer-Belastung mitnichten zu erleichtern. Sollte manchem Leser dabei nichts Vernünftigeres einfallen, als gegen diese Behandlung (die ihm eher wie eine Misshandlung vorkommt) Rekurs einzulegen, braucht dies nicht im geringsten die Sorge des Herausgebers zu sein. Der Leser wird sicher selbst zu entscheiden wissen, auf welcher Seite des Buches er die Tür wird zuknallen müssen.

Ich nehme die Gelegenheit wahr, Herrn Peter Wyssling (Edition LGC, Siegen / Sancey le Grand) für seine unschätzbare Mitarbeit bei der Vorbereitung dieses Bandes zur Herausgabe zu danken.[4]

---

4 Und auch für sein gerade erschienenes fünfhundert Seiten starkes Buch „Rudolf Steiners Kampf gegen die motorischen Nerven. Das Schicksal einer Weltanschauungsentscheidung in Karl Ballmer und Gerhard Kienle" (Edition LGC 2013). Man kann schon beim ersten Durchblättern sehen, dass dieses Buch von einer

*Statt eines Epilogs:* Karl Ballmer an Agnes Holthusen am 16. Januar 1948: „'Das Allgemeinste mit seinem Trieb, sich zu individualisieren, das Individualisierte mit seiner Unfähigkeit, sich als solches zu behaupten, wer will diesen Dualismus in der Weltwurzel auf eine Einheit zurückführen!' Wie nun die Dinge einmal liegen, kann ich vor der Notwendigkeit nicht auskneifen, die Frage Hebbels zu beantworten: ich. Die Antwort klingt mir mindestens so unwahrscheinlich wie Ihnen, aber da ist nun nichts mehr zu ändern."

Basel, 2. Oktober 1999

durchbrechenden Bedeutung für all diejenigen ist, die fähig und willens sind, sich als anthroposophische Fachspezialisten nicht um ihre fachwissenschaftliche Gesichtswahrung, sondern um die Sache selbst zu kümmern (Zusatz von 2013).

## Zweites Nachwort [5]

Von Karl Ballmer kann man mehr als von einem anderen außergewöhnlichen Zeitgenossen sagen: *unbekannt*. Unbekannt nicht im Sinn von verkannt, totgeschwiegen oder wie es auch immer heißt, wohl aber ob seiner *Unsichtbarkeit*. Er ist ein unsichtbarer Denker, ein derart *anderer, einmaliger, niedagewesener* Denker, dass sein Gedanke unmerklich durch die geschlossenen Türen unserer Wahrnehmung hindurchgeht. Der Zeit der Jaspers und Popper beliebte es, ihre Plattheit auf solche Art und Weise zu bekunden, indem sie über einen *Wissenden* hinwegsah, dessen Rang keine andere Bewertung zulässt als – *transzendent*. Man kann wissen oder ahnen, dass das Unsichtbare (das wirkliche, und nicht etwa wie beim Blindekuhspiel) nicht hinter den Dingen, sondern in den Dingen liegt, und dass man am halsstarrigsten, ja am ärgerlichsten an den Dingen vorbeisieht, die man unverwandt anblickt. Obwohl der eine [6] von den beiden in diesem Buch vorgelegten Texten 1946 erschien, der andere [7] aber, mit 1951 datiert, erst 1996 herausgegeben wurde, hinterlassen sie den Eindruck, als hätte ihre veröffentlichte Unsichtbarkeit eine wohl adäquatere Form gefunden als in Jahrzehnten ihres archivierten Nichtseins. Nimmt man dabei an, dass der russische Leser mit keinem größeren Glück bei der Lektüre rechnen kann als der deutsche (da Ballmer für die beiden entweder ein nichtssagender Name

---

5 Zur russischen Ausgabe: Karl Ballmer, Lamone 21.2.51, Requiem, Moskau, Evidentis 2005.
6 Requiem [auf den Tod des Philosophen Eberhard Grisebach], in: Schweizer Monatshefte, Heft 4, Juli 1946; abgedruckt in: Karl Ballmer, Deutsche Physik von einem Schweizer, Edition LGC, Siegen / Sancey le Grand 1995, S. 167–175.
7 Anknüpfend an eine Bemerkung über James Joyce (Edition LGC, Siegen / Sancey le Grand 1996).

oder – schon beim Durchlesen beliebiger Zeilen – ein Verrückter ist), so lässt sich die Zweckmäßigkeit dieser Publikation in einer fremden Sprache, wie übrigens kurz zuvor auch im Original, durch eine metaphysische *Pragmatik* rechtfertigen, deren Vorbild am Ende einer der Predigten Meister Eckharts zu finden ist: *„Wer diese Predigt verstanden hat, dem vergönne ich sie wohl. Wäre hier niemand gewesen, ich hätte sie diesem Opferstock predigen müssen."* In der Tat, warum sollte ein im Original unbekannter Autor seine Unbekanntheit nicht auch in der Übersetzung verdoppeln – für den Leser beidemale ein absoluter Verlust! Ein Buch ist *ein ausgegrabener Schatz*, und beliebt es den in sich selbst vertieften Lesern an ihm vorbeizugehen, so hat es keinen Sinn, ihnen dies und jenes ins Ohr zu schreien, wo es doch angebracht wäre, sie zu einem weiteren Insichvertiefen zu beglückwünschen. Zumal wenn die Bücher, um die es sich handelt, nicht ganz oder, mit Hinblick auf die anderen, gar keine Bücher sind. Ballmer (die Summe des von ihm Geschriebenen und im Staatsarchiv des Kantons Aargau Aufbewahrten beläuft sich auf weit über zehntausend Seiten) ist kein Schriftsteller, wenn Schriftsteller sind, die Bücher schreiben; Bücher als *Bücher* schreiben war nie seine Sache. Schriftsteller sind gewohntermaßen mehr oder weniger gelungene Verschnitte von Narziss und Prokrustes: Genüsslinge, die zur Feder greifen, um *coram publico* in sich selbst wie in ein Loch zu kommen und aus sich selbst wie aus einem Loch zu posieren; vom Fall Ballmer könnte man mit Léon Bloys Worten sagen, ohne allerdings zu vergessen, dass er selbst ähnliches nie und unter keinen Umständen gesagt (gedacht) hätte, und zwar deswegen nicht, weil man, falls man so etwas sagt (denkt), es zugleich fixiert und somit Gefahr läuft, einmal mehr in sich wie in ein Loch zu kommen: *„Man wird mir Gerechtigkeit widerfahren lassen, dass ich nichts hintangesetzt habe, um den Misserfolg meiner Bücher zu gewährleisten."* Noch einmal: Er ist kein Schriftsteller, schon allein aus dem Grund nicht, weil es für das von ihm Geschriebene keine Leser gibt. Nicht, weil seine Leser noch nicht geboren, ganz im Gegenteil: weil sie noch nicht gestorben sind: Weizenkörner, die sich weigern, in die Erde zu fallen... Die philosophischen Modenarren haben mit dem Fazit über den *Tod des Autors* geeilt, wo der Tod, und zwar der schnellste, doch dem Leser zu wünschen wäre; ein bei manchem Lesen nicht sterben *könnender* Leser wird von manchem Lesen *getötet*, worauf ihm keine andere Wahl bleibt, als nur ebenjene Bücher zu lesen, die er bei Gelegenheit und nach Belieben hätte auch selber schreiben können. (Kein Zufall, dass einer der charakteristischen Züge unserer literarischen Sitten die Spurenverwischung zwischen Autor und Leser ist, ein Zusammenschmelzen beider in der transvestitischen Figur des *Kritikers*.) Doch wäre ein guter Kritiker, wer, statt mit seiner Logorrhoe zu prahlen, in der Rolle eines Diätologen aufträte, der die Leser mit seelisch-geistiger Schonkost bekannt macht und ihre Aufmerksamkeit auf die *Zusammensetzung* des Buches lenkt, auf dessen Haltbarkeit, seinen Gehalt an Schadstoffen etc., auf dass der Leser im voraus wisse, was ihm nützlich, was aber kontraindiziert sei, also: welche Bücher zu lesen, vor allem aber welche zu meiden wären, damit der Kopf nicht an Verdauungsstörungen leide und nicht knurre... Ein guter Kritiker ist ein *Vermittler* zwischen Autor und Lesern, welcher den Autor gegen die Leser, die Leser aber gegen sie selbst schützt. Und da wir schon beim Thema sind, was hindert uns denn daran, dem Leser den folgenden freundlichen Rat zu geben: Karl Ballmer ist nie, nicht einmal mit besten Vorsätzen, *„mit vollem Kopf"*, das heißt mit einem Kopf voller Wissen und Meinen zu lesen. Man könnte sich ja einmal fragen, wo denn dieses Wissen und Meinen ist, während man schläft, gähnt, isst, krank ist, gesund wird, ja schlicht und einfach *„lebt"*! Sie sind dann – weg, und zwar deshalb, weil sie, wenn sie denn da sind, nichts anderes sind als Schaufensterpuppen in der Vitrine des Kopfes. Am besten lässt man sie außer acht, als hätte es sie nie gegeben, und macht sich dann auf nüchternen Kopf („*arm an Geist*") an die Lektüre. Ein leerer Kopf – eine Schande für jeden Intellektuellen – hat gegenüber einem vollen den Vorteil, dass er fremde bedeutende Gedanken leichter und begieriger in sich aufnimmt, um sie, kaum verdaut, der Vergessenheit (dem Willen) anheimfallen zu lassen und neueren Platz zu machen. Um einen mit Wissen vollgepfropften Kopf ist es nicht besser bestellt als um einen mit Essen überfüllten Bauch: beide sind schwerfällig und unsensibel. Gegen einen leeren Kopf stoßen die Gedanken (von außen, ob nun von einem Buch oder einem Gespräch) wie gegen einen Gong, und die Zeit, bis sie vertont werden, reicht gerade für den rätselhaften Vorgang, der *Verstehen* heißt. Es wäre ratsam, ein getrenntes Lesen in genau demselben Sinn zu praktizieren, wie man eine getrennte Kost praktiziert; an unzulässigen, wirklichkeitsfremden Gedankenkombinationen vergiftet man sich seelisch genauso, wie man sich physisch an unzulässigen, unverträglichen Nahrungsmittelkombinationen vergiftet. Ballmer mit Augen lesen, die etwa an Berdjajew oder Jaspers gewöhnt sind, hieße etwa Beethovens letzte transzendente Quartette mit Ohren hören, in denen noch Schnaderhüpferl klingen. Ballmer – und das muss man von Anfang an wissen – ist eine *äußerst schwierige Lektüre*. Der Bestand seiner Texte sind – die *Toten, die in seinem Bewusstsein als Gedanken leben*: als außerordentlich sauber, gründlich, *schön* gedachte Gedanken. Was hier die Gruppenseele von Literaten, Lesern und Kritikern besonders stutzig macht, ist, dass der Geschehensort genannter Gedanken ausgerechnet *Bewusstsein* ist, ein bis aufs äußerste nüchternes, im Alltäglichen lebendes Bewusstsein. Die Gruppenseele hätte nichts gegen das „*Jenseitige*" gehabt, hätte sich letzteres korrekt und konform mit dem allgemeinen Konsens ausgenommen, das heißt, wäre es im Verlies des *„Unbewussten"* fügsam geblieben, ohne einen Platz im Bewusstsein zu beanspruchen. Mehr noch: Die Gruppenseele würde sogar periodische Einbrüche des Unbewussten ins Bewusstsein tolerieren, unter der Bedingung allerdings, dass den Trägern des Bewusstseins daran – bis zur Ohnmacht oder (in einer rentableren Variante) Hellsichtigkeit, *extrasensory perception*, Parapsychologie, Mystik – übel würde. Ballmers Fall ist skandalös. Man hätte ihm alles, jeden Wahnsinn verziehen, hätte er die Gesetze des Genres nicht so rücksichtslos verletzt, wäre er also anstandshalber und zur Bestätigung der Küchenpsychologie nur ein bisschen um den Verstand gekommen, ein ganz klein wenig exzentrisch, exotisch, unvorhersagbar, *„genial"* geworden – wie der rororo-Biographiestandard es verlangt. Ist es doch unstatthaft, bei vollem Bewusstsein und Verstand zu sein, wo normale (normale gewöhnliche wie auch normale ungewöhnliche) Menschenleute bewusstlos werden und den Verstand verlieren! Der Schluss lag nahe: so kann sich nur ein Verrückter benehmen. Er wusste das, und er gab sich dazu gelassen wie zu einer Unvermeidbarkeit: „Dass ich von mehr als einem Standorte für verrückt zu halten bin, macht mir weniger Sorge als die andere Sorge, ob man das *streng Methodische* des Verrücktseins zugestehen kann." Das Lesepublikum im Abendland ging verrückten Autoren nie aus dem Weg, schon gar nicht zugunsten der normalen. Ganz im Gegenteil: Heute scheint der Wahnsinn wie nie zuvor gefragt zu sein; manche Autoren fahren aus der Haut, um ihre Produktion mit etwas Übergeschnapptheit zu füllen und so lange an ihre Leser zu klopfen, bis aufgemacht wird. Interessant ist dabei, dass der Wahnsinn, den sie, zuweilen nicht ohne Glanz, in ihren Büchern vortäuschen, sie selbst im Original da ereilt, wo sie am wenigsten daran denken; irgendein Lacan ist nicht wahnsinnig, wenn er seine Texte schreibt, sondern wenn er sie gerade *nicht* schreibt. Während er einen Textausheckt und sich weitere Wahnsinns-Simulacra überlegt, ist er nüchtern und klar wie beim Nachzählen des Wechselgeldes auf eine große Geldnote; seine Unzurechnungsfähigkeit liegt nicht in seinem *cogito*, sondern in seinem *sum*, sodass nicht sein überlegter Wahnsinn wahnsinnig ist – vielmehr *ist* er selbst der Wahnsinnige. Seine Berechenbarkeit besteht darin, dass er mit Sicherheit weiß, was der Leser von ihm erwartet; in diesem Punkt ähnelt er Politikern, die in der Öffentlichkeit verrückt *spielen*, die aber tatsächlich verrückt *sind*, kaum bleiben sie mit sich selbst allein. Kurz: Kann hier von Wahnsinn die Rede sein, so von einem eingeforderten, besoldeten, vorbedachten, unterhaltsamen, beiläufigen. Ballmers „*streng methodischer*" Wahnsinn wirkt derart ernüchternd, dass man sich seiner durch Nichtwissen, Nichtlesen erwehren will, was dann den Tod des Lesers nach sich zieht. Keinen gewollten, besonnenen Tod im Autor, sondern, frei nach Hegel,[8] „den kältesten, plattesten Tod, ohne mehr Bedeutung, als das Durchhauen eines Kohlhaupts oder ein Schluck Wassers". Von solchem Tod sagt man: sinnlos; man sagt über jemand: *ist einen sinnlosen Tod gestorben*, statt: *hat ein sinnloses Leben gelebt* – kombiniert und allegorisch: hat sich dermaßen an sinnlosen Büchern vollgegessen, dass ihm nur übrig blieb, den Geist schon bei dem ersten sinnvollen aufzugeben.

Eine durchaus angebrachte, weil nicht zu vermeidende Frage: *Wer ist denn doch dieser voll und ganz unbekannte Herr Ballmer?* Vielleicht könnte man sich doch schließlich, über alle psychographischen Abweichungen vom Thema hinweg, auch der Biographie entsinnen, falls es beim genannten Herrn eine solche überhaupt gibt! Die Frage scheint eine Falle oder

---

8  Phänomenologie des Geistes (Kap. „Die absolute Freiheit und der Schrecken").

gar Sackgasse zu sein, aus der, wie bekannt, diejenigen am leichtesten kommen, die nicht wissen, dass sie in ihr sind. Man kann sich aber aus der Sackgasse auf eine würdigere Weise herausarbeiten, indem man sich nämlich darauf besinnt, dass man schon in einer (ja und was für einer!) ist. Das Paradox der Ballmerschen Biographie liegt darin, dass sie nicht außerhalb des von ihm Geschriebenen, sondern einzig und allein *in* Geschriebenem als Gedachtem geschieht. Man nimmt Gedanken wahr, und man hat das Gefühl, dass es hier außer dem *so* Erfahrenen nichts mehr zu erfahren gibt. Karl Ballmers Biographie besteht nicht aus *Leben* und *Denken*, sondern aus einem unteilbaren (individuellen) Ganzen, das *Denken* heißt und bei Bedarf und Wunsch auch als *Leben* gelesen wird. Biographen und Journalisten haben hier nichts zu tun; was ihre Aufmerksamkeit auf sich ziehen, ja von ihnen überhaupt bemerkt werden könnte, ist hier auf ein kaum vorstellbares Minimum geschrumpft: Er hat genau so viel gelebt, als dies erforderlich war, um in Gedanken zu leben, und zwar so, dass das Gelebte nicht zuerst gelebt und dann gedacht wurde, sondern nur insofern gelebt als gedacht, wobei die Verbindung zwischen Gelebtem und Gedachtem keine bloß gedachte war, sondern eine durch *Zufälligkeiten* der alltäglichen Existenz bewusst und außerordentlich elegant vermittelte. Wir würden uns ins Herzstück des Paradoxes versetzt finden, würden wir darauf achten, dass das eigentliche Subjekt dieses Gelebten qua Gedachten der *Tod* ist, welcher jeglichem Leben vorangeht und es nicht vernichtet, sondern – *verschenkt*, da „... 'Leben' im Sinne der Geisteswissenschaft *prinzipiell* 'Leben nach dem Tod', bzw. Leben aus der Auferstehungskraft eines Toten ist." ...
Karl Ballmer wurde am 23. Februar 1891 in Aarau geboren. Von 1909 bis 1911 studierte er an der Kunstgewerbeschule Basel, danach an der Kunstakademie München. 1915 war er beim Pressebüro des eidgenössischen Armeestabes in Bern als Be-

richterstatter angestellt. Diesen Lebensabschnitt (von 1914 bis 1918) wird er später als *„die schwerste andauernde Selbstvernichtungskrise, mit tödlichen Eingriffen und Attentaten auf die physisch-leibliche Existenz"* bezeichnen, ausgelöst durch *„die Verzweiflung, der menschlichen Existenz, so wie ich sie damals empfinden musste, überhaupt einen tragenden Sinn abzugewinnen"*. Eine äußerst seltene, fast literarische, wo nicht gar philosophische, ja *transzendentale* Verzweiflung, die nicht bloß den Kopf oder das Herz vernebelt (und dann entweder gezähmt wird oder eben nicht), sondern im ganzen Menschen wütet und Lebenskräfte lahmlegt; man könnte sie analog zur Koronardurchblutungsinsuffizienz als *Sinninsuffizienz* bezeichnen, nämlich: Es fehlt einem an Sinn (nicht diesem oder jenem, sondern *dem* Sinn) wie an Luft, weswegen man – wörtlich – erstickt. Im Herbst 1918 – *„in letzter Stunde für mich"* – lernt er Rudolf Steiner persönlich kennen: *„Es ist buchstäblich wahr, dass ich Rudolf Steiner meine gegenwärtige Existenz verdanke."* Zuerst waren es Steiners Bücher, die er von seinem Zürcher Bekannten Roman Boos bekommen hat, dann lernte er auch den Mann selbst kennen. Nicht dass die Begegnung mit Steiner (eine als *Kunst* gesehene Geheimwissenschaft) den 27jährigen Selbstmord-Kandidaten vor dem Tod gerettet hätte; vielmehr hat sie seinen *Willen zum Tod* verschärft, indem sie den Tod als den *gesuchten* Sinn des Lebens erkennen lassen hat.[9] Die Negativität des Todes (Tod als Nur-Vernichtung) liegt in der Unfähigkeit, sich in ihn empirisch und bewusst zu versetzen; ein solcher Tod ist nichts anderes als „Mangel eines Bewusst-

---

9 Aus einem späteren Brief vom 25. Oktober 1945: „Die Seldwyler […] sollten endlich dahinterkommen, dass, wenn ein K. B., anstatt sich zu erschießen, sich für R. St. interessiert, dies dann nicht eine private persönliche Liebhaberei eines beliebigen Delinquenten ist, sondern das Anzeichen dafür, dass jetzt eine Gelegenheit da ist für geistig Unterernährte, etwas Rechtschaffenes zu lernen."

seins über den Tod hinaus".[10] Die *Erfahrung des Todes* als Leben *im* Tod (egal, *vor* oder *nach* dem körperlichen Tod) ist gleich indiskutabel für Atheisten und Theisten, Christen und Antichristen, Linke, Rechte und Keine; Menschen im Priesterrock sind bereit, mit erpichten Gottesleugnern und Zynikern, selbst mit sich selbst gegen all diejenigen Bündnis zu schließen, für die der Tod kein gefühlsmäßiges, sondern ein *erkenntnismäßiges* Erlebnis, also *Bewusstseinserfahrung* ist. Die Begegnung mit Rudolf Steiner ist das Urphänomen der Biographie Ballmers, ihre Grund- und im Grunde *einzige* Tatsache. Die Verzweiflung, dem Leben überhaupt einen Sinn abzugewinnen – wobei es sich für den praktizierenden Stirnerianer Ballmer nicht um einen abstrakten, aus irgendeinem Buch herausgelesenen Sinn gehandelt hat, sondern um einen persönlich geoffenbarten –, hätte entweder von einem sinnlosen Selbstvernichtungsakt oder doch von einer solchen Potenzierung des Sinnes gekrönt werden können, auf deren Niedagewesenheit – natürlich von der entgegengesetzten Seite her – die Gründungsväter des absurden Theaters neidisch gewesen wären. Ballmers Formel *urbi et orbi*, vom Moment dieser Begegnung an, entspricht der Stilistik einer *„Einladung zur Enthauptung"*: *„Entweder hat die Welt überhaupt keinen Sinn, oder sie hat den Sinn, welchen ihr Rudolf Steiner gibt."* Genau so: *„gibt"*, und nicht etwa *„findet"*, was laut Ballmer nicht nur ein Zugeständnis an den Dämon blödsinniger Korrektur, sondern eine absolute Verdrehung des Gesagten wäre. Alles, was von dieser Zeit an aus seiner Feder stammt, dreht sich *(„dies der Sinn meines Karma")* um diese Formel, deren taktischer Zweck darin liegt, all diejenigen wütend zu machen und *ipso facto* zur Abwehr und Widerlegung zu provozieren, die in der Welt einen anderen als *diesen einen* Sinn finden zu können wähnen, mit Hilfe und mittels alter

---

10 Steiner in Norrköping am 12. Juli 1914 (1. Vortrag des Zyklus „Christus und die menschliche Seele").

probater Instanzen, wie etwa der Kirche, Tradition, Universität, ganz zu schweigen von der Gewohnheit oder Unüberlegtheit. Unter der Bedingung natürlich, dass die zu erwartende Widerlegung eine sachliche, philosophisch fundierte wäre, nicht aber ein übliches Geifern von allerlei intellektuellen oder okkulten Halbstarken... 1918–1920 lebt Ballmer in Dornach, wo er am Bau des ersten Goetheanum mitarbeitet; im Oktober 1920 auf Steiners Einladung hält er drei Vorträge über Kunst im Rahmen des ersten Hochschulkurses im Goetheanum. Ende 1920 muss er nach Deutschland übersiedeln *(Los von Dornach!)*, wo er sich zuletzt, nach kurzen Aufenthalten in Heidenheim, München, Stuttgart, Berlin, in Hamburg niederlässt. Von dieser Zeit an und schon bis zu Ende geht er im intensivsten Studium der Werke Rudolf Steiners, wie auch der Philosophie, Theologie und Naturwissenschaften auf. Parallel beschäftigt er sich mit der Malerei, wird Mitglied der Hamburger Sezession; seine Bilder, die ungefähr auf denselben Preis wie die von Kandinsky und Klee abgeschätzt werden, hängen in vielen Ausstellungen (einmal in Altona neben denen Kandinskys, wovon er nicht ohne Behagen in einem Brief berichtet, wenngleich ihm Kandinsky nicht sonderlich am Herzen lag).[11] Der Rummel

---

11 In Hamburg besuchte ihn einmal in seinem Atelier Samuel Beckett, der dann in *German Diaries* seine Eindrücke vom Kunstmaler Ballmer (dem Bild *Kopf in Rot*) eingetragen hat: „Wundervoller roter Frauenkopf, Schädel, Erde, Meer und Himmel. [...] Würde das Bild nicht abstrakt nennen. Ein metaphysisches Konkret. Noch Naturkonvention, aber seine Quelle, Reservoir der 'Erscheinung'. Ganz a-posteriori-Malerei. Gegenstand nicht dazu missbraucht, eine Idee zu illustrieren wie bei, sagen wir, Léger oder Baumeister, sondern primär. Die Mitteilung erschöpft durch das optische Erleben, das ihr Beweggrund und ihr Inhalt ist. Alles Weitergehende ist nebensächlich. [...] Außerordentliche Stille." Man kann ahnen (oder erraten), was der Autor von „Waiting for Godot" über Ballmer gesagt hätte, der die *Stille* nicht mit Farben, sondern mit Worten

um das in Mode gekommene Unbewusste war ihm völlig fern und fremd. So äußert er sich einmal darüber in folgenden Worten: „In meinem Vorstellungs- und Empfindungsleben spielt die Unterscheidung von Bewusstsein und Unbewusstem kaum eine Rolle. Gegen die Annahme eines kausierenden Unbewussten habe ich eine instinktive Abneigung. Von meinem philosophischen Lehrer (Rudolf Steiner) habe ich die Anschauung übernommen, dass in der Zukunft überhaupt die Kausalitätsvorstellung in den höheren Bezirken des Vorstellens abzulösen ist durch das Begriffspaar Wesen und Erscheinung. Der Philosoph arbeitet an der Objektivierung des Wesens, der Maler bringt das Wesen zur Erscheinung." Man könnte auch sagen: Der Philosoph *denkt*, was der Maler *sieht*; der Gedanke objektiviert das Gesehene, das Gesehene bringt den Gedanken zur Erscheinung. Ballmers Malerei ist Gedanke in Form von Wahrnehmung, seine Philosophie hingegen: Wahrnehmung als Gedanke. Der Kunstmaler Ballmer *sah* Steiner, ehe ihn der Philosoph Ballmer *verstehen*, d. h. sich auf das Gesehene begrifflich besinnen konnte. „Aus allem, was ich in Dornach erlebte, musste sich mir das allerintensivste Bedürfnis ergeben, durch die Erwerbung eines umfassenden Fundus an Wissen auf philosophischen und sonstigen wissenschaftlichen Gebieten mir die zureichenden Grundlagen zu verschaffen für eine absolut selbständige Beurteilung der von Dr. Steiner aufgerollten Erkenntnis- und Wissenschaftsprobleme." *„Absolut selbständig"* – darin ist ganz Ballmer, Schüler des Bewusstseins[12]; darin

---

   erzählt. Die Bilder sind teils in Kunstgalerien (in Aarau, Zug), teils
   aber in Privatsammlungen erhalten. 1990 anlässlich der Ausstellung
   *Karl Ballmer, 1891–1958* in Aarau erschien ein schöner Bildband mit
   einer Parallelbiographie des *Kunstmalers* Ballmer.
12 „Ich weiß nicht, ob Ihnen zum Beispiel bekannt ist, dass Dr. Steiner
   einen strengen Unterschied machte zwischen solchen 'Schülern',
   die von ihm persönliche Anweisungen und Übungen bekamen,

auch der Grund, dass ausgerechnet diejenigen Anthroposophen an ihm vorbeisehen oder sich von ihm fernhalten, die ihre Selbständigkeit nur noch auf der Zungenspitze liegen haben. 1928-29 in Hamburg gibt er seine „Rudolf-Steiner-Blätter" heraus (es sind nur fünf Hefte erschienen) mit dem Ziel, Steiners Werk unter dem Zeichen der oben zitierten Formel vor den Prüfstand *philosophischer* und *wissenschaftlicher* Öffentlichkeit zu stellen. „Für mich steht es allerdings fest, dass das Werk Rudolf Steiners rettungslos dem Charakter einer bloßen Kuriosität verfallen müsste, gelänge nicht der Anschluss an die Bildungshöhe der Zeit." Der Versuch – im Grunde eine kompromisslose Herausforderung an die Hüter und Aufseher universitärer Gelehrsamkeit, die *Geisteswissenschaft* nach den höchsten akademisch-philosophischen Maßstäben, die im philosophiehistorischen Kontext wie auch auf die neueste Forschung anzulegen ist, zur Kenntnis zu nehmen – stieß auf Taubheit; gelang es nichtsdestotrotz, irgendjemand von den „*Verantwortlichen*" wütend zu machen, so ohne dass auf die Wut Gegenbeweise und Widerlegungen gefolgt wären. Fürwahr ein fabelhaftes (fabelmäßiges) Bild: Stieren werden rote Tücher vor der Nase geschwenkt, und Stiere weichen zurück, als hätten sie nichts bemerkt... Der Gefahr war übrigens nicht nur die *ideelle*, sondern auch die *faktische* Seite der Sache ausgesetzt: Man musste schon jegliches Gefühl der eigenen (philosophischen) Würde verloren haben, um auf die folgende Ungeheuerlichkeit mit keinem Wort zu reagieren: Der Autor der „Blätter" zitiert Max Schelers mit 1926 datierte Gedanken:[13]

    und zwischen solchen, die, beim besten Willen und bei reinster Ergebenheit – keine haben wollten." (Aus dem offenen Brief an Pfarrer Kurt Leese, veröffentlicht im ersten Heft der „Rudolf-Steiner-Blätter", Juli 1928.)

13 In Schelers postum veröffentlichtem Buch: „Mensch und Geschichte", Zürich 1929.

radikale, revolutionäre Empfehlungen, die die abendländische Philosophie aus der Sackgasse der Tradition herauszuführen beanspruchen. Parallel werden *dieselben* Gedanken aus Steiners frühesten Schriften zitiert, und zwar in einer weitaus radikaleren Form, was nur bedeutet, dass der Philosoph Steiner der Gegenwart um mehr als ein Vierteljahrhundert zuvorkommt; doch liegt die Pointe nicht einmal im Vorsprung selbst, sondern darin, dass Steiner da *anfängt*, wo Scheler *endet*: beim Exodus aus der Philosophie ins Bessere. Denn: Mit dem Exodus anfangen heißt, nicht nur *heraus-*, sondern auch *weiter* führen. 1926, ein Jahr nach Steiners Tod also, postuliert (selbstverständlich in einer anderen terminologischen Mimikry) der philosophische Anthropologe Scheler die *Unentbehrlichkeit einer anthroposophisch orientierten Geisteswissenschaft*. Scheler kam um mehr als dreißig Jahre zu spät; die letzten Gedanken des epochalen Philosophen Scheler (Scheler verstarb 1928) sind die *ersten* Gedanken des philosophischen Debütanten (damals noch des Studenten der Technischen Hochschule zu Wien) Steiner, der sein nicht vollendetes 22. Lebensjahr mit so einem *Vorspiel* zur künftigen Wissenschaft des Geistes gekennzeichnet hat. Zwar spricht man schon längst nicht mehr von philosophischem Gewissen, wo sich Philosophen das Schweigen abgewöhnen und das Verschweigen angewöhnen, doch scheinen sie nicht nur ihr Gewissen, sondern auch ihren philosophischen Ehrgeiz verloren zu haben. (Den Perspektiven *der* Geisteswissenschaft haben sie Heideggers agrare Mystik samt der nachfolgenden Degenerierung von „*Sophies Welt"* in allerlei Habermas und Derrida vorgezogen.) Es scheint ärgerlich und belustigend zugleich, dass sich das aggressive Desinteresse von Deutschlands philosophischer Öffentlichkeit gegenüber Ballmers *Debüt* durch ein alarmiertes Schnaufen der Anthroposophen ergänzte und verstärkte, die nicht im entferntesten einzusehen vermochten, worum es sich eigentlich gehandelt hat. War es doch auf jeden Fall leichter, mit den eigenen Wiederverkörperungen zu prahlen, als zu verstehen, dass *diese* Theosophie gerade da einsetzt, wo die Philosophie ihre Ohnmacht meditiert, und dass man sich zum GEIST nicht über den buddhobritischen Kindergarten, sondern in den unerhörten Dimensionen des *„Ereignisses Rudolf Steiner"* (das Schlüsselwort Ballmers) durchringt. Kein Wunder, dass Ballmers Anthroposophie in Dornach als „Anti-Anthroposophie"[14] bewertet, er aber durch die beiden Seiten boykottiert wird: durch Nichtanthroposophen, die ihn für einen Anthroposophen, und durch Anthroposophen, die ihn für einen Nichtanthroposophen halten. (Darin liegt wohl auch das Rätsel seiner *Unsichtbarkeit*: er ist deswegen für diese wie auch jene unsichtbar, weil er selbst weder dieser noch jener ist.) Die Rückkehr im Jahre 1938 in die Schweiz macht den Eindruck einer Auswanderung oder gar Verbannung in die Heimat; zunächst lebt er in Basel, ab 1941 aber siedelt er sich in Lamone bei Lugano an. „Es ist dem Schweizer versagt, kraft Volkszugehörigkeit in einem Verhältnis zur Wirklichkeit des Widerspruchs zu stehen; die Schweizer sind in Wirklichkeit Deutsche, Franzosen und Italiener. Der schweizerische Sozialismus ließ am gestrigen Sonntag seinen Parteivorstand in Zürich tagen und verbreitet in den heutigen Zeitungen durch die staatsoffiziöse Depe-

---

14 In: Heinrich Leiste, Anthroposophie und Anthroposophische Gesellschaft, Basel 1941, S. 193–221. Das Fazit der Kritik: Ballmer versucht „die Größe des Einen [Steiners – K. S.] dadurch zu betonen, dass er uns andere alle entsprechend degradiert." So eine Bertbrechtsche Anthroposophie, nach dem Modell: Der Historiker Mommsen hat tausend Seiten über Cäsar geschrieben, ohne Cäsars Koch auch nur einmal zu erwähnen. Fazit: Der Historiker Mommsen lobt Cäsar auf Kosten von Cäsars Koch. Dies an der Schwelle der Epoche der Köche, Köchinnen und „uns anderen allen", die zwar nichts kochen, dafür aber Bücher schreiben und Urteile fällen können.

schenagentur seine 'Stellungnahme zu Weltlage', – freundliche Nichtigkeiten, fern von der Nähe des Herrn der Wirklichkeit. Die schweizerischen Sozialisten leiden unter dem unbewussten Neid auf die deutschen Marxisten, die das Glück hatten, wenigstens 12 Jahre lang ihren Marxismus als Nationalsozialismus zu haben." Am 7. September 1958 stirbt Karl Ballmer in Lugano. Die Biographie dieser letzten zwanzig Lebensjahre ist durch ein beängstigendes Ungebundensein mit Existenzillusionen gekennzeichnet: an dem hier veröffentlichten Joyce-Fragment – einer Art Konjunktiv-Korrektur zu Joyce: Was hätte *Ulysses* sein können, wäre er nicht aus einer literarischen Einbildungstechnik, sondern aus dem *unmittelbar* gesehenen Alltag geschrieben worden, dessen Autoren die Verstorbenen, die handelnden Personen aber die noch Lebenden sind, – könnte man sich eine gewisse Vorstellung über Ballmers *Alltag* bilden, dem nun, nach der absoluten Entsagung jedweder Publizität, nichts übrig blieb, als sich ein schwieriges *savoir vivre* des Verstorbenen noch zu Lebzeiten, also vor Fristablauf, anzueignen: nicht die *Wissenschaft* des Todes, sondern dessen *Wirklichkeit*. Ballmers Inkognito ist nicht dasjenige einer einzelnen, äußerst außergewöhnlichen Persönlichkeit, sondern der *geistigen* Welt; es ist das Inkognito des Todes, der, sagt er einmal, Denker ist, und zwar ein solcher, dass das, was er denkt, auch *ist*. Hans Gessner, der einzige Freund und Augenzeuge dieses bewussten und kontrollierten Sterbens, der Treue und Ergebenheit bester Männer seiner Art verkörperte, erinnerte sich später: „Er, welcher befähigt war, im Geiste den *gegenwärtigen* Christus, den im ätherischen Gewand sich offenbarenden Christus – das lebendige Wesen Anthroposophie – zu schauen, er war weitgehend zum Verstummen verdammt. Ein Wort von ihm, das er, schon erkrankt, im Jahre 1957 aussprach, tönt mir noch im Ohr: 'Ich bin ja nicht existent.' In Bezug auf die 'Rudolf-Steiner-Blätter' lautete das Entsprechende:

'Es steht ja nichts drin.'" Man könnte im Geschehen, nachdem man Ballmer für sich einmal entdeckt hat, Ungerechtigkeit oder, nach Belieben, Notwendigkeit oder gar eine verpasste Chance mehr sehen. Wäre uns aber – über alles esoterische wie exoterische Geplauder hinaus – zugemessen worden, diesem gegenwärtigsten unter den Zeitgenossen, diesem *immer Zeitgenossen*, Gerechtigkeit widerfahren zu lassen, so ließe sich das zu Sagende in klaren und auf den Lippen ersterbenden Worten unterbringen: Wir wissen von Karl Ballmer so viel wie vom Tode.

Basel, den 30. März 2005

## Einige erläuternde Anmerkungen [15]

Man könnte die beiden in diesem Buch veröffentlichten Texte ohne besondere Erläuterungen und Erklärungen herausgeben, in der Annahme, dass der Verstehende ihrer nicht bedarf, sie dem Nichtverstehenden aber ohnehin keine Hilfe sind. Solcher Optimismus hat keinen Grund. Richtiger wäre es, zu sagen, dass ausgerechnet der Verstehende auf Erklärungen angewiesen ist: auf Nadeln nämlich, an denen seine aufgeblasenen Verständnis-Illusionen zerplatzen, ebenso aber auch der Nichtverstehende: um besser zu wissen, was er alles nicht weiß. Bei mir handelte es sich weniger um die Schwierigkeiten der Übersetzung als um diejenigen des Verständnisses, die sowohl für das Original als auch für die Übersetzung von gleicher Bedeutung sind. Es hätte beispielsweise keinen Sinn, dem deutschen Leser zu erklären, dass der Name Wyser ebenderselbe Weiser (Weisender), nur in der Schweizer Aussprache, ist. Dem russischen Leser hingegen wäre das zu erklären, damit er weiß, worüber er sich den Kopf zu zerbrechen hat. Doch traten die wirklichen Probleme erst bei den Textstellen hervor, die auch den deutschen Leser, wie auch jeden anderen, stutzig machten. Etwa beim Lesen des folgenden Satzes: „Ich war dem Nonno im Leben nicht begegnet, doch war er am 23. Februar des Jahres 1861 geboren." Dass der Autor selbst es für überflüssig hielt, diese, gelinde gesagt, seltsame Stilistik irgendwie klarzulegen, könnte zu Besonderheiten des Genres gezählt werden. Zitiert man denn auch respektvoll Joyce, der einmal schrieb, dass er so viele Rätsel in seinen Roman hineingeschmisst hat, dass es die Professoren jahrhundertelang in Streit darüber halten wird, was er wohl gemeint hat. Anders und ganz seltsam nimmt es sich aus, wenn man weiß, dass der angeführte Satz

---

15 Siehe oben, Fußnote 5 (S. 130).

eine Schlüsselbedeutung hat. Denn der genannte Nonno als Toter ist ein wirkliches *subjectum agens* des Ballmerschen *stream of consciousness*: der Geschehnisse also, die die „Pluralmenschen" allzugern und ohne den geringsten Grund ihrem eigenen Können anrechnen; in Ballmers Text ist der Nonno – Außenwelt, eigentlich ein Verstorbener als Organisator der „Werke und Tage" (in Wirklichkeit nur ein Helfer des Organisators, sprich: des Ersten Toten, dessen Körper die Welt materialiter, dessen Geist aber der Weltsinn ist), darunter auch des Dubliner Bloomsday, mit der Enträtselung von dessen Käferchen sich noch immer zahlreiche Fachleute abquälen – unter vollständiger Ausblendung des Elefanten. Dem Autor mag es zwar belieben, mit keinem Wort zu erwähnen, was die adversative Konjunktion „*doch*" im angeführten Satz („Ich war dem Nonno im Leben nicht begegnet, doch war er am 23. Februar des Jahres 1861 geboren") bedeutet, doch braucht kein Leser, und schon gar nicht der Übersetzer, falls er zufällig weiß, warum eben am „*23. Februar*" und eben „*1861*", dem Autor hier zu folgen. Zumal der Satz durch die Erklärung, die im Grunde nur eine Auskunft[16] ist, nicht nur nicht im geringsten klarer, sondern, ganz im Gegenteil, viel unklarer wird: die Erklärung löst nicht das Rätsel, sondern macht es rätselhafter, mit dem entscheidenden Unterschied allerdings, dass der Leser nunmehr klar und unmissverständlich weiß, wovon er vorher keine Ahnung hatte. Hierzu gehört auch die Geschichte der Entstehung des Textes. Das Fragment „Anknüpfend an eine Bemerkung über James Joyce"[17], das fast noch die einzige

---

16 Der 23. Februar ist der Geburtstag Ballmers, 1861 das Geburtsjahr Rudolf Steiners.

17 Den Titel habe ich in meiner russischen Übersetzung geändert in: „Lamone, 21. 2. 51" (Lamone – in der Toponymie des Textes verschlüsselt: Malone – ein Ort bei Lugano, wo Ballmer die letzten siebzehn Jahre seines Lebens verlebt hat). Den Titel „Anknüpfend

„*Literatur*"-Probe in Ballmers Nachlass zu sein scheint, ist ad hoc und offensichtlich nicht mit Absicht auf Publikation geschrieben worden, vielmehr als eine Heraufbeschwörung mehr des dem Eremiten Ballmer so nahestehenden Dämons des Zorns ... Auf der letzten Seite der Schreibmaschinenschrift, nach Ort und Datum, ist die Bemerkung über den Tod des 81jährigen André Gide in Klammern hinzugefügt mit dem Hinweis, dass der Verstorbene Novalis geliebt haben soll. Man könnte auch hier eine Verbindung mit dem Text mutmaßen, dessen Entstehen mit dem Ableben eines repräsentativen und lebensvollen Franzosen zusammenfiel, der Gerüchten zufolge den Deutschen Novalis liebte, der hinwiederum den Tod liebte, aber auch dies spricht doch nur dafür, dass der Autor, der sein Manuskript *so* hinterließ, unmöglich eine Publikation beabsichtigen könnte. Es war zweifelsohne auch diesem Fragment beschieden, unter den zahlreichen anderen im Archiv vergraben zu bleiben und zu warten, bis ein in sein Recht treten wollender Zufall erscheint. Als Anlass zum Schreiben soll Ballmer ein Zeitungsartikel gedient haben, in dem Joyce, der trotz (oder vielleicht dank) der langjährigen Ächtung bereits als Kultautor zu gelten begann, für unübertroffen, ja gar unübertrefflich erklärt wurde: ein Urteil, welches eine durch Freud, Einstein und Charlie Chaplin geprägte Zeit zu fällen beliebte. Ballmers herausfordernd winziger Text stellt (ohne eine Spur literarischer Ambition) eine *absolute Korrektur* zu gigantischem „Ulysses" dar; so steigt der Dirigent aufs Pult, um mit wenigen Schwingen des Taktstockes und an wenigen zufälligen Takten herauszufinden, was die *wirkliche* Musik bedeutet und wozu das Orchester fähig ist. Es kommt gar nicht darauf an, die geniale Meisterschaft von Joyce in Abrede zu stellen; was allein zur Frage steht, ist die *Verdorbenheit* seiner Ästhetik. Zieht sich

> an eine Bemerkung über James Joyce" habe ich als Untertitel bewahrt.

durch den tausendseitigen Dubliner Tag eine beeindruckende Belesenheit, die die armen ahnungslosen Banausen zwingt, mit homerischen Reminiszenzen zu spielen, so leuchtet doch ein, dass die Armen gar nicht ihr Banausenleben, wohl aber dasjenige ihres genialen Autors leben und ihre endlosen Bewusstseinsströme nicht auf eigene Faust ausbrechen lassen, sondern um die Leser zu quälen und Joyce-Philologen zu züchten. Die Verdorbenheit dieser Ästhetik rührt von ihrem Platonismus her; das Material dient hier dem vorgegebenen Thema, und der Autor macht dies derart unauffällig, dass den superklugen Kritikern nichts übrig bleibt, als ihn für unübertrefflich zu erklären. Die Ästhetik des Ballmerschen Fragments ist eine vollkommen andere: es ist kein *Ulysses* mehr, der sein Ithaca im Auftrag eines launischen Psychoanalytikers im katholischen Dublin sucht, sondern absoluter *Okkultismus* mit den Mitteln des elementaren Realismus, wo das Material – ohne jedwede Absicht und bar jedweder Ideen – derart organisiert wird, dass es sich wie *Idee* ausnimmt. Die Frage nach der Unübertroffenheit deckt sich also mit der nach dem *Veranstalter*: WER organisiert denn die Alltäglichkeit samt ihren Sammelsurien und Bewustseinsströmen – ganz gleich, ob in Dublin oder in Lamone? Bei Joyce ist es ein philosophisch gebasteltes *„Unbewusstes"*, welches er genial artikuliert, zumal nicht in fader Freudscher Eindimensionalität, sondern mit Jungschem Aufbruch in *„Kultur"* und *„Geschichte"*, sodass ein gewisser Bloom, am Schaufenster mit Textilien vorbeigehend, eine Arie aus Meyerbeers „Hugenotten" leise vorsingen *muss*, auf dass der Leser das Lesen unterbricht und im immensen Kommentar herumzuwühlen beginnt auf der Suche nach dem folgenden *„Lebkuchen"*: im Schaufenster ist die Seide, die Seide ist auf die Britischen Inseln von den Hugenotten geliefert worden, woraufhin das *„Unbewusste"* vor der Wahl steht, entweder auf die Widerrufung des Edikts von Nantes oder auf Meyerbeers

Wohlklänge zuzurollen, der die Oper „Die Hugenotten" geschrieben hat, welche Mr. Bloom, der momentan die Seide im Schaufenster zu Gesicht bekommt, einmal gehört hat, – ja, und wie könnte denn der Meister und Demiurg Joyce an einem solchen Leckerbissen vorbeigehen, die Arie in seinen Helden hineinzupfeifen, um diesen dann sie nachpfeifen zu lassen!...
Bei Ballmer hingegen lässt sich von einem „*Unbewussten*", ob nun einem privaten oder kollektiven, keine Spur finden; was es da einzig und allein gibt, sind die in seinem Bewusstsein, *als sein Bewusstsein* lebenden Verstorbenen, aus deren Liebe heraus (die zuweilen derart ungeschickt ist, dass es zu Unfällen führt) alle Blooms und Dedalus', samt ihren Autoren, Lesern und gelehrten Haruspizes geschehen. Schriftsteller in Ballmers Ästhetik ist kein Erdenker, sondern Vordenker; er ist nicht derart blind und blöd, dass er sich einbildet, Schöpfer da zu spielen, wo seine Aufgabe weitaus komplizierter ist, als alle sogenannten und selbsternannten „*Kreativen*" sich je erträumen könnten: sich, sein Innenleben von außen her als sprechende WELT in sich hereinkommen zu sehen und diese Weltsprache dann ins Deutsche zu übersetzen. (Ballmers Stil ist ebenso klar und durchsichtig wie literaturfrei; was in ihm besonders überrascht, ist nicht einmal die Kombination von *elegant* und *wahrhaftig*, sondern die Art, wie sie erreicht wird. Er spricht PRÄZISE, ohne sich auch nur im geringsten ums „*Literarische*" zu kümmern, und was sich als Eleganz und Wahrhaftigkeit ergibt, sind nur Derivate seiner Exaktheit; sein Verhältnis zur Sprache gemahnt an dasjenige Beethovens zu Geige und – Geigern: „*Glaubt er, dass ich an seine elende Geige denke, wenn der Geist zu mir spricht?*") Joyces monologisierter autoerotischer Bewusstseinssprache wird hier klipp und klar die Sprache der Welt (der Außenwelt!) entgegengestellt; die Welt aber (die Außenwelt!), ob in Dublin oder im schweizerischen Dorf, ob hinter der Maske der Alltäglichkeiten oder der

mathematischen Symbole, ist die Innenwelt der *Verstorbenen*, für die „*wir*", die wir noch leben, GELEGENHEITSZENTREN VON GESCHEHEN sind: Proben, Entwürfe, Skizzen, Einfälle, Provisorien, kurz: Versuchsgelände des Schöpfers in Seinem schmerzvollen und tragischen Werden, was Er schon in Ewigkeit ist. Das sieht man bereits an der Komposition des Textes, von der *Schürzung des Knotens* (ein nach Zürich gesandter Text zum Thema der Totenehrung mit dem beigelegten Bildnis eines lange verstorbenen Dichters – Frage) bis zur *Lösung* (die sich via Zufall offenbarende Notwendigkeit, zum Weg-„*Weiser*" eines mit dem Abendzug von Zürich angekommenen Herrn zu werden, auf seiner Suche nach *una signora Wyser* – Antwort). Dazwischenliegend: ein Stück virtuoses *andante con moto* nachtodlichen Verwandtwerdens mit dem sympathischen, beherzten Nonno, zu Ehren des 23. Februartages *und* des Jahres 1861... man kann hoffen, dass dem Leser (jetzt oder irgendwann) noch bevorsteht, die Frage nach „Unübertroffenheit" nicht aufgrund eines *citation index*, sondern mit Rücksicht auf die Anleitungen des ägyptischen „*Totenbuches*" zu lösen.

Der zweite von den beiden Texten, „Requiem", erschien im 4. Heft der „Schweizer Monatshefte" von Juli 1946. Die Bewandtnis mit der Publikation hat Ballmer selbst beschrieben: „Am 17. Juli 1945 verstarb in Zürich unerwartet der Philosoph und Ordinarius der Universität Zürich Eberhard Grisebach. [...] Durch diesen Tod eines Philosophen, der in seiner Person so etwas wie die Verkörperung der höchsten Fähigkeiten des deutschprotestantischen Geistes und des intellektuellen Gewissens seiner Epoche war, will die Weltleitung ein wenig den Schleier heben vom Weltgeheimnis der GESCHICHTE. Die Redaktionen der schweizerischen Zeitschriften ließen sich von der *malicia temporis* – Sommer 1945 – verboten sein, einen Nachruf auf Grisebach zu bringen. Entsprechende

Offerten wurden höflich verdankt und abgelehnt. Man musste versuchen, durch List dennoch dahin zu kommen, etwas zum Tode Grisebachs zu sagen. Der Grund, weshalb Grisebach im Sommer 1945 in Helvetien tabu sein musste, war nicht ohne weiteres recht zu verstehen. Er habe während des Krieges in der Zürcher deutschen Kolonie Vorträge gehalten. Ich neige zu der Annahme, Grisebach werde wohl *philosophische* Vorträge gehalten haben. [...] Wenn man die Seldwyler Tabusituation des Sommers 1945 gottesfürchtig als *Anregung* nahm und nun per List dennoch zum Worte kommen wollte, so hatte man sich vom Organ der katholischen Aktion 'Weltwoche' das Stichwort geben zu lassen." Was von Ballmer selbst auch getan wurde: unter dem Vorwand ebenderselben *malicia temporis*, die den Tod des Philosophen erst überschattet hat, um dann als Anstoß dazu zu dienen, dass über *diesen* Tod gesprochen wird. Eberhard Grisebach, der heute in Deutschland recht wenigen bekannt, in Russland aber, soweit zu sehen, gänzlich unbekannt ist, war einer der bedeutendsten deutschen Denker des letzten Weimarer und ersten Nach-Weimarer Jahrzehntes (er unterrichtete Philosophie, Psychologie und Pädagogik zunächst in Jena, dann aber ab 1931 und bis zu seinem Tod in Zürich). Die Unerbittlichkeit, mit der Grisebach metaphysische Spekulationen und dunkle gebieterische Suggestionen im Stil Heideggers zurückwies, ohne für die andere *akademische* Seite Partei zu ergreifen, bewirkte ein eigenartiges philosophisches Schicksal: Verständnis nicht bei Kollegen zu finden – der Rektor Heidegger beliebte es sogar, Grisebachs Buch „Gegenwart. Eine kritische Ethik" aus der Bibliothek des Freiburger Philosophischen Seminars zu verbannen –, sondern bei einem (zudem verfemten) Anthroposophen. Für Ballmer liegt im Fall Grisebachs und seines Zentralproblems: „*Was ist Wirklichkeit in Gegenwart?*" ein extremes Beispiel einer sich ihrer selbst nicht bewusst werdenden (nicht bewusst werden wollenden)

Verwandtschaft vor; das Buch „Gegenwart" gelangt an die *Schwelle*, von der an ein kompetentes Urteil im Ballmerschen Sinn erst möglich wird, und – es bleibt an der *Schwelle* stehen, gleichsam durch seine eigene *kritische* Mächtigkeit hypnotisiert, als hätte sich jemand, der *Wirklichkeit in Gegenwart* sucht und integer genug ist, um philosophischen, theologischen, wissenschaftlichen oder sonstigen Fallen zu entgehen, derartig mit kritischem Argwohn infiziert, dass ihm selbst die Wirklichkeit, deren Augenzeuge er ist, verdächtig erscheint. In ihm sind die freiesten Möglichkeiten des deutschen Geistes konzentriert, die er zwar erreicht, aber nicht freigelassen hat. Freigelassen werden sie erst durch den Tod des Philosophen, der *zufällig* mit der ersten Probe-Explosion der Atombombe zusammenfällt. Die folgende Erörterung Ballmers könnte, wie im Fall des Joyce-Fragments, unser Nichtverstehen etwas tiefer und nachdenklicher machen: „Der 17. Juli 1945 zeigt also ein *Außen* und ein *Innen*, das Außen ereignet sich als das Platzen der ersten Atombombe in USA, das *Innen* ist ein Vorgang auf dem Schauplatz 'Ich', wobei zu berücksichtigen ist, dass der Ich EINER und seine Menschenbrüder sein potentielles Können sind. Es handelt sich darum, dass bei dem an der Weltgeschichte Interessanten einem *Innen* ein gleichzeitiges *Außen* entspricht, ohne dass zwischen dem Innen und dem Außen ein Kausalverhältnis der Wechselwirkung besteht. Wechselwirkung geschieht nur im Atom [= Urmensch oder Gott – K.S.] selbst, sodass z.B. die Gegenwartshandlung des Atoms im 20. Jahrhundert die *Ursache* eines leeren Grabes im Jahre 33 ist, – und der werdende Atom als der aus dem Grabe des Jahres 33 Auferstehende die *Ursache* dafür, dass Thomas im 20. Jahrhundert das Denklicht als KÖRPER begreifen wollte. Am 17. Juli 1945 bestand das *Innen* in der Lebensvollendung einer menschlichen Individualität, in der die komprimiertesten Möglichkeiten des deutschen Geistes lebten, aber als kritische

Beargwöhnung oder Negation dieser Möglichkeiten. Als das *Außen* stand dem Grisebachschen *Innen* gegenüber: derselbe Weltvorgang, nämlich die äußerste Möglichkeit der Materie, in Verleugnung der guten Auswirkungsmöglichkeiten der Weltmaterie: also die erstexplodierende Atombombe."

*Was tun die toten Philosophen?* Interessant, dass ihnen diese Frage bei Lebzeiten nicht einfallen will. Sie ziehen es im großen und ganzen vor, den Tod – als solchen, aber auch ihren eigenen – mit Schweigen zu übergehen oder, wenigstens, sich mit Heideggers „*lyrischen Schwarzwäldchen*" (Ballmers Diktion) auszukommen. Alles wäre so, und fürwahr „*ce fut bizarre et Satan dut rire*"[18], würden sie selbst einmal nicht sterben und mit dem *Außen* ihres *Innen* Gesicht zu Gesicht bleiben müssen.

Basel, im März 2005

---

18 Verlaine, Poème saturnien.

# Eine verfußnotete Welt

## Zur Geschichte einer Nervenprobe

In dem monumentalen „System of Logic" von John Stuart Mill gibt es eine Fußnote, in welcher der aufgeklärte und vorwärtsdenkende Autor auf Gott zu sprechen kommt: der Positivismus, so Mill, schließt den Glauben an Gott ganz und gar nicht aus. Ein halbes Jahrhundert später hat der russische Querdenker Lev Schestov diese Stelle wie folgt kommentiert: „Der Schwerpunkt liegt nicht darin, dass er dies sagt, sondern darin, dass *Gott, dessen im Text des Buches nicht gedacht wird, in die Fußnote geraten ist.*" Diese treffsichere Bemerkung regt uns an, Goethes *„Das Was bedenke, mehr bedenke Wie"* etwas zu ergänzen und neben dem *Wie* auch das *Wo* zu bedenken. Denn bisweilen kommt es nicht darauf an, *was*, ja nicht einmal *wie*, sondern nur noch *wo* über etwas geredet wird. Fußnoten sprechen Bände, manche aber sind Zeitbomben, an deren Detonation stolze und beleibte Bücher in die Luft fliegen.

Karl Ballmers 1953 im Verlag Fornasella, Besazio erschienener „Briefwechsel über die motorischen Nerven" bleibt unter Anthroposophen auch heute noch fast völlig unbekannt.[19] Der äußere Grund dafür liegt auf der Hand: Lässt sich das lesende Publikum etwa in sogenannte Nichtanthroposophen beziehungsweise Anthroposophen einteilen, so kann man daraus mühelos erschließen, dass weder diese noch jene so ohne weiteres befähigt sind, dieses Buch durchzustehen. Nichtanthroposophen nicht, weil es ihnen zu anthroposophisch, und Anthroposophen nicht, weil es ihnen zu nichtanthroposophisch ist. Das

---

19 Die zweite erweiterte Neuausgabe mit reichlich Zusatzmaterial und Kommentar ist neulich bei Edition LGC erschienen (Zusatz von 2013).

Bemerkenswerte an dieser drolligen Dialektik ist wohl, dass Karl Ballmer schon deswegen weder von Anthroposophen noch von Nichtanthroposophen gelesen und verstanden werden kann, weil er selbst kein Anthroposoph, aber auch kein Nichtanthroposoph ist. Und so wäre er ob dieses logischen Vitiums *keiner* schlechthin, ein (zu Ehren Lessings) *Ich-bin-dieser-Niemand,* ja ein *Unsichtbarer,* allerdings nicht im puerilen versteckspielerischen Sinn, sondern so, wie es nur von den Dingen gilt, die man mit weit geschlossenen Augen zu sehen wähnt: ein Unsichtbarer bei hellem Tageslicht und in einer Welt, die (sagt so schön André Suarès) *„voll von Blinden mit offenen Augen"* ist. Noch einmal: Er ist *keiner,* sofern *alle* – Anthroposophen oder Nichtanthroposophen sind. *Keiner* ist *einer:* ein solcher, den es für diejenigen nicht gibt, die ihn zwar anglotzen, aber nicht sehen. Hans Gessner, der treue Freund, Genosse unter Eid, bezeugt: „Ein Wort von ihm, das er, schon erkrankt, im Jahre 1957 aussprach, tönt mir noch im Ohr: 'Ich bin ja nicht existent.'" Für uns, die wir bei Worten durch Worte hindurch und über Worte hinweg hören, kommt es darauf an, wie *wörtlich* wir dieses Zeugnis aufzufassen vermögen. Ist Karl Ballmer nicht existent, so in genau demselben Sinn, wie nur die Geistwelt nicht existent ist. *Sehen Sie? – Nein, ich sehe nicht.* Unverblümter: *Ich sehe nichts.* Nichts? Im Nachhall des deutschen Philosophieraumes seit Meister Eckhart erklingt dies als: *das Nichts.* Nicht also fahrlässig-keck: *Ich sehe nichts,* sondern deutsch-theosophisch: *ich sehe das Nichts.* Gott, Geist, Tod *ist* dieses Nichts, nichts als das Nichts. Ballmer resümiert: Das NICHT DER WELT. Oder umfassender: Gott als DER EXISTIERENDE NICHT SEINES KÖRPERLICHEN MENSCHEN ... Als Akademiker, der seinen Grips am intellektuellen Larifari von allerlei Derrida und Dingsda anzustrengen pflegt, steht man unter Schock. Man hält es für unter seiner professoralen Würde, über dieses

Delirium auch nur ein Wort zu verlieren. Wie um alles in der Welt sollten wir auch über den dies und so Denkenden *nicht* hinwegsehen müssen, und wenn wir auch das Signum *Anthroposoph* trügen! (Randbemerkung: Anthroposoph ist a potiori jener Nichtanthroposoph, der sich Anthroposoph nennt.) Also, man wehrt sich gegen diesen *Niemand* lediglich dadurch, dass man ihn nicht sieht. Dies besagt allerdings nicht nur eine Augenschwäche, sondern vor allem einen *Willensdefekt*. Man sieht ihn nicht, weil man ihn nicht sehen *will*. Sichtbar kann er uns erst werden, wenn wir ihm die eigene Seelensubstanz zur Verfügung stellen, will sagen: wenn uns das nie Dagewesene seiner Gedanken zum *Organ* wird, durch welches wir Dinge der Welt neu gewahren lernen. Weil dies aber schwierig ist, derart schwierig, dass wir, um ihm beizukommen, das von uns in Jahrzehnten gespeicherte Eigenkapital an Wissen und Meinen einsargen müssen, fassen wir nun den Entschluss, ihn entweder *nicht* zu sehen oder, falls gesehen, für *verrückt* und *unmöglich* zu erklären.

 *„Sehr geehrter Herr Dr. Poppelbaum! Ich würde es begrüßen, wenn Sie Ihre Autorität einsetzen wollten, um zu verhindern, dass R. ST. unnötig vor der wissenschaftlichen Öffentlichkeit kompromittiert wird. Meine Toleranzmaxime ist: Jeder Anthroposoph hat das Recht, sich vor Rudolf Steiner so gut zu blamieren als er kann. Dagegen sollte angestrebt werden, nicht auch Rudolf Steiner zu blamieren."* Und an den Blamierer selbst: *„Sehr geehrter Herr Dr. Kienle! Zur vorläufigen Präzisierung meiner Annahme, dass Ihre Verlautbarung über die motorischen Nerven den Wissenschaftsernst Rudolf Steiners verhöhnt, das Folgende: Sie sagen, es obliege den motorischen Nerven, die Organe zu finden, damit der Wille weiß, wo er eingreifen kann. Dieser Gedanke ist ein Blödsinn. Und nun behaupten Sie, Rudolf Steiner habe als erster diesen Blödsinn ausgesprochen. Wenn Ihnen der*

*Ausdruck 'Blödsinn' nicht passt, so kann ich nur bedauern, dass ich einen treffenderen Ausdruck nicht zur Verfügung habe."*

Man sieht, die Sorge um die Leser ist nicht im geringsten die dieses Buches, das sich unverschleiert so gebärdet, als hätte es überhaupt keine Leser gegeben oder – im Indikativ – weil es sie gerade nicht gibt. Aber auch die abwesenden Leser scheinen ja unterschiedlich zu sein. Einmal sind es nichtanthroposophische, einmal aber anthroposophische Nichtleser. Schlimm auf jeden Fall ist es, wenn Ballmers *Briefwechsel* ausgerechnet von letzteren nicht gelesen wird. Zumal sich auch unter letzteren zwischen *schlimm* und *schlimmer* unterscheiden lässt, je nach Fachrichtung, Interesse oder Geneigtheit, sich auf diverse Themen zu spezialisieren. Man wird im Fall eines anthroposophischen Sprachgestalters oder Historikers zwar bedauern, ihm aber kaum verdenken, dass er kein Interesse für ein Buch mit dem etwas seltsamen Titel *Briefwechsel über die motorischen Nerven* aufbringt. Hingegen wird man es schon für schlimm genug halten müssen, wenn dieses Buch von einem Anthroposophen außer acht gelassen wird, der Physiologe oder Arzt ist. Zu wählen wäre hier dann klipp und klar zwischen Unwissenheit und Gewissenlosigkeit: zwischen einem nichtsahnenden Schweigen also und einem vorbedachten Verschweigen. Dass die *motorischen Nerven* kein separates Sonderthema, sondern ein *Zentralthema der Anthroposophie* sind, an dem niemand vorbeizielen darf, der nicht seine Chance versäumen will, *wirklich* Anthroposoph zu werden, kann einem erst klar werden, wenn man den Mut hat, sein akademisches und sonstiges Paradies am Buche *Briefwechsel über die motorischen Nerven* zu verlieren und sich zu einem Eintritt in die Hölle des Bewusstseins zu gratulieren.

Schlimmer als Unwissenheit ist also Verheimlichung, doch noch schlimmer als Verheimlichung ist ... *Erwähnung*, falls es nebenbei und nur so obenhin erwähnt wird. Dr. med. L. F. C. Mees („Wie sich der Mensch bewegt. Das Problem der motorischen Nerven", Verlag Die Pforte, Basel 1989) scheint von Ballmer nichts gehört zu haben; im knappen Literaturverzeichnis zu seinem völlig danebengreifenden Büchlein finden wir den Namen ... Saint-Exupérys („Der kleine Prinz"), nicht aber denjenigen des Autors von *Briefwechsel*. Dem letzteren begegnen wir dafür aber im doppelten Sammelband „Die menschliche Nervenorganisation und die soziale Frage" (herausgegeben von Wolfgang Schad); für Karl Ballmer wird hier genau so viel Platz freigehalten, wie es gerade erforderlich ist, um der unzulässigen *Art* seiner Polemik zu gedenken – und ihm beiläufig den eigenen Wirrwarr anzudichten. Schad: „Karl Ballmer hat schon 1953 darauf hingewiesen, dass die anthroposophische Auflichtung des Doppelaspektes des Ich die sinnvolle Grundlage für die Lösung der psychologischen Problematik der sogenannten motorischen Nerven ist. Nur hatte er sein Anliegen in einer solchen Polemik vorgebracht, dass das Gesprächsfeld vergällt war." Dass das Gesprächsfeld auch aus anderen, wesentlicheren Gründen vergällt werden könnte, scheint dem Interpreten Schad nicht einfallen zu wollen. Zum Beispiel an einem Satz wie dem oben zitierten: „*Die anthroposophische Auflichtung des Doppelaspektes des Ich ist die sinnvolle Grundlage für die Lösung der psychologischen Problematik der sogenannten motorischen Nerven.*" Schad wiederholt hier den gleichen Coup wie Kienle: Deutete jener seinen Unsinn in Rudolf Steiner hinein, so schreibt dieser seinen Unsinn Ballmer zu. Man nehme nur den angeführten Satz unter die Lupe, und man gebe jede Hoffnung auf, darin etwas anderes zu finden als einen gefransten gelehrten Dadaismus. Was will denn „*die psychologische Problematik der sogenannten motori-*

*schen Nerven*" anderes besagen als das „*ea ee ee ea ee*"[20] der hartgesottenen Bajazzos des Cabaret Voltaire! Wenn sie zumal durch „*die anthroposophische Auflichtung des Doppelaspektes des Ich sinnvoll gelöst*" ist! Daraus mögen nun die beiden anthroposophischen Teufel klug werden, ist es doch längst kein Geheimnis mehr, dass selbst dem Höllenfürsten im Beisein von Akademikern speiübel wird. Beachtenswert, wie sie es bei alledem noch fertigbringen, Mimosen und Rührmichnichtan zu spielen. Behängen sie Gott und Welt mit ihrem Blech, so ist alles in schönster Ordnung, solange das Blech leise klappert, vor allem aber die „*Kollegen*" nicht kratzt. Doch haben sie es eilig, das Gesprächsfeld für vergällt zu erklären, falls jemand ihren Unsinn als *Unsinn* bezeichnet, und dies offenbar aus dem Grund tut, dass es unsinnig wäre, Unsinn anders denn als Unsinn zu bezeichnen. Die zartbesaiteten Gondischapuriden scheinen in ihrer Verletzbarkeit nicht ad notam nehmen zu wollen, dass höher als das Ehrgefühl der Unsinn-Produzenten die *Sache selbst* ist, die sie unsinnig machen... Mir liegt eine Biographie vor, in der ein Anthroposoph den Lebensgang eines anderen Anthroposophen beneidenswert akribisch reproduziert. Wodurch unterscheidet sich denn eine anthroposophische Biographie von einer nichtanthroposophischen? Doch wohl dadurch, dass sich die letztere nur auf die Zeit zwischen Geburt und Tod beschränkt, während die erstere mit dem Tod nicht aufhört, wo nicht gar – in manchen Fällen – allererst beginnt. Für einen anthroposophischen Biographen besteht somit keine Veranlassung, sich *rowohlts monographien* zum Vorbild zu nehmen. „Weil[21] „Leben" im Sinne der Geisteswissenschaft *prinzipiell* „Leben nach dem Tod" ist." Die anthroposophische *vita*, die mir vorliegt, ist die Gerhard Kienles, des Mannes also, an den Ballmers Briefe (mit Durchschlag an Hermann

20 Aus Tristan Tzaras „Poèmes nègres".
21 So Ballmer („Elf Briefe über Wiederverkörperung").

Poppelbaum) adressiert sind. Man könnte denken, dies wäre nun eine geglückte Gelegenheit, über das Sprungbrett Kienle bei Karl Ballmer anzukommen. Diese von Peter Selg verfasste Biographie besticht durch ihre Monumentalität. Die Anzahl der Seiten beläuft sich auf mehr als achthundert im Engdruck. Beinahe soviel hat seinerzeit der Logiker Mill für seine „Logik" oder der Philosoph Hans Vaihinger für seinen Kommentar zu Kants *Kritik der reinen Vernunft* (genauer, zu deren ersten siebzig Seiten) oder der Literaturkritiker Georg Brandes für sein *Shakespeare*-Buch benötigt... Kennzeichnend, dass dem Verfasser des achtunggebietenden Kienle-Wälzers der Name *Karl Ballmer* nicht unbekannt blieb. Wir finden ihn in einer informativen Fußnote unter der Nummer 303, und wir erwehren uns vergebens des seltsamen Alarmgefühls, bei einem Ereignis zugegen zu sein, das in der Astrophysik als *Gravitationskollaps* bezeichnet wird und dessen Ergebnis ein sogenanntes *schwarzes Loch* ist. Nicht anders nimmt sich auch die Fußnote 303 gegenüber dem übrigen riesigen Text aus, den sie einsaugt und in sich verschwinden lässt:

„Der Schweizer Anthroposoph *Karl Ballmer* hatte sich am 17.12.1952 erstmals schriftlich an Poppelbaum gewandt, und diesen dazu aufgefordert, gegen Kienles Manuskript vorzugehen, um zu verhindern, 'dass R.ST. [Rudolf Steiner] unnötig vor der wissenschaftlichen Öffentlichkeit kompromittiert' werde (Karl Ballmer, *Briefwechsel über die motorischen Nerven*, Besazio 1953, S.5). Kienle habe zwar in seiner Arbeit auf das Werk *Von Seelenrätseln* von Rudolf Steiner hingewiesen, jedoch dessen Aussagen bezüglich des Nervenproblems in keiner Weise verstanden ('Hat der Mann schon einmal seine Nase in das genannte Buch gesteckt, vielleicht auch nur in das Inhaltsverzeichnis mit den Kapitelüberschriften?' ebd., S.7), ja nicht einmal die Steinersche Problemstellung – 'die den gesamten Universitätsplunder tief unter sich lässt' (ebd.) – in ersten Ansätzen zur Kenntnis genommen. Weiter hieß es bei Ballmer: 'Der Inhalt der Arbeit Kienles beweist denn auch, was herauskommen muss, wenn man den *Unernst* gegenüber R. ST. zur Arbeitsmaxime macht: die Arbeit ist sowohl vom akademischen wie vom anthroposophischen Gesichtspunkt aus ein indiskutabler Schmarren. [...] Es ist wirklich nicht[s] damit getan, dass man so ein bisschen von Weizsäcker abschreibt und anthroposophische Fransen dranhängt.' (Ebd., S. 7 f.) Poppelbaum leitete Ballmers Briefe daraufhin an Kienle weiter, was Ballmer unerfreut zur Kenntnis nahm ('Wenn ein Vater den Klassenlehrer seines Sohnes brieflich um autoritäres Eingreifen bei diesem oder jenem Verhalten des Herrn Söhnchens ersucht, wird der Klassenlehrer in der Regel den Vaterbrief nicht dem Sohne im Originaltext vorlegen.' Ebd., S. 11), um dann jedoch Kienle seinerseits neun Briefe [acht; der neunte Brief, der mehr als die Hälfte des Buches umfasst, „wurde unter Voraussetzung der Möglichkeit geschrieben, dass Herr Dr. Kienle auf meine acht Briefe hin ein Zeichen kundtun könne. Ein solches Zeichen erfolgte nicht. Der Brief nach Tübingen fand den Weg zur Post nicht." – K. S.] in täglicher Folge (!) und wachsender Länge zuzusenden, stets mit Durchschlag nach Dornach. Offensichtlich zu Ballmers Erstaunen antwortete Gerhard Kienle lediglich einmalig und – so Ballmer – 'ungemütlich' ('Sein Brief enthält keinerlei Bezugnahme auf wissenschaftliche Sachfragen und widmet sich ausschließlich dem Problem einer moralischen Diagnose und Therapie meiner Person.' Ebd., S. 25). Seine *eigenen* Briefe, deren interessante Inhaltlichkeit unter einem Wust von emotional-aggressiven Tiraden und Ausfällen und einer egozentrisch-selbstverliebten Rhetorik unterging, ließ Ballmer daraufhin noch im selben Jahr unter dem absurden Titel *Briefwechsel über die motorischen Nerven* in der Schweiz drucken."

Bei dieser Stellungnahme sticht zweierlei ins Auge. Sicherlich besagt sie einen erkennbaren Fortschritt in der anthroposophischen Urbarmachung der *terra incognita* Ballmer. Zwar wird der Urheber des *Briefwechsels* auch hier keines besseren Platzes als einer Fußnote für würdig erachtet. Doch lassen sich auch Fußnoten nach Prioritäten unterscheiden. Sind nämlich alle Fußnoten in ihrer literarischen Subsidiarität gleich, so nimmt sich *ebendiese* Fußnote als gleicher aus, und zwar nicht nur im Negativen (als *"schwarzes Loch"*), sondern auch positiv. Wohnt man doch einem Fortschritt im Schneckentempo bei, mit dem hier vom Nichtwissen über schlampiges Drumrumkommen zur Anerkennung der (na so was!) *"interessanten Inhaltlichkeit"* vorgerückt wird! Selgs Apodiktum, der Titel des Buches sei *absurd*, wirkt spannend, wenn man weiß, dass Ballmer nachdrücklich darauf insistierte, das Buch unter dem Titel *Briefwechsel* zu veröffentlichen: „Der Nerv der Angelegenheit kommt im Titel zum Ausdruck, der einen Brief-*Wechsel* anzeigt." Ballmers *neun* Briefe, von denen acht an Kienle *und* Poppelbaum gerichtet sind, außerdem seine Metaphrasen der *drei* an ihn adressierten Briefe, sind ja in der Tat ein Brief*wechsel*, den er *veranlasst* und der erst mit dem *neunten* unbeförderten Brief aufhört. Briefwechsel heißt: Achtmal wird den beiden sachverständigen Adressaten die Chance geboten, Gesicht zu wahren und sich sachlich, nicht ausweichend oder persönlich, auf die leidige Frage einzulassen. Dass sie die Chance verpasst haben, ändert nichts am *Faktum* des Briefwechsels. Ihre drei erbärmlichen Antworten, nicht einmal wert, im Originalton wiedergegeben zu werden, besagen ein *Karma*. Selg scheint nicht berücksichtigt zu haben, dass es Worte gibt, derer sich ein Autor ob ihrer Reversibilität äußerst präzise und bedächtig zu bedienen hätte. Trifft ein Glückspilz-Wort wie *absurd* einmal nicht sein Ziel, so schlägt es sinngemäß zurück. – – Auch Selgs *Objektivitätssinn* scheint das gleiche Riff angefahren zu haben wie der seines Titelhelden. Man weiß, dass Gerhard Kienle, der *agent provocateur* der Ballmerschen Briefe und ihr *zufälliger* Adressat, sie inhaltlich unbeantwortet an sich vorbei ließ. Man kann dafürhalten, dass wenn über *solche* Briefe hinweggesehen wird, dies lediglich, weil man ihnen schlicht und einfach nicht gewachsen ist. Es wäre weniger als Realität, aber mehr als Wunschbild, den jungen anthroposophischen Arzt Kienle einem *Neuanfang* seines Karma gegenüber dankerfüllt zu sehen, welches ihm durch die fahrlässige Ratlosigkeit Poppelbaums vergönnt hat, zum Empfänger *dieser* Briefe zu werden. Lag dies doch nicht in Ballmers Intention, an ihn direkt zu schreiben, und zwar deswegen nicht, weil die Unfähigkeit des jungen Akademikers, sich auf *diese* Gedanken-Welle einzustellen, mehr als zu mutmaßen war. Das einzige, womit er klar gekommen zu sein scheint, war der ehrenrührige Ton des Autors, das also, wodurch (mit Schads Worten) „das Gesprächsfeld vergällt war." Der Gedanke, dass es unmöglich im Sinne des Briefschreibers sein könnte, ihn *persönlich* zu kränken, durfte ihm ganz und gar nicht durch den Kopf schießen. Offensichtlich hielt der Autor Kienle seine Person für belangvoller als die Sache, um die es ging. Der gleichen Gesinnung scheint aber auch Selg zu sein. Selg spricht von der „*interessanten Inhaltlichkeit*" der Briefe, die „*unter einem Wust von emotional-aggressiven Tiraden und Ausfällen und einer egozentrisch-selbstverliebten Rhetorik unterging.*" Der Passus ist erklärungsbedürftig. Was heißt *unterging*? Wie kann etwas Interessantes überhaupt *untergehen*? Entweder sieht man vor lauter Wust von Tiraden etc. nichts Interessantes – oder aber man sieht es *nichtsdestotrotz*. Die Frage ist nun, was ist *interessanter*: die Sache, um die es geht, oder doch die Person des Gelehrten. Sollte es die Person (zudem eine anthroposophische) sein, dann ist nicht das Gesprächsfeld, sondern wohl der „*Eid des Hippokrates*" vergällt.

Der jeweiligen Person bleibt nichts übrig, als abzuwarten, bis ihr der Wert der *Sache* brennender wird als die eigenen Verletzlichkeiten. Wie aber, wenn man sich als Gelehrter (und Anthroposoph) *persönlich* völlig uninteressant ist! Wenn „*nur die Ideen* interessant sind, die man kämpfen lässt" (aus Ballmers Brief an Pfarrer Neuenschwander vom 14.12.1947)! Dann spielt man bei Gott nicht Galanterie und Manierlichkeit, und man lässt sich nicht im geringsten von der *Sache* abhalten. Unter Mathematikern soll der gute Ton überhaupt eine Rarität sein, sofern Mathematiker Mathematisches kämpfen lassen: das ist eine weitaus belegbare Tatsache, die weder zu tadeln noch zu billigen, sondern lediglich zur Kenntnis zu nehmen ist. Was hätten wir für eine Mathematik gehabt, wenn ihre „*interessanten Inhaltlichkeiten*" unter Tiraden und Ausfällen der sie darstellenden Mathematiker für *untergegangen* erklärt worden wären! Apropos: Es soll bereits für eine starke Arglosigkeit *in psychologicis* sprechen, hinter Ballmerscher Diktion nur *Emotionalität* und *Aggressivität*, geschweige denn eine *egozentrisch-selbstverliebte Rhetorik* zu empfinden. War Ballmer wirklich emotional und aggressiv, so nie und keinesfalls im Sinne eines bürgerlichen Verhaltenskodex. Courtoisie und Zuvorkommenheit sind gut bei Parties und Festessen, nicht aber unter Bergsteigern, Minenräumern oder Geistforschern, wo die geringste schlampige Bewegung, ob nun des Körpers oder des Gedankens, lebensgefährlich sein kann. (Selg scheint die Eigenheit nicht bemerken zu wollen, mit der sich bei ihm Kienles verletztes Selbstgefühl wiederholt. Auch nach einem halben Jahrhundert noch haut er in die gleiche Kerbe wie sein Protagonist: Statt auf *interessante Inhaltlichkeiten* Bezug zu nehmen, wirft er sich akademisch in die Brust: „*dir werd' ich's schon noch zeigen*"!) – Fazit: Selgs Kienle-Buch ist monumental. Man schaut den Wälzer an, und man – verstummt. Und so wird man zweifelsohne des Ausrutschers nicht ansichtig, den der Autor in keiner Neuausgabe mehr, nicht einmal durch Neubearbeitung wegzubekommen vermag. Des Ausrutschers nämlich, dass sich auf vielen hunderten Seiten eines Akademiker-Lebenslaufes für das Zentralereignis seines Lebens, die *Begegnung* mit Karl Ballmer, nur in einer (abkanzelnden) Fußnote Raum fand.[22]

Die anthroposophischen Akademiker mögen kopfstehen, das Physiologie-Kapitel mit der Überschrift *Die motorischen Nerven* ist dennoch ein Spiegel, aus dem sie ebenjener Esel anstarrt, der sich in einer mittelalterlichen Parabel Ruhm und Unsterblichkeit erwarb: *asinus Buridani inter duo prata*. Zwischen der *„wahnsinnig gewordenen Physiologie der Gegenwart"* (Rudolf Steiner) und der *Theosophie des Goetheanismus*. Sind sie nun der letzteren nicht gewachsen, so müssen sie eben sich gedulden und abwarten lernen; der Doktorhut der Universität ist vor dem Tore der Theosophie ohne weiteres abzunehmen. Man steht wohl doch nicht mit einem Bein an der Startlinie, wenn man mit dem anderen im Morast feststeckt. Entweder gibt es die motorischen Nerven (heute heißen sie *efferente*, offenbar ob des Umstandes, dass je mehr gefremdwörtelt werde, es sich desto wissenschaftlicher ausnehme), und zwar ganz im hergebrachten Sinn, oder *es gibt sie eben nicht*, dann aber ganz im Sinn der Anthroposophie. *„Sehr geehrter Herr*

---

22 Ich möchte noch einmal die Gelegenheit wahrnehmen, auf Peter Wysslings neuerschienenes Buch „Rudolf Steiners Kampf gegen die motorischen Nerven. Das Schicksal einer Weltanschauungsentscheidung in Karl Ballmer und Gerhard Kienle" zu verweisen (s. o. S. 128, Fußnote 4). Gegenüber den hier betrachteten Fällen wäre dieses fünfhundert Seiten starke Buch, das, außer dass es den Wert einer erstrangigen theoretischen Studie hat, auch ein Geschehen (im Ballmerschen Sinn) ist, eine „entfußnotete Welt" zu nennen (Zusatz von 2013).

*Dr. Kienle! Es gibt keine motorischen Nerven."* Ergo ist die Physiologie, die sie bejaht, *wahnsinnig*. Oder, widrigenfalls, ist es – Anthroposophie. Zwischen diesen beiden Heuhaufen hat der junge Arzt und Anthroposoph Kienle *a limine* die Wahl zu treffen. Eingedenk des folgenden Verhörs aus einem Roman Dostojewskis: *"Iwan, sage mir, gibt es Gott oder gibt es keinen? – Nein, es gibt keinen Gott. – Aljoscha, gibt es Gott? – Ja, es gibt Gott."* Will man nun als Physiologe sein Glück auch *in anthroposophicis* versuchen, so kann man es nur, wenn man *eine* der beiden Türen hinter sich schließt. Man *wird* als Mediziner Anthroposoph, wenn man zum schulmedizinischen Wahnsinn genauso steht wie die Schulmedizin zur Kurpfuscherei. Kann man es nicht, so tut man gut daran, wenn man lieber bei seinem Vollwahnsinn bleibt als bei dem halbierten. Ballmers Ton, von dem Poppelbaum meint, er sei „schwer zu verkraften", ist weder Emotionalität noch Aggressivität – nur noch ein Antiseptikum in Anbetracht des intellektuellen Infektes und der Unfähigkeit der Akademiker, sich der *Tatsache* bewusst zu werden, dass das Kapitel *die motorischen Nerven* kein anthroposophisches Sonderthema ist, sondern das, womit die Anthroposophie *als solche* steht und fällt: „Mein individuelles Schicksal im Studium des Werkes und der Person Rudolf Steiners seit 1917 trug mir auf, anthroposophischen Medizinern zu offenbaren, dass sie nicht den Schimmer einer Ahnung davon haben, dass und wie die These R. St's: 'es gibt keine ‹motorischen› Nerven' der Angelpunkt seiner Gesamtweltanschauung ist."

*Quid ergo Athenis et Hierosolymis? Quid academiae et ecclesiae?* Zu deutsch und unter Abänderung des zu Ändernden: Was gibt es Gemeinsames zwischen Akademie und Anthroposophie? (Zwischenbemerkung: Akademie ist heute, was zu Tertullians Zeiten Kirche, ecclesia, war. Die mathematische Naturwissenschaft nennt Goethe einmal das *„andere Papst-*

*tum"*, und Ernst Mach spricht von der *„Physik-Kirche".* Anthroposophie hingegen ist heute – als Kulturimpuls, Wissensdrang –, was zu Tertullians Zeiten academia war.) Die Antwort der Anthroposophie ist genauso apodiktisch wie die der Akademie: Nichts Gemeinsames. Mit dem Unterschied allerdings, dass Akademiker diesbezüglich mehr Realitäts- und Ehrgefühl ans Licht zu bringen vermögen als Anthroposophen. Die Universität lässt sich von ihrer Höhe nie und nimmer herab, um einen (wie es heute heißt) Dialog mit Anthroposophie zu führen. Dagegen macht es einen scheußlichen Eindruck, wenn anthroposophischerseits unentwegt versucht wird, der Universität Wohlwollen abzulocken. Wie wäre es um einen Physiker bestellt, dem auch nach Galilei daran gelegen gewesen wäre, sich bei scholastischen Universitätsfossilien anzubiedern! Solche Physiker gibt es nicht, und wenn, dann sind es eben keine. Es fragt sich nicht, ob es solche Anthroposophen gibt, die keine sind; es fragt sich nur, ob es auch *andere* gibt, und wären sie auch im Verhältnis etwa von eins zu tausend oder gar zehntausend. Gibt es sie, dann nicht anders als im Element der Kompromisslosigkeit, ohne welche das Geistesleben dahinsiecht und verendet. Zum besseren Verständnis des Gesagten gilt es, den folgenden Brief noch einmal zu lesen:

„K. B. an Dr. Kienle am 25. Februar 1953, Durchschlag an Dr. Poppelbaum.

Sehr geehrter Herr Dr. Kienle!

Es gibt keine motorischen Nerven!
Ein Unterschied zwischen der akademischen Auffassung und der Anschauung Rudolf Steiners über die Rolle des Nervensystems bei der Eigenbewegung des Menschen besteht in dem Folgenden:

Die akademische Physiologie nimmt an, dass eine Bewegung *erst dann* erfolge, wenn vom Gehirn aus ein Reiz zum Muskel geht. R. ST. kennzeichnet diese Annahme nicht nur als falsch, sondern er spricht ihretwegen von der 'wahnsinnig gewordenen Physiologie der Gegenwart' (am 23. Januar 1914, Zykl. 33, 4, 14).

Hinter der falschen akademischen Anschauung steckt die von den Griechen an das Abendland vererbte irrtümliche Meinung, das Ich (der Wille) sei so etwas wie die Entelechie des Menschenkörpers bei beliebigen Einzelmenschen. Dieser verhängnisvolle Erbirrtum konnte bisher von der anthroposophischen Bewegung noch nicht ausgerottet werden. – Als Rudolf Steiner in Bologna 1911 die erkenntnistheoretische Stellung seiner Theosophie erklärte, zeigte er, dass das Ich, sehr im Gegensatze zur landläufigen akademischen Vorstellung, bei den wahrgenommenen äußeren Dingen der Welt ist und von außen her als Wille wirkt. Zum Exempel: Wenn Rudolf Steiner 6000 Vorträge hielt, so war in jedem einzelnen Vortrage sein Ich draußen bei den Zuhörern, und kam als der Wille, der in den Sprechbewegungen wirkte, von außen her auf ihn zu.

Das Willensleben (R. Steiners) hat sein materielles Korrelat, im Gegensatze zum *Vorstellungsleben*, nicht im Gehirn. In der Fragenbeantwortung des letzten Vortrages über 'Proben über die Beziehungen der Geisteswissenschaft zu den einzelnen Fachwissenschaften' in Stuttgart am 15. Januar 1921 sagte R. ST.:

'... man kommt dazu, zu sehen, wie der Wille durchaus nicht verstanden werden kann, wenn man ihn in demselben Verhältnis zur Materialität nimmt, wie man z. B. die Vorstellungen im Verhältnis zur Materialität nimmt. Man lernt in der Betrachtung des Willens dann etwas kennen, was im wesentlichen geistig angeschaut werden muss. Während das Vorstellungsleben wirklich im materiellen Zusammenhang ganz darinnen steht, während für die Vorstellungsstrukturen durchaus parallelgehend die Gehirnstrukturen aufgewiesen werden können, kann man das für das Willensleben nicht in derselben Weise. Man muss allerdings, wenn man die materiellen Korrelate finden will, Stoffwechselvorgänge suchen, aber man wird zu ganz anderen Erkenntnissen geführt, die dann hinaufleiten zu geistiger Anschauung.'

Man sollte einsehen, dass die motorischen Nerven von Leuten erfunden worden sind, die den Willen im gleichen Verhältnis zur Materialität dachten wie das Vorstellungsleben. Du Bois-Reymond z. B. sagt klassisch in dem Vortrage 1851 'Über tierische Bewegung', darin er die Theorie der Empfindungsfäden und Bewegungsfäden entfaltet: 'Der Sitz des Willens ist einzig das Gehirn.' Von dieser Vorstellung her können dann die motorischen Nerven als den Willen repräsentierend angesehen werden.

In der Arbeit Kienles treten die klassischen motorischen Nerven in leichter Maskierung auf. Es macht einen geringen Unterschied, ob die motorischen Nerven die Körperbewegung *auslösen*, oder ob sie in der Weise als Vertreter des Willens auftreten, dass sie für den Willen die Stellen im Körper finden, an denen der Wille eingreifen kann. Auch nach dieser Ansicht Kienles erfolgt die Bewegung *erst dann*, wenn die Stelle gefunden ist, wo der Ich-Geist eingreifen kann.

Die akademische Physiologie ist im Rechte, wenn sie den Menschen vorzüglich als *Gehirnwesen* betrachtet. Die Theosophie Rudolf Steiners betrachtet den Menschen außerdem als *Geist-Wesen*. Die Theosophie setzt an die Stelle der Dichotomie (Körper und Entelechie des Körpers) die Einsicht, dass Körpermensch und SEELE das gleiche sind, nur von zwei Seiten betrachtet. Die Seele der Meier und Müller gibt es insofern, als der göttliche KÖRPER sich ihnen als SEELE, d.h. in diesem Falle: als das in drei Hüllen gegliederte Wohnhaus, zur Verfügung stellt, damit sie in dem göttlichen Wohnhaus Ich-Erlebnisse haben können. Mit ihren Ich-Erlebnissen sind die Meier und Müller nach zwei Seiten hin abhängig; sie sind abhängig vom physischen Leibe, der ihnen die Sinneswahrnehmungen produziert, und sie sind abhängig vom Geiste, aus dem sie den Sinn ihres Daseins erfahren können. – An die Stelle der akademischen Dichotomie tritt die theosophische Trichotomie des Menschen.

Dass es keine motorischen Nerven gibt, diese Lehre kann erst in dem Momente zum Thema des anthroposophischen Akademikers werden, wenn man schon angefangen hat, die Bologna-These, dass das Ich in Wahrheit außen bei den wahrgenommenen Dingen ist, *ernst zu nehmen.*

Hochachtungsvoll K. B."

*La fidelité des clercs.* Am 13. November 1982, einige Monate vor seinem Tod, sprach Gerhard Kienle, kein anthroposophischer Neuling mehr, vielmehr eine anthroposophisch anerkannte Fachgröße, über *das* Versagen gegenüber Rudolf Steiner. So man will, kann man Kienles letzte Gedanken als einen verspäteten Reflex der Briefe aus Lamone auffassen, die er vor Jahren bekommen und unbeantwortet liegen zu lassen beliebt hatte. Man hätte sich schon in Schweigen zu hüllen, wenn man in ein und derselben Person einen Akademiker sieht und einen Pönitenten hört – am Vorabend ihres herannahenden Umzugs in jenes Land, in dem sich akademisches Wissen wie des Kaisers neue Kleider ausnimmt. Diese *belebende Ohnmacht* des vormaligen Versagers Kienle, im Angesicht des Todes, gehört (inhärent, wenngleich als Appendix) zu Ballmers Buch – es hat dreier Jahrzehnte bedurft, bis sich der erbitterte Hochschullehrer endlich doch zu einer Antwort – zum *Bruchstück* einer Antwort – auf acht unerwidert gebliebene

Briefe eines derweil Verstorbenen erkühnte. Jetzt endlich war es an der Zeit, den schwer zu verkraftenden Ton (im Grunde nur ein Reagens der eigenen Eitelkeit) in der Fassung des *Todes* zu verkraften. Es wäre schief, den *Briefwechsel über die motorischen Nerven* als ein Buch zu lesen. Das Buch ist hier nichts als *Form*, durch die sich ein zweischneidiges Mysterium bewerkstelligt: einmal mit Bezug auf das, womit die ganze Anthroposophie steht und fällt, und einmal als persönliche Aufforderung zu einem *künftigen* Gespräch. Kienles verspätete, doch immerhin erfolgte *Antwort* – im Grunde nur noch eine Anmeldung zu Lehrjahren *post mortem* – hellt es nachträglich auf, weshalb dem Verfasser der Briefe so stark daran lag, sein Buch mit dem Titel *Briefwechsel* zu versehen.

Aus Gerhard Kienles Referat vom 13. November 1982 (abgedruckt unter dem Titel „Anthroposophisch-medizinische Forschung und Öffentlichkeit" in den „Mitteilungen aus der Anthroposophischen Arbeit in Deutschland", Nr. 143, Ostern 1983):

„Inwiefern betreiben wir denn selbst Opposition gegen Rudolf Steiner? […] Es gibt noch viele Rätsel, die gelöst werden müssen. Es heißt doch, dass man sich prüfen muss, ob nicht alles, was man selbst gemacht hat, vom Grundsatz her falsch ist. Diese Seelenprüfung rüttelt an den Grundfesten unseres Selbstbewusstseins. Wie kann man das Infragestellen aller eigenen Leistungen ohne Resignation ertragen? Rudolf Steiner verlangt, dass man die Erkenntnislage der naturwissenschaftlichen Medizin durchschaut, die Irrtümer aufdeckt und neue Konzepte entwickelt. Diese Leistungen zu erbringen, übersteigt den Rahmen unserer Persönlichkeit, man müsste ja Galilei, Paracelsus, Helmholtz und Virchow in einer Person sein. Aber genau dies – und noch mehr – erwartet Rudolf Steiner. Wer die Verhältnisse nüchtern anblickt, sieht sich in einer Zerreißprobe. Lebt man das aus, was man als gewordene Persönlichkeit eben kann, dann gerät man in Opposition zu Rudolf Steiner, folgt man ihm, muss man über sich hinauswachsen – aber wie? [...] Anthroposophisch-medizinische Forschung und das richtige Vertreten in der Öffentlichkeit gelingt uns doch wohl nur, soweit wir unter Aufbietung aller Anstrengungen die Grenzen unserer Persönlichkeit durchbrechen und den Verhältnissen etwas abringen, was eigentlich nicht geht.[...] Aus diesen Erwägungen wäre die Konsequenz zu ziehen, dass wir dann, wenn wir meinen, Goetheanismus zu betreiben, die „Grundlinien der Erkenntnistheorie der Goetheschen Weltanschauung" zur Hand nehmen und damit unser eigenes Vorgehen überprüfen, und dass wir dann, wenn wir wissenschaftlich nicht erfolgreich sind und uns in der Welt nicht durchsetzen, die Hinweise Rudolf Steiners nehmen, um unseren eigenen Widerspruch zu ihm aufzudecken. Vielleicht gelingt es uns so, in der Forschung und in der Öffentlichkeit fruchtbar zu werden".

Was einem das Leben vergällt hat und was deshalb aufs Eis zu legen war, erwies sich plötzlich im Nachtodlichen als Erbarmen und Gnade.

Basel, den 30. Mai 2004

## Karl Ballmer [23]

Der Biographie Karl Ballmers kann schwerlich mehr an äußeren Tatsachen abgerungen werden, als es die Notwendigkeiten seiner geistigen Existenz erfordern. Geboren am 23. Februar 1891 in Aarau (Schweiz). 1909 bis 1911 Studium an der Kunstgewerbeschule Basel, danach an der Kunstakademie München. 1915 beim Pressebüro des eidgenössischen Armeestabes in Bern, verschiedene journalistische Tätigkeiten. Diesen Lebensabschnitt (von 1914 bis 1918) wird er später als „die schwerste andauernde Selbstvernichtungskrise, mit tödlichen Eingriffen und Attentaten auf die physisch-leibliche Existenz" bezeichnen, ausgelöst durch „die Verzweiflung, der menschlichen Existenz, so wie ich sie damals empfinden musste, überhaupt einen tragenden Sinn abzugewinnen". Im Herbst 1918 persönliche Begegnung mit Rudolf Steiner: „Es ist buchstäblich wahr, dass ich Rudolf Steiner meine gegenwärtige *Existenz* verdanke, und es ist mein heiliger Wille, meine ganze Substanz an die Verantwortung für das Werk und Wirken Rudolf Steiners einzusetzen. Dies der Sinn meines Karma." (Brief an Marie Steiner vom 2. September 1932). 1918-1920 in Dornach, Mitarbeit am Bau des ersten Goetheanums; im Oktober 1920 auf Einladung Rudolf Steiners drei Vorträge über Kunst im Rahmen des ersten Hochschulkurses im Goetheanum. Übersiedlung nach Deutschland (Heidenheim, München, Stuttgart, Berlin, zuletzt Hamburg), Studium der Werke Rudolf Steiners, wie auch autodidaktisch der Philosophie, Theologie und Naturwissenschaften: „Aus allem, was ich in Dornach erlebte, musste sich mir das allerintensivste Bedürfnis ergeben, durch die Erwerbung eines umfassenden Fundus an Wissen auf philosophischen und sonstigen wissenschaftlichen Gebieten

23 In: Anthroposophie im 20. Jahrhundert, hrsg. v. Bodo von Plato, Dornach, Verlag am Goetheanum 2003.

mir die zureichenden Grundlagen zu verschaffen für eine absolut selbständige Beurteilung der von Dr. Steiner aufgerollten Erkenntnis- und Wissenschaftsprobleme." 1928-29 Autor und Herausgeber der „Rudolf-Steiner-Blätter" (eines ursprünglich als „Ahrimans-Spiegel" begonnenen Projekts mit dem Ziel, der Anthroposophie den „Anschluss an die Bildungshöhe der Zeit" zu gewährleisten). Gleichzeitig als Kunstmaler, u. a. als Mitglied der Hamburger Sezession mit Ausstellungen in Hamburg, Lübeck, Bielefeld tätig. 1936 Berufsverbot als Maler durch die Reichskunstkammer. 1938 Rückkehr in die Schweiz; seit 1941 als „Kunstmaler und Privatgelehrter" in Lamone (Tessin). Karl Ballmer stirbt am 7. September 1958 in Lugano.

Den Schlüssel zur Ballmerschen Anthroposophie findet man in der These Rudolf Steiners (Einleitung zu Goethes „Sprüche in Prosa"), dass die Gedanken eines anderen nicht als solche, sondern als Verkünder seiner Individualität anzusehen seien. Von hier aus erschließt sich uns Steiners Werk in dem Ausmaß als authentisch, in dem wir es als Verkünder der Individualität seines Schöpfers aufzufassen vermögen. Ballmers Formel dafür ist: *„Das Ereignis Rudolf Steiner"* – Anthroposophie als Offenbarer Mensch, der sich des Inhaltes seines realisierten Ich als der *geistigen Welt* bewusst wird. Weil das Denken in der Evolutionslehre des Goetheanismus „das letzte Glied in der Reihenfolge der Prozesse, die die Natur bilden" (R. Steiner), darstellt und erkenntnistheoretisch *voraussetzungslos* ist, spitzt sich die Frage zunächst darauf zu, es nicht nur theoretisch für möglich zu halten, sondern auch *faktisch* zu gewahren. Ein solches Denken findet Ballmer in der „Philosophie der Freiheit", die er als „Analyse des Christus-Bewusstseins" charakterisiert, allerdings ohne jedweden Bezug zum historischen Christentum, sondern ganz aus der Eigenverantwortlichkeit ihrer eigenen Intuitionen heraus, welch letztere sie mit Notwendigkeit an den

Christusnamen anknüpfen will. *"Das Ereignis Rudolf Steiner"* meint mithin das Können des Menschen Rudolf Steiner, sein in der „Philosophie der Freiheit" erschlossenes intuitives Denken persönlich als moralische Phantasien zu handhaben, deren eine, frei als Karma gewollte und pädagogisch verwirklichte, unter dem technischen Ausdruck „Theosophie" (Anthroposophie) zu seinem Lebenswerk werden sollte. Eine Rezeption der Anthroposophie als bloße Lehre, reduziert auf Tradition oder Theorie, wäre somit verfehlt und widersinnig. Ballmer: „Ich huldigte einem Wahn, wollte ich glauben, das Studium der Anthroposophie betreiben zu können ohne verantwortliches Darinnenstehen in dem 'Ereignis'." Dieses verantwortliche Darinnenstehen bezeichnet er als „Karma-Orientierung der Erkenntnistheorie", indem er die schwierige Frage *unseres* Anthroposophischwerdens erörtert und beantwortet. Wir haben nach Ballmer nicht die geringsten Aussichten, Anthroposoph zu werden, solange wir uns vor Steiners Werk wie vor eine Theorie hinstellen, in der Absicht, diese nach Belieben „kreativ" zu ergänzen, zu modernisieren oder gar weiter zu entwickeln, als wären wir bereits vollumfänglich „Mensch", nach Maßgabe der Erkenntnis- und Handlungskriterien der „Philosophie der Freiheit", und darin Rudolf Steiner ebenbürtig. Anthroposoph können wir aber erst dann werden, wenn wir das Erkenntnisproblem nicht mehr bloß theoretisch, sondern *karmisch* auffassen und die Erkenntnisleistung Rudolf Steiners, die an und für sich voraussetzungslos ist, als faktische Voraussetzung *unseres* Anthroposophischwerdens wissen. Anthroposophie als Ideenbewegung schlägt solchermaßen in eine Schicksalsbewegung um: Entstehe ich in meinem gegenwärtigen Dasein jeden Augenblick an dem, was von außen auf mich zukommt (Karma), so ist es entscheidend, ob unter dem, was da auf mich zukommt, auch anthroposophische Gedanken sind. Gehe ich an diesen nicht ahnungslos vorbei, dann habe ich die Gnade, an den Gedanken eines anderen, der die *„Bestimmung des Menschen"* an sich selbst realisiert hat, als Ich und Mensch zu erstehen. Mit anderen Worten, ich empfange dann als Schüler der Anthroposophie von dem anthroposophischen Lehrer nicht Begriffe, sondern Mich-Selbst. – Bemerkenswerterweise wurde Ballmers 1941 erschienene Schrift „A. E. Biedermann heute!", in der die angeführten Gedanken ihren prägnantesten Ausdruck fanden, gleich nach dem Erscheinen von H. Leiste in Dornach schriftlich für „Anti-Anthroposophie" erklärt, was die Verbannung der Auflage aus dem anthroposophischen Sortiment und das Totschweigen des Namens Karl Ballmers in offiziellen anthroposophischen Periodika zur Folge hatte.

Basel, 20. August 2003

# Zwei Anhänge

## Permanenz der Auferstehung

### Skizzenhaftes [24]

Rudolf Steiners Lebenswerk, dem er den Namen *Anthroposophie* gab, wurzelt nicht in irgendeiner – christlichen oder unchristlichen – esoterischen Tradition, sondern restlos in seiner „Philosophie der Freiheit". Die letztere wiederum, das Werk des 33-jährigen, hat ihren *erkenntnistheoretischen* Ursprung im Buche „Wahrheit und Wissenschaft". Dieser Zusammenhang ist für den Studenten der Anthroposophie von entscheidender Bedeutung. Fragt sich nur, ob und inwiefern er fähig ist, damit umzugehen. Etwa beim Lesen der sogenannten *„Zyklen"*, die man, falls ihre *Grundlage* nicht in den beiden genannten Büchern erkannt wird, gemeinhin okkult *„erklärt"* und dadurch einfach entwichtigt. Es wäre schief und von irreparablen Folgen, wenn wir nur die Ergebnisse der Anthroposophie aufnähmen, nicht aber auch die Art, wie diese gewonnen werden. Ist Anthroposophie ein *Erkenntnisweg*, so schlägt man diesen Weg erst ein, wenn man weiß, um was für eine *Erkenntnisart* es sich dabei handelt.

Die in „Wahrheit und Wissenschaft" aufgestellte Erkenntnis ist *voraussetzungslos*. Dass dies kein Novum war, sondern auf der erkenntnistheoretischen Agenda stand, davon zeugen mehrere Versuche damaliger Philosophen, am prägnantesten wohl diejenigen *Johannes Rehmkes* und *Edmund Husserls*. Man war sich weitgehend im klaren darüber, dass ein Erkennen im strengen Sinne *keines* ist, wenn ihm Voraussetzungen zugrunde liegen, die selbst nicht aus dem Erkennen stammen. Es konnte

---

24 „Das Goetheanum" 19/2007.

nur eine *Grundlagenkrisis* der abendländischen Philosophie resultieren, nachdem sich diese der Kette ihrer Voraussetzungen – theologischer, wie weiland, oder naturwissenschaftlicher, wie später, oder gar kunterbunter, wie aktuell – bewusst geworden war. Im ausgehenden 19. Jahrhundert spitzte sich die Krisis aufs äußerste zu. Zur Frage (als Dilemma) stand die Zukunft der Philosophie: Entweder würde sie von ihren Voraussetzungen loskommen und frei und souverän sein. Oder sie würde sich in ihrem eigenen Netz verstricken und *Erkenntniswege* gegen *Holzwege* austauschen.

Die in „Wahrheit und Wissenschaft" (Kap. 4) gewonnene Voraussetzungslosigkeit ist zwar theoretisch einwandfrei, sie wird aber keineswegs nur begrifflich und spekulativ zur Geltung gebracht. Hier wäre wohl der tiefere Grund des Scheiterns der Versuche von Rehmke oder Husserl zu sehen, die dieser philosophisch *gänzlich* neuen Aufgabe mit traditionellen Mitteln beikommen zu können glaubten. Husserls Radikalismus der Suche nach dem Ursprung, so resolut er sich auch ausnimmt, wird alsbald hinfällig, da die von ihm geforderte Radix nicht über den infertilen Boden cartesianischer Rationalität hinauswächst. In ihren Bemühungen, die Voraussetzungen wegzubekommen, beschrieben die Philosophen einen Kreis und kamen von der anderen Seite zu den Voraussetzungen zurück. Das letzte Wort schien dem bissigen *Leonard Nelson* und seiner Rede von der *Unmöglichkeit der Erkenntnistheorie* zu gehören. Der Grund lag auf der Hand. Erkenntnistheorie sei unmöglich, weil es keine Erkenntnis gebe. Mit anderen Worten: Was man Erkenntnis nennt, entpuppt sich bei näherer Prüfung als Politik des Geistes, dem vor lauter Satzungen, Setzungen und Sitzungen entgeht, dass es da doch auch noch eine *Welt* gibt, und dass er ihretwegen und nicht bloß seinetwegen da ist.

Rudolf Steiners voraussetzungslose Erkenntnis bricht in seiner „Philosophie der Freiheit" auf zweifache Art auf. Sie ist

*Wissenschaft der Freiheit,* und sie ist *Wirklichkeit der Freiheit.* Dieses zweite wäre zweifelsohne ein Kuriosum geblieben, wäre die hier gemeinte *Wirklichkeit* nur konzipiert (wie etwa der Weltgeist bei Hegel), nicht aber auch *verwirklicht* worden. Es war *Eduard von Hartmann,* der den Fall in seinen Randnotizen zur „Philosophie der Freiheit" restlos auseinander genommen hat. Steiners Einstellung qualifiziert Hartmann als *Phänomenalismus,* der „mit unausweichlicher Konsequenz zum Solipsismus, absoluten Illusionismus und Agnostizismus führt". So nahm es sich aus der Perspektive des Jahres 1894 aus. Zehn Jahre später hat sich herausgestellt, dass dieser angebliche Phänomenalismus nicht zum Solipsismus, absoluten Illusionismus und Agnostizismus, sondern zur *Einführung in übersinnliche Welterkenntnis und Menschenbestimmung* führt.

Eine andere, schwer zu fassende Überraschung war – das Christentum. Man weiß, wie stark die Begeisterung des Autors der „Philosophie der Freiheit" für die *Antichristen* Nietzsche und Stirner war. Man weiß aber auch, welche Bedeutung er in seinem ganzen Werk dem Thema *Christus* zumaß. Wir stehen hier vor einem beängstigenden Dilemma: Kann man etwas verschmähen und es zugleich bejahen? Als einzig plausible Annahme scheint sich aufzudrängen, Steiner wäre später geworden, was er früher nicht war, nämlich: ein Christ. Diese Deutung ist so abgeschmackt wie absurd. Steiner wird nicht müde zu wiederholen, die Geisteswissenschaft als Quelle des *Christus-Impulses* beruhe auf der „Philosophie der Freiheit". Unsere geläufige Logik hätte Alarm zu schlagen, angesichts eines Christentums, dessen Bejahung die Begeisterung für Nietzsches „Antichrist" und Stirners „Einzigen" zugrunde liegt. Und so bliebe uns denn nur übrig, entweder auf den Fall wie auf eine Mine zu treten oder schlicht über ihn hinwegzusehen. Letzteres wäre wohl als anthroposophisches *Happy end* einzustufen. Im

Dornacher Vortrag vom 7. Mai 1922 nennt Rudolf Steiner seine „Philosophie der Freiheit" *„die christlichste der Philosophien"*. Fragt sich, wie viele wenige dies als inkompatibel empfinden und – aufschaudern, während die anderen, vielen, gedeihlich auf ihrem Weg voranzugehen wähnen, ohne zu bemerken, dass sie nur auf der Stelle gehen.

In Anbetracht der *wenigen* ließe sich weiter fragen: Wie kann eine Philosophie als *christlich*, zudem im Superlativ, bezeichnet werden, wo doch zugleich vom Christus ausgesprochen abschätzig geschwiegen wird? Diese Frage rührt jedoch von einer falschen Optik her. Der Christus der „Philosophie der Freiheit" ist gegenwärtig und Gegenwart. Also nicht mehr unter der Kuratel der arroganten Kirchen, sondern frei und zukunftsreich. Christus *als* Gegenwart ist die Permanenz des Auferstehungsjahres 33. Sollte dieses Jahr auch als Vergangenheit in Betracht kommen, so nur als *Wirkung* einer späteren *Ursache*. Der Christus aufersteht nicht jedes Jahr einmal zu Ostern, um gehörig gefeiert und gleich wieder begraben zu werden. Die Auferstehung ist ununterbrochen da oder sie ist gar nicht. Bequemer, im Sinne eines *Verweile doch, du bist so schön*-Andenkens *ad usum theologorum*, kann man es weder als Christ noch als Nichtchrist haben.

Des Christus Gegenwart ist sein Wiedererscheinen im Ätherischen. Es war nach zwei Jahrtausenden des Glaubens damit zu rechnen, dass der christliche Gott einmal auf Besseres setzen würde. Er will jetzt nicht mehr bloß geglaubt, sondern *verstanden* werden. Offensichtlich liegt der Schlüssel zum Verständnis im *Ätherischen*. Ätherleib heißt geisteswissenschaftlich auch *Lebensleib, Zeitleib, Gedankenleib*. Leben deckt sich in ihm nicht mit irgendeinem (biologischen oder mystischen) *élan vital*, sondern mit – Denken. Auf die Frage: Was ist Leben?, antwortet der Ätherleib: Denken. Die Gedanken, die im physischen Leib (Raumesleib) wie Fliegen im Bernstein sind, summen im Ätherleib wie im Bienenstock. Ort des Geschehens ist das Bewusstsein. Das Wiedererscheinen des Christus im Ätherischen vollzieht sich somit nicht mehr im physischen Raumesleib, wie einmal in Palästina, sondern im Bewusstsein.

Das Einzigartige an *diesem* Bewusstsein ist, dass es kein Unbewusstes kennt, und zwar deswegen nicht, weil es just in dem Ausmaß *ist*, in dem es *gedacht* und *erkannt* wird. Und dies in einer Zeit, deren *„geistige Welt"* nur in einer „Philosophie des Unbewussten" hat hindurchhalten können. Hartmanns Reaktion ist beeindruckend. Sein Gott musste sich im Unbewussten beherbergen lassen, nachdem sich im Bewusstsein kein Platz für ihn gefunden hatte. Dass dies *wörtlich* zu verstehen ist, davon zeugt ein späterer Vortrag Rudolf Steiners (London, 2. Mai 1913), in dem vom *„Auslöschen des Christus-Bewusstseins"* die Rede ist. Hartmanns Philosophie des Unbewussten ist eine direkte Beschreibung dieses Auslöschens – *„nach induktiv-naturwissenschaftlicher Methode"*. Aus dieser tief empfundenen Tatsache heraus kann Hartmann nicht umhin, Steiners Freiheitsphilosophie als Unphilosophie zu bewerten. Dazu Steiner (Brief an Vincenz Knauer vom 15. November 1893): „Ich stehe in dem denkbar schärfsten Gegensatze zu Ed. von Hartmann." Entscheidend bei dieser von der deutschen Philosophie überhörten Kontroverse war, dass sie sich keinesfalls theoretisch, nur *faktisch* lösen ließ. An der folgenden Frage nämlich: Ist ein Bewusstsein *de facto* möglich, dessen Inbegriff und Inhalt das Hartmannsche Unbewusste wäre?

*Summa summarum*: Der Unterschied der *Voraussetzungslosigkeit* Steiners etwa zu derjenigen Husserls ist, dass sie kein bloßer Begriff, sondern eine *Fähigkeit* ist. Fähigkeit heißt: Mensch. Kein Mensch-als-Begriff wiederum, sondern ein Faktischer. Man sieht dies besonders klar, wenn man den Übergang von der „Philosophie der Freiheit" (1894) zur „Theosophie" (1904) in der kleinen Abhandlung „Der Egoismus in der Philosophie" (1899) erkennt. In diesem formvollendeten Vademecum der abendländischen Philosophiegeschichte wird klar, was sich die Philosophen zu allen Zeiten nicht einmal im Traum haben einfallen lassen, nämlich: dass, was sie lehren und als Ideenwelt jenseits der Dinge vorhanden glauben, ihre Innenwelt, ihre inneren Erlebnisse, die Verkündung ihrer Individualität ist.

Die *Voraussetzungslosigkeit der Erkenntnis* lässt sich auch ins Theosophische übertragen. Dort heißt sie: *karmafrei*. In der Christologie der Geisteswissenschaft vollzieht sich das Christus-Mysterium in einem *karmafreien* Körper, den sich die Christus-Wesenheit als Sitz und Bleibe während dreier Jahre gewählt hat. Es war die Leiblichkeit des Menschen Jesus, in dessen *„Voraussetzungslosigkeit"* (= Befreitsein vom Karma) die Möglichkeit lag, dass der Logos physisch Mensch werden konnte. Dass der Logos Mensch geworden ist, darüber beliebten die (Philo-)Logiker von platonistisch-aristotelischem Schrot und Korn einhellig hinwegzusehen. Offensichtlich war es ihnen lieber, dem Logos in Papierform als in Fleisch und Blut zu begegnen. Auch in der Philosophenwelt hallte das Geschrei der Menge in Kaiphas Hof wider. Meister des Begriffs, nehmen sie sich im Beisein seiner Epiphanie auch heute noch verständnislos aus. *„Siehe, euer Haus soll euch wüst gelassen werden"*.

Gleichwie der Christus eines karmafreien Leibes bedurfte, um *physisch* erscheinen zu können, so bedarf er auch eines entsprechenden Leibes für sein Wiedererscheinen im Ätherischen. Dieser andere Leib ist ein *gekonnter* Gedankenleib. Gekonnt heißt: voraussetzungslos. Mit anderen Worten: fähig, die Dinge nicht in der (Karma-)Kette des vormals Gedachten, sondern in ihrer Gegenwart zu denken, sodass „die Wahrheit nicht, wie man gewöhnlich annimmt, die ideelle Abspiegelung von irgendeinem Realen ist, sondern ein *freies* Erzeugnis des Menschengeistes, das überhaupt nirgends existierte, wenn wir es nicht selbst hervorbrächten" („Wahrheit und Wissenschaft", Vorrede). Dieser gekonnte Ätherleib ist morphologisch gleich einem gekonnten Physischen Leib des Jahres 33. Klar und erschöpfend: Rudolf Steiners *Erkennen* verhält sich im Ätherischen (Gedanklichen) zur Christus-Wesenheit, wie sich der Leib des Jesus zur Christus-Wesenheit im Physischen verhielt.

Im Beobachten und Denken dieses Erkenntnis-Mysteriums des Menschen Rudolf Steiner liegt das Karma *unseres* Anthroposophischwerdens.

Basel, 8. März 2007

# Antwort auf einen Leser-Brief [25]

*Die Tatsache Denken*

Offensichtlich erfordert die *„einfache Frage"* zunächst eine ebenso einfache Antwort: *Im Geiste*. Auch wenn die weitere Erörterung nicht so einfach bleiben kann, soll sie doch mindestens möglichst *klar* sein.

Eine nicht ganz einfache, aber klare Antwort auf die gestellte Frage bedarf nun wiederum eines kurzen philosophiegeschichtlichen Exkurses.

„Von den Göttern ein Geschenk an das Geschlecht der Menschen", sagt Plato (Philebos, 16c), „so schätze ich die Gabe, im Vielen das Eine zu erblicken." Es war für die Philosophiegeschichte von unermesslicher Bedeutung, dass hier *erblicken*, und nicht *denken*, zu lesen ist. Im späteren, kantianistisch genehmigten Duktus tritt das Gegenteil in sein Recht: Hier erblickt man eben das Viele (= das Einzelne, Besondere), während man das Eine (= Wesen, Begriff) *nur denkt*. Nichts bringt dies schärfer ans Licht als das klassische Goethe-Schillersche Klingenkreuzen. Die Urpflanze (das Eine im Vielen) ist, so Schiller, nicht zum Sehen, sondern zum Denken da. Dass Goethe sie sieht, mag ein Ausnahmefall sein; ausschlaggebend bleibt aber, dass er es rational weder erklären noch begründen kann.

---

[25] „Das Goetheanum" 25/2007. Der Brief besteht aus den zitierten letzten Sätzen des vorigen Artikels: „Rudolf Steiners Erkennen verhält sich im Ätherischen (Gedanklichen) zur Christus-Wesenheit, wie sich der Leib des Jesus zur Christus-Wesenheit im Physischen verhält. Im Beobachten und Denken dieses Erkenntnis-Mysteriums des Menschen Rudolf Steiner liegt das Karma unseres Anthroposophischwerdens", und der Frage: „Ich möchte die einfache Frage an Sie stellen: Wie kann man das beobachten?"

... *„Wie kann man das beobachten?"* Mir ist klar, dass ich, um wissen zu können, *wie* ich beobachten kann, zuerst wissen muss, *was*. Spreche ich vom *Erkenntnis-Mysterium Rudolf Steiners*, so mag dies keine Antwort, sondern nur eine Intensivierung der Frage sein. Ja, *was* ist eigentlich das Erkenntnis-Mysterium Rudolf Steiners? Ehe ich mir nun zumute, auf diese *letzte* Frage einzugehen, werfe ich eine weitere, vorbereitende Frage auf: *Was kann man denn überhaupt beobachten?* An dieser Frage lernen wir (historisch, wie auch persönlich) die Bekanntschaft des Intellektualismus zu machen.

Intellektualismus ist nicht, dass uns die Welt entzweit vorkommt, als Anschauung und als Begriff, sondern dass wir uns (bewusst oder unbewusst) an den Grundsatz halten: Anschauungen ohne Begriffe sind blind (= konkret), Begriffe ohne Anschauungen sind leer (= abstrakt). Nun, was man beobachten kann, ist eben das Konkrete (das Viele). Das Abstrakte (das Eine) denkt man lediglich. Beispiel: Wir sagen, wir sind im Wald. Naiv, wie wir sind, meinen wir, dass wir den Wald sehen. Dann gewährt uns der Intellekt seinen Schutz und Beistand, indem er uns weismacht, dass wir nicht den Wald, sondern nur Bäume sehen. Wald ist ein Begriff und kann mithin nur gedacht werden. Konform mit Kant: Bäume ohne Wald sind blind, Wald ohne Bäume ist leer. Erkennen heißt demzufolge, das Blinde mit dem Leeren zu multiplizieren.

Es leuchtet ein, dass die einzige Möglichkeit, diese Groteske zu vermeiden, darin besteht, das sogenannte Abstrakte aufs Konkrete zu bringen. Die Grenze zwischen Beobachten- und Nichtbeobachten-Können ist eben jene zwischen *konkret* und *abstrakt*. Konkret sind die *Tatsachen*, abstrakt die Begriffe. Ein hübscher *circulus vitiosus*, wo sich das Denken, das allein über *Konkretes* und *Abstraktes* zu entscheiden vermag, das dubiose Privileg zuteilt, unter das Abstrakte subsumiert zu werden. Man darf anthroposophisch in dieser Klemme den Ursprung jener gigantischen Stauung erblicken, mit deren Beseitigung sich der Goetheanismus ins Werk setzt. Irgendwann einmal wird man im folgenden Satz aus den „Grundlinien" (Kap. 4) ein Nadelöhr sehen lernen, durch das eher alle Kamele Arabiens kommen als mancher Intellektuelle: „*Wir müssen*", so Rudolf Steiner, „*das Denken innerhalb der Erfahrungstatsachen selbst als eine solche aufsuchen.*"

In diesem Satz liegt der Schlüssel zum oben genannten Erkenntnis-Mysterium: Wir werden seiner als einer Tatsache gewahr. Hieraus erschließt sich erst die Möglichkeit seines Beobachtetwerdens.

*Nicht vorgefunden, sondern gewollt*

Wie aber kann ich das – beobachten? Offensichtlich so, wie ich es auch mit den anderen Tatsachen tue. Es bedarf zwar einiger Zeit, bis der Gedanke zur Selbstverständlichkeit wird, dass es in der geistigen Welt *nichts als Tatsachen* gibt und dass Denkinhalte, die sich gewöhnlich ganz schön abstrakt denken lassen, in der Geistwelt *Wesenheiten*, also *Fakten* sind. Wie etwa das Licht. Ist das Licht für den Physiker der sichtbare Bereich der elektromagnetischen Strahlung, so bildet es, laut der Theosophie des Rosenkreuzers, den Körper der Toten. Der springende Punkt ist nun nicht so sehr der, ob ich eine Tatsache wie diese *sehen* kann, als vielmehr der, ob und wie intensiv ich mich mit ihrer *Tatsächlichkeit* (die für den Physiker jenseits jeglicher Diskutabilität liegt) anzufreunden vermag. Denn die Tatsachen des Geistes unterscheiden sich von den Tatsachen der Sinneswelt vor allem dadurch, dass sie nicht wie die letzteren vorgefunden, sondern zuerst *gewollt* werden. „In der physischen Welt stellen sich die Dinge vor uns hin ohne unser Zutun. Nichts stellt sich in den höheren Welten vor uns hin, wenn wir ihm nicht erst die eigene Seelensubstanz zur Verfügung stellen" (R. Steiner, „Die Mysterien des Morgenlandes und des Christentums", 1. Vortrag). Hiermit gelangen wir zu dem entscheidenden Punkt, der *Erleben* heißt. Man lernt dieses besser erkennen, wenn man es parallel zum *Leben* betrachtet. Was ist Leben? Strenggenommen leben wir nicht, wir werden gelebt. Nicht das Leben rührt von uns her, sondern wir rühren vom Leben her. Diesem homogenen *élan vital* setzen wir unser Erleben entgegen, wodurch er erst Sinn und Geschmack bekommt. Das Erleben ist, im Gegensatz zum Leben, gesondert, akzentuiert, selektiv, zufällig, rar. Damit wir leben, bedarf es eines Opfers der Götter. Im Erleben gleichen wir dies durch ein eigenes Opfer aus. Dem uns von überall her auf dem Fuß folgenden Leben stellen wir unsere Seelensubstanz zur Verfügung, worauf es Erleben wird. Nichts hebt Rudolf Steiner nachdrücklicher hervor als die Notwendigkeit, angeblich abstrakte Dinge zu erleben, auf dass einmal ersichtlich wird, dass Begriffe ohne (sinnliche) Anschauungen nicht leer, sondern Geistwesen sind.

*Pro domo mea*

*Wie kann ich also das Erkenntnis-Mysterium Rudolf Steiners beobachten?* Diese Frage deckt sich mit der Frage: *Wie kann ich Rudolf Steiner lesen?* Es ist einmal mit Recht bemerkt worden, dass es im Karma der Schüler Rudolf Steiners liege, an ihm vorbeizulesen. Diesem Karma will ich möglichst entgehen. Dies hängt nun vor allem davon ab, ob und wie stark ich Denkinhalte, die mir zunächst in abstrakter Begriffsform gegeben sind, *als Tatsachen* gewahren kann. Ferner hängt es davon ab, ob ich diese Tatsachen nicht bloß hintereinander auffasse, sondern sie in Zusammenhänge zu bringen versuche. Eingedenk der Entdeckung des Fernrohrs: Ich füge die Tatsachen wie geschliffene Gläser zusammen, und ich warte, bis sie mir ihren Sinn, gleich der optischen Wirkung der Gläser, offenbaren.

Der Horizont darf dabei der größtmögliche sein: Ich lese beispielsweise die *Einleitungen* zu Goethe und parallel die *Michael-Briefe*. Oder ich lese *Wahrheit und Wissenschaft* und *Das Fünfte Evangelium*: in einem Atem. Einige Ergebnisse hiervon fanden ihren skizzenhaften Ausdruck in dem Artikel „Permanenz der Auferstehung". Ich versuche sie in kurzen Strichen zu rekapitulieren.

Ich finde mich vor die folgenden Tatsachen versetzt. a) Das Auslöschen des Christus-Bewusstseins im 19. Jahrhundert (GA 152, Vortrag vom 2. Mai 1913); b) die Voraussetzungslosigkeit der Erkenntnis (GA 3, Kap. IV); c) das Wiedererscheinen des Christus im Ätherischen (GA 118, passim). Diese Tatsachen füge ich so lange zusammen, bis mir ihre Kongruenz vor Augen steht. (Als eine – philosophische – Hilfsübung wäre hier die Prozedur zu empfehlen, die Husserl die *freie Variation in der Phantasie* nennt. Zumindest beim Abräumen größerer Abstraktions-Ablagerungen könnte sie behilflich sein.) Die Tatsache *a* eröffnet die Kette. Ihr folgt inhaltlich die Tatsache *c*. Kaum stelle ich fest, dass hier der (durch das intellektuelle Denken der Neuzeit) bewusstlos gewordene Christus wieder zum Bewusstsein kommt, ereilt mich die Frage: *wie?* Wäre mir diese Frage entgangen, hätte ich nur noch in den rettenden Hafen des *Der Doktor hat gesagt* einlaufen können. Vor lauter anthroposophischem Wald hätte ich dann keine Bäume gesehen. Ich frage aber: *wie?* Wie kommt der bewusstlose Christus, nach seinem Ersterben in der Engel-Sphäre, wieder zu sich? Antwort: im Ätherleib als Herr des Karma. Was ist Ätherleib? Lebensleib, aber auch *Gedankenleib*.

Hier fügt sich das *tertium comparationis* der Tatsache *b* ein: die Voraussetzungslosigkeit der Erkenntnis. Die Tatsache *a* besagt: Die Bewusstlosigkeit des Christus rührt von jener ahrimanisierten Erkenntnis der Neuzeit her, in der sich kein Platz für das Christus-Bewusstsein findet. Als der einzige, wenn auch ans Groteske grenzende Versuch, das Weltbewusstsein zu bewahren, erwies sich die Hartmannsche „Philosophie des Unbewussten". Was blieb dem Gott-Bewusstsein im stolzen Zeitalter des Liberalismus auch anderes übrig, als in einem heroischen Unbewussten beherbergt zu werden. Zwar ist Hartmanns Zurückweisung der Voraussetzungslosigkeit (vgl. seine Randglossen zur „Philosophie der Freiheit") theoretisch bestens fundiert, doch greift sie realiter völlig daneben, da der Ort des Geschehens keineswegs in der *Wissenschaft*, sondern ganz und gar in der *Wirklichkeit der Freiheit* liegt.

Die Voraussetzungslosigkeit ist kein bloß gedachter Begriff, sie ist eine *Fähigkeit*. Fähigkeit wozu? Da diese Frage weit über den Rahmen des Traditionell-Philosophischen hinausgeht, suche ich Äquivalente dessen, was philosophisch *Voraussetzung* heißt, aus anderen, nicht-philosophischen, Gebieten. Ich finde diese etwa in der Physik, als *Trägheit*, oder auch in der Geschichte, als *Tradition*. In der Theosophie heißt es *Karma*. Voraussetzungslosigkeit ist nur ein anderer technischer Ausdruck für Karmalosigkeit. Dass sich die Christus-Wesenheit physisch offenbaren konnte, lag an der Tatsache eines *karmafreien* physischen Leibes. Für ihre neue, im Ätherischen (Gedanklichen) sich vollziehende Offenbarung bedarf sie nun eines angemessenen *Gedanken*-Leibes. Keines beliebigen allerdings, sondern eines voraussetzungslosen. Dieser dem karmafreien Jesus-Leib analoge Gedanken-Leib ist und heißt – *Philosophie der Freiheit*.

### In memoriam Alkibiades

Da sich unser im Innersten getroffener Intellekt so schnell nicht geschlagen gibt, meldet er weitere Bedenken an, etwa in der Art: *Woher weiß man denn, dass man das auch wirklich beobachtet?* Oder gar: *Woher weiß man, dass das Beobachtete wahr ist?* Diese Fragen sind nur ein Zeichen dafür, wie unsicher und schwach sich unser Ich im Vergleich zu unseren Sinnesorganen noch ausnimmt. Beobachte ich etwa die Druckerschwärze eines Buches, so kann es nur von einer gravierenden Seelenstörung zeugen, wenn ich am Wesen dieser meiner unbedarften Tätigkeit zweifle. Dagegen scheint der Zweifel beinahe ein Normalzustand zu sein, sobald ich das Buch zu lesen beginne. Der Zweifel liegt in der Logik, die Logik aber sitzt im Kopf. Nun, Anthroposophie im Kopf wäre ebenso widersinnig wie Anthroposophie ohne Kopf. Ihr Verständnis erfordert einen beträchtlich größeren Spielraum, ganz im Sinne jenes alten Zeugnisses des Alkibiades über Sokrates (Symposion 215e): „Denn wenn ich ihn höre, dann pocht mir das Herz weit stärker, als wenn ich vom Korybantentaumel ergriffen wäre, und Tränen entströmen meinen Augen bei seinen Reden." Es ist dies ein wünschenswertes Optimum für das Beobachtenkönnen des Erkenntnis-Mysteriums Rudolf Steiners.

Basel, 30. Mai 2007

Aufschrift auf einer Notizen-Sammlung

# MARGINALIEN, 1

(1949)

Folgend werden drei Textstellen wiedergegeben mit der Absicht, die Erkenntnis zu bekräftigen, dass ein natürlicher Einzelmensch nicht eine selbstverständliche Einheit ist, wie die materialistische Denkart annimmt.

1) Die Geheimwissenschaft im Umriss, Ausg. 1925, S. 374:
„Entwickelung der Menschenformen und Entwickelung der Seelenschicksale muss übersinnliche Erkenntnis auf zwei ganz getrennten Wegen suchen; und ein Durcheinanderwerfen der beiden in der Weltanschauung wäre ein Rest materialistischer Gesinnung, der, wenn er vorhanden, in bedenklicher Art in die Wissenschaft des Übersinnlichen hineinragen würde."

2) Theosophie, Kap. Wiederverkörperung und Schicksal: zur Frage, in welcher Weise der natürliche Einzelmensch Friedrich Schiller eine Einheit sei.

„Es gibt nur eine menschliche Gattung",

das heißt in der Sprache des Goetheanismus: Der TYPUS Mensch, der Urmensch, ist EINER.

„In geistiger Beziehung ist jeder Mensch eine Gattung für sich" (1. Ausgabe);

„Als geistiger Mensch ist jeder eine eigene Gattung" (Ausgabe 1922).

Für „geistiger Mensch" steht in der ersten Ausgabe der „Theosophie" auch „Geistesmensch"; Geistesmensch = ATMA wird von R. St. in dem Aufsatze „Wie Karma wirkt" (Zeitschrift LUZIFER, Dezember 1903, Fußnote S. 254) auch „Allgeist" benannt. – Über das Verhältnis des Geistes des Urmenschen zu den in geistiger Beziehung eigenen Gattungen der einzelnen Menschen heißt es am Schluss des Kapitels „Der Pfad der Erkenntnis" im Buche „Theosophie", Ausg. 1922:

„Will man ein Gleichnis für das Zusammenfallen des Einzelgeistes ['eigene Gattung'] mit dem Allgeist [Geist des Urmenschen], dann kann man nicht das wählen von verschiedenen Kreisen, die in einen zusammenfallen, um in diesem unterzugehen, sondern man muss das Bild vieler Kreise wählen (mit gleichem Mittelpunkt und von gleichem Umfang), deren jeder eine ganz bestimmte Farbennuance hat."

Über den natürlichen Einzelmenschen Friedrich Schiller wird Seite 51 der Erstausgabe und Seite 59 der Ausgabe von 1922 der „Theosophie" ausgeführt:

Die physische Menschengestalt Friedrich Schillers [man denke an den charakteristischen Schillerkopf] ist eine Wiederverkörperung der *menschlichen Gattungswesenheit*.

Andererseits:

Der Geistesmensch Friedrich Schiller ist eine Wiederverkörperung desselben Geistesmenschen.

Der Leser ist gebeten, über diese doppelte Verkörperung, die sich dem gewöhnlichen Vorstellen als der „natürliche Einzelmensch

Friedrich Schiller" darstellt, einige Zeit nachzudenken, bevor er weiterliest. (N.B.: „Wie man Bücher in unserem Zeitalter zu lesen pflegt, kann dieses Buch [das Buch „Theosophie"] nicht gelesen werden. In einer gewissen Beziehung wird von dem Leser jede Seite, ja mancher Satz *erarbeitet* werden müssen." Aus der Vorrede zum Buche „Theosophie".)

Der „natürliche Einzelmensch Friedrich Schiller" ist also ein Doppeltes: Er ist, seiner charakteristischen leiblichen Schillergestalt nach, eine Verkörperung der menschlichen Gattungswesenheit, das heißt in der Sprache des Goetheanismus: des TYPUS Mensch oder des Urmenschen; und er ist ferner die Verkörperung des Geistesmenschen Friedrich Schiller.

3) Von der Komplexität in der Zusammensetzung eines „natürlichen Einzelmenschen" handeln auch die Mitteilungen der Geistesforschung über den salomonischen Jesusknaben. Weil der TYPUS Mensch und die Wesenheit des TODES zusammengedacht werden müssen, sei die folgende auf das Geheimnis des Todes Bezug nehmende Stelle aus dem Berliner Vortrage vom 23. Mai 1916, Zyklus 42, 11. Vortrag, S. 263, hier wiedergegeben:

Durch eine von R. St. angeführte Legende über den König Salomo aus der „Haggada" wird

„angedeutet, dass Salomos Weisheit gerade darinnen bestand, hineinzuschauen in die geistige Welt, in der sich zunächst enthüllt das Geheimnis des Todes. Und wenn wir von den alten Mysterien hören, dass der Mensch als Erstes, was er zu erfahren hat, das zu erfahren hat, dass er an die Pforte des Todes herantritt, so ist im Grunde genommen dasjenige, was uns in dieser Legende dargestellt wird, nichts anderes, als dass uns gesagt wird: Salomo war einer von denjenigen, die bis an die Pforte des Todes herangekommen waren. In der Linie der Generationen, welche abstammten von dem König Salomo, da liegt gewissermaßen die physische Zubereitung für dieses Hellsehen, das bis an die Pforte des Todes kommt. Seele braucht man dazu eine andere. Der Körper Jesu [hier: des salomonischen Jesusknaben] ist also aus der salomonischen Linie des Hauses David; die Seele ist die des Zarathustra. Und machen wir uns recht klar, meine lieben Freunde, was das Wesen der Zarathustra-Seele ausmacht, warum die Zarathustra-Seele in einem Leibe darinnen ist, der von einem Menschen herstammt, der Hellsehertum hatte."

\*

Durch die Zusammenstellung dieser drei Textauszüge soll das Warnungszeichen aufgerichtet sein: es sich mit dem landläufigen akademischen Denken nicht zu leicht zu machen beim Umgang mit Texten der Geisteswissenschaft. – Pflanzstätten des materialistischen akademischen Trivialdenkens sind die Universitäten. Deshalb konnte R. St. im Dornacher Vortrage vom 24. November 1918 die Mitteilung machen: „Zuerst müssen die Universitäten ausgekehrt werden". Es wird stets möglich sein, dass tüchtige anthroposophische Akademiker ihr universitäres Denken als Anthroposophie offerieren, etwa unter dem entgegenkommenden Titel „Goetheanismus". Es wird aber auch stets die Möglichkeit bestehen, derartige Zumutungen abzuweisen. Gesetzt, jemand sei ein hervorragender „Biologe" im Stil der Universität, so ist es wohl möglich, dass seine „Biologie" in dem Grade zum höheren Unsinn wird, als sie sich für Anthroposophie ausgibt. Anthroposophie antwortet nicht auf Fragen, die vom Trivialdenken der Universität ausgebildet werden. Die von Anthroposophie zu beantwortenden Fragen sind aus dem Studium der Anthroposophie selbst zu gewinnen.

Es scheint mir unwahrscheinlich, dass ein sogenannter „Goetheanismus" der Schutzschild zu sein habe, hinter dem anthroposophische Akademiker in Deckung gehen vor den Zumutungen der Geisteswissenschaft. Diese Zumutungen sind enorm. Wir ahnten das vor dreißig Jahren und wissen es heute genauer und besser. Man versteht, dass universitäres Denken sich als schutzbedürftig empfindet. Vielleicht lässt sich die Entscheidung aufschieben, ob man sich ernstlich auf die Zumutungen der Geisteswissenschaft einlässt? Hätte etwa ein sogenannter „Goetheanismus" das Reservat und Réduit zu sein, wo auf die *alten* akademischen Denkgewohnheiten ein zarter Glorienschein fällt, weil die im alten Stile Denkenden eben – Anthroposophen sind? – nachdem R. St. im Dornacher Vortrage vom 24. November 1918 doch mitgeteilt hatte: „Zuerst müssen die Universitäten ausgekehrt werden"?

Dem Trivialismus der Universität (wo es das Fach „Biologie" gibt) ist es ganz selbstverständlich, den „natürlichen Einzelmenschen" als Einheit zu behandeln: ein Körper mit irgendsowas wie „Seele" dran. An der Universität fällt es niemandem ein, den prinzipiellen Materialismus der „Biologie" nicht in Ordnung zu finden; man nimmt höchstens an diesem Materialismus gelegentlich zweckbedingt Verzierungen vor: sei es im Dienste christlicher Apologetik wie bei Bavink, oder sei es zur Stützung einer Staatsidee wie bei Portmann, dem der edle Begriff eines „Lebensstoffes" keine Schwierigkeit bereitet. (Prof. Portmann versteht unter „Lebensstoff" oder Protoplasma eine stoffliche „Substanz", und diese Substanz versteht er als „das Wirkende in den Lebenserscheinungen, die wir an Pflanzen und Tieren, wie an uns selbst beobachten", vgl. Adolf Portmann, Probleme des Lebens, Basel 1949, S. 47.)

An der Weise nun, wie der anthroposophische „Biologe" vorgeht, um die materialistische Vorstellung von der selbstverständlichen Einheit des natürlichen Einzelmenschen aufzusprengen, wird man seine geisteswissenschaftliche Potenz ersehen. Zunächst bietet sich ein Exerzierfeld für „anthroposophische" Trivialitäten an. Es ist gar nicht so unmöglich, dass der „anthroposophische" Biologe den folgenden Kurzschluss macht: Der Einzelmensch Friedrich Schiller ist die Wiederverkörperung des ewigen Geistesmenschen Friedrich Schiller, der durch frühere Inkarnationen hindurchgegangen ist und durch spätere Inkarnationen hindurchgehen wird. Ergo – so lautet der Kurzschluss – sei der Einzelmensch Friedrich Schiller, der im Jahre 1759 geboren wurde und im Jahre 1805 starb, die „Metamorphose" eines anderen Einzelmenschen, nämlich der vorangehenden Inkarnation Schillers. Mit diesem Kurzschluss wäre man infolge der Ingebrauchnahme des Begriffes „Metamorphose" als „Goetheanist" ausgewiesen und würde vielleicht nicht einmal bemerken, dass man mit einer derartigen Metamorphosenlehre einem Trivialismus huldigte, den man dann leider als echten „anthroposophischen" zu bezeichnen hätte.

Der natürliche Einzelmensch Schiller ist nicht die „Metamorphose" des Einzelmenschen, der er in seiner Vorinkarnation war, so wenig als mein Ofen die Metamorphose meines Schreibtisches ist. Es liegt ja für den akademischen „Goetheanismus"-Dilettantismus so nahe, zu meinen: Nun, der Geistesmensch Schiller ist, weil wir nun einmal spiritualistische Überwinder des Materialismus sind, der entelechische (Entelechie ist an der Universität ein Wort, das ästhetische Hochschätzung genießt)

Schöpfer der jeweiligen natürlichen Einzelmenschen, in denen er sich inkarniert. Im „goetheanistischen" Nebengedanken ergibt sich dann, unausgesprochen oder auch ausgesprochen: Wir! bitte sehr! Jeder sein eigener Schöpfer! Der Anthroposoph hat hier einmal radikal respektlos vor angeblicher anthroposophischer Biologie und vor angeblichem Goetheanismus zu werden, – um sich aus dem ungeheuren Umfange der anthroposophischen Materialien einen Gedankengang aus dem Vortrage vom 11. Februar 1913 (Berlin) vorzuhalten:

> R. St. in Berlin am 11. Februar 1913 (37, 8, 8–10):
> „Und tatsächlich beginnt ein Unterschied der Menschenleiber, der einen interessieren kann und der bedeutsam sein kann, erst verhältnismäßig kurze Zeit bevor die Menschen in das physische Dasein eintreten."
> „… In der Zeit zwischen Tod und neuer Geburt blickt man von dem angedeuteten Zeitpunkte ab auf den entstehenden, auf den werdenden, auf den ins Dasein sich hineinschaffenden Menschenleib hin."
> „Es könnte vielleicht jetzt jemandem der Gedanke einfallen: 'Aber dann beschäftigt sich ja der Mensch nur mit dem Anschauen seines eigenen Leibes'. Das tut er nicht. Denn dieser eigene Leib ist in dem Stadium des Werdens wirklich Außenwelt, ist nicht der eigene Leib, er ist die Ausprägung der göttlichen Weltgeheimnisse."

Hier zeigt sich also der Sprecher des Berliner Vortrages vom 11. Februar 1913 selbst radikal respektlos gegen die Insinuationen eines angeblichen „Goetheanismus", indem er uns wissen lässt, dass der Menschenleib im Leben zwischen Tod und neuer Geburt EINER ist. Also arbeitet der 1805 verstorbene Schiller im Zustande zwischen seinem Tode und einer neuen leiblichen Geburt keinesfalls die „Metamorphose" des natürlichen Einzelmenschen Friedrich Schiller zum natürlichen Einzelmenschen von Schillers nächster Inkarnation aus. Im Zustande zwischen den Inkarnationen der Geistesmenschen (z. B. des Geistesmenschen Schiller) ist der Menschenleib EINER, nämlich der reale Leib des realen TYPUS Mensch, d. h. des Urmenschen, als dessen Werden und Entwerden, Evolution und Involution. Wenn die *physische Leibesgestalt* Schillers eine der unendlichen Verkörperungen der *„menschlichen Gattungswesenheit"*, also des Urmenschen, ist, die sozusagen dem Geistesmenschen Schiller vom Urmenschen zur Verfügung gestellt wird, so leuchtet ein, dass es eine Absurdität bedeutet, den sich „metamorphosierenden" Einzelmenschen Schiller zum Schöpfer seiner selbst zu machen.

Anthroposophie ist nicht der Dilettantismus, aus dem sich ein „goetheanistischer" Dilettantismus im Quadrat abzuleiten hätte, der den sich metamorphosierenden Einzelmenschen Schiller für ein mögliches Problem hält. Die Bändigung des Universitätsmaterialismus wäre durch solchen Pseudogoetheanismus nicht zu bewerkstelligen.

*

Unseren Goetheanisten scheint die Aufgabe zuzufallen, der Universität verstehbar zu machen, dass Goethes TYPUS eine „wirkende Idee" sei. Die Physik und Biologie der Universität wissen selbstverständlich nichts von einem *wirkenden* Ideellen; oder wenn etwa die neueste Physik sich genötigt fühlen könnte, als Substrat dessen, was sie als ursprünglichste „Wirkungen" definiert, ein *Seelisches* (oder ein Bewusstsein, wie Eddington) vorzustellen, so würde ein auf den krummen Wegen der „modernen Physik" zu erreichendes Quasi-Seelisches eher einer museal verstaubten frommen Transzendenz entsprechen, als einer MENSCHEN-SEELE. Man kann sich über diese Perspektive orientieren bei wild gewordenen christlichen und sonstigen Apologeten der modernen und modernsten Physik: bei Bavink, Dessauer, Neergard und Konsorten. Solange die Universität nüchtern bei ihrem prinzipiellen Materialismus bleibt, stellt sie sich als *wirkend* ausschließlich physikalisches und physiologisches Geschehen vor. Es kann natürlich keine Rede davon sein, dass Goethe ein Ideelles nachgewiesen hätte, das wirkend wäre im physikalischen und physiologischen Sinne der Universität. Der stereotype Vorwurf der Universität gegen Goethe (z. B. durch Prof. Niggli, Zürich) lautet: Goethes morphologische Forschung gelte nicht den *Ursachen* der Verwandlungen, sondern nur ihren Formen. Hätte Goethe sich die Aufgabe stellen wollen, Ideelles als Ursache für physikalisches Wirken nachzuweisen, so hätte er notwendig Spiritist werden müssen, denn nur für den Spiritismus ist die Vorstellung nicht unmöglich, dass Geister physikalische Wirkungen hervorbringen. Die Geister der Geisteswissenschaft wirken nicht physikalisch, sondern *geistig*. Somit scheint der Versuch aussichtslos, die Universität von der Realität des Goetheschen TYPUS zu überzeugen. Die Auflösung dieses Dilemmas ergibt sich in der folgenden Weise: Wenn die *Physik* der Universität – ganz im Sinne der Dornacher Mitteilung vom 24. November 1918 über die therapeutische Behandlung der Universität – gründlich „ausgekehrt" sein wird, d. h. wenn an die Stelle der heutigen unmöglichen Physik eine mögliche getreten sein wird, dann wird man ohne Schwierigkeit physikalisches Geschehen als geistiges, ja sogar als moralisches Geschehen verstehen. Heute aber besteht noch ein Verhältnis der Inkommensurabilität zwischen dem Physikalischen und Biologischen des Goetheanismus und dem Physikalischen und Biologischen der Universität. Wenn daher *heute* die heutige Universität von unseren „Goetheanisten" den Nachweis des Wirkens von Ideen (Wirken des TYPUS) verlangt, so soll man der Universität erklären, dass man auf Seite der Geisteswissenschaft so weit als möglich vom – Spiritismus entfernt sein will. Um sich zu dieser Auskunft zu ermutigen, kann man sich bei R. St. belehren lassen, dass die Annahme wirkender Ideen nichts als ein idealistischer Unfug ist.

Die Philosophie der Freiheit, I, S. 175:
„In der Natur sind aber nirgends Begriffe (Ideen) als Ursachen nachzuweisen; der Begriff erweist sich stets nur als der ideelle Zusammenhang von Ursache und Wirkung. Ursachen sind in der Natur nur in der Form von Wahrnehmungen vorhanden."

Die Rekapitulation und Bestätigung dieser antimetaphysischen These findet sich in Zyklus 33, 2, 13:

„In unserer Zeit finden sich einige Menschen, welche den Idealismus zu steigern versuchen. Sie finden ja Ideen in der Welt. Wenn man Ideen findet, dann muss auch solche Wesenheit in der Welt vorhanden sein, in der Ideen leben können. In irgend einem äußeren Dinge könnten doch nicht so ohne weiteres Ideen leben. Ideen können auch nicht gleichsam in der Luft hängen. Es hat im 19. Jahrhundert den Glauben gegeben, dass 'Ideen' die Geschichte beherrschen. Es war dies aber nur eine Unklarheit, denn Ideen als solche haben keine Kraft zum Wirken. Daher kann man von Ideen in der Geschichte nicht sprechen. Wer da einsieht, dass Ideen, wenn sie überhaupt da sein sollen, an ein *Wesen* gebunden sind, das Ideen eben haben kann, der wird nicht mehr bloßer Idealist sein; sondern er schreitet vor zu der Annahme, dass die Ideen an Wesen gebunden sind. Er wird 'Psychist'."

Wenn ich oben probeweise unterstellte: unseren „Goetheanisten" scheine die Aufgabe zuzufallen, der Universität den Goetheschen TYPUS als „wirkende Idee" verstehbar zu machen, so hat sich durch die vorstehenden Überlegungen diese vermeintliche Aufgabe als eine unmögliche herausgestellt. Vielmehr, es bleibt dabei: unsere „Goetheanisten" haben der Universität und (nicht zuletzt) sich selbst *Anthroposophie* im Zusammenhang mit Biologie und Physik verstehbar zu machen; sie haben darauf bedacht zu sein, dass aus anthroposophisch befruchteter Erkenntnisphantasie an Goethe Fragen gerichtet werden können, die bisher weder von der Universität noch von unseren akademischen „Goetheanisten" ausgeboren worden sind. Mit idealistischer Schönrednerei ist dabei nichts zu erreichen. Wenn Ideen überhaupt da sein sollen, so müssen sie an ein *Wesen* gebunden sein, das Ideen eben haben kann. In irgend einem äußeren Dinge könnten doch nicht so ohne weiteres Ideen leben (vgl. oben 33, 2, 13). Es wird ausdrücklich ein *psychisches Wesen* gefordert, dem es zukommt, Ideen – also z. B. die TYPUS-Idee – zu haben.

Nun tönt mir aus Bern das „goetheanistische" Evangelium entgegen: *„Die Natur handhabt den Typus"*. Dazu erkläre ich kategorisch: Ich bedaure sehr, diese mythologische Dame, die den Typus handhabt, nicht zu kennen. Die Dame Natura mag eine Göttin sein, aber das hilft mir wenig bei der Aufgabe: Goethes Typus-Problematik in dem Lichte zu sehen, das von Anthroposophie auf diese Problematik fallen kann.

Man kann beschämt sein und kann es als besonders schmerzlich empfinden, dass dieser stupide Satz: „die Natur handhabt den Typus" als anthroposophische Ehrung Goethes auftritt. Der Berner Troxler-Verlag brachte auf das Goethe-Jahr 1949 eine Neuausgabe des 1. Bandes von Goethes Naturwissenschaftlichen Schriften heraus. Dieser erste Band, enthaltend Goethes Schriften über die Bildung und Umbildung organischer Naturen, mit dem Vorwort Schröers und mit der gewichtigen Einleitung samt umfangreichem Notenapparat des damals einundzwanzigjährigen Rudolf Steiner, war im Jahre 1883 vor die Welt des „christlichen Abendlandes" getreten und hatte, wie man weiß, die ehrenwerte Universität nicht zu beunruhigen vermocht. Seit 1883 hat sich inzwischen dieses und jenes ereignet in den Bezirken des Geistes; inzwischen gibt es – wir befinden uns im Jahr der Goetheehrungen 1949 – das Faktum Geisteswissenschaft. Musste es denn für die Herausgeber von Goethes „Biologie" nicht eine hochwillkommene Pflicht sein, im Jahre 1949 zum Ausdruck zu bringen, dass auf Goethe jetzt das Licht der Anthroposophie fällt? Der Berner Troxler-Verlag ist nicht dieser Ansicht. Er gab der „Biologie" Goethes als Zugabe ein Heftchen von 20 Druckseiten bei, in welchem von „goetheanistischer" Seite die Geistesposition des Troxler-Verlages dokumentiert wird. Das Heftchen betitelt sich „Kurze Hinweise auf neuere biologische Arbeiten, als Zugabe zur Neuherausgabe 1948 von Goethes Naturwissenschaftlichen Schriften Band 1". In diesem Heftchen wird das von der Universität betätigte Unverständnis und Missverständnis der Morphologie besprochen und wird die erstaunliche Auffassung vertreten, es fehle den Universitätsbiologen die rechte *Philosophie* (!), um Goethe „goetheanistisch" zu verstehen. Damit geschieht doch wohl nichts geringeres, als dass von der Geistesposition des Troxler-Verlages die Ansicht verbreitet wird, es komme im Jahre 1949 auf Philosophie an, und nicht etwa auf Anthroposophie. Man sagt der Welt nicht: „Uns ist Goethe interessant, weil es jetzt die Geisteswissenschaft gibt", man belehrt die Welt, dass es zum Zwecke des Goetheverständnisses auf – Philosophie ankomme.

Die vom Troxler-Verlag protegierte Philosophie ist dann auch danach. Versuchen wir indessen zunächst, uns den symptomatologischen Gehalt der These „die Natur handhabt den Typus" zu vergegenwärtigen. Von R. St. wird deutlich und klar an Stelle einer mythologisch unverbindlichen „Natur" ein psychisches Wesen gefordert, das „Ideen" haben (handhaben) kann, weil Ideen weder in der Luft hängen, noch ohne weiteres in irgend einem äußeren Dinge leben können. Das ist aus dem Grunde eine *anthroposophisch-geisteswissenschaftliche* Forderung, weil *Philosophie* dadurch begrenzt ist, dass sie diese Forderung gar nicht erheben *kann*. Wenn Eduard von Hartmanns Philosophie des spekulativen metaphysischen Realismus dieser Forderung dennoch genügen wollte, so blieb ihm nur der bekannte Ausweg, der beinahe wie ein fataler Scherz anmutet: Weil ihm das schöpferische Urwesen der Welt als psychisches Wesen (wozu ein physisches Gehirn erforderlich wäre) nicht erreichbar war, installierte er das Urwesen der Welt, das Ideen handhabt, als „das Unbewusste". Zu einem derartigen Scherze gelangte das 19. Jahrhundert bei dem untauglichen Bemühen, den Idealismus als Prinzip der Weltanschauung zu retten. Es gibt jetzt Anthroposophie und Geisteswissenschaft, seitdem klargestellt ist, dass der Idealismus als Weltanschauungsprinzip nicht taugt. Das Weltanschauungsprinzip der Geisteswissenschaft ist nicht die Idee, sondern ist der wirkliche physischgeistige Mensch. Es hat sich im 20. Jahrhundert doch allmählich herumgesprochen, dass es eine griechisch-philosophische Kinderei ist, den wirklichen Menschen aus einer Idee herleiten zu wollen. Wenn der wirkliche Mensch das URWESEN ist, wo wäre dann noch außerhalb des Urwesens irgendeiner, der in der Lage wäre, die Idee des Urwesens zu handhaben? Alles käme heute darauf an, einzusehen, dass der Idealismus *nicht* das Weltanschauungsprinzip der Anthroposophie ist; Anthroposophie ist *nicht ein Anhängsel am deutschen*

*Idealismus und ist nicht ein Schwänzchen am Thomismus.* Das Problematische am Goetheanismus Goethes ist, dass Goethe zwar die Idee der Urpflanze, dass er aber nicht die Idee des Urmenschen zu bilden vermochte. Goethe beließ sein Verhältnis zum Urwesen und Urmenschen im Unbestimmten. Diese Unbestimmtheit mit dem Licht der Geisteswissenschaft aufzuheben und Goethes Verhältnis zum Urmenschen zu bestimmen, ist die Aufgabe des Goetheanismus im 20. Jahrhundert. Die Geistesposition des Berner Troxler-Verlages aber beehrt uns mit der Auskunft, zum Verständnis Goethes sei *Philosophie* erfordert. Die Berner Geistesposition ist also nicht der Ansicht, dass Goetheanismus im 20. Jahrhundert nur das Licht sein kann, das aus *Anthroposophie* jetzt auf Goethe fällt.

Die Berner „goetheanistische" *Zugabe* zur Neuherausgabe 1948 von Goethes Naturwissenschaftlichen Schriften Band 1 untersucht zwei typische universitäre Missverständnisse der Morphologie Goethes. Das erste Missverständnis ist die Ansicht der Universität, Goethes Idee des Typus sei *kein Wirkendes.* Der Grund für diesen Missverstand der Universität liegt, laut Berner Geistesposition, darin, dass die Universität noch nicht aufgeklärt ist über „die Stellung des Begriffs im Weltganzen". Das klingt beinahe verheißungsvoll. Umso peinlicher ist die Enttäuschung über die kümmerliche Auskunft der Berner Philosophie betreffs „Stellung des Begriffs im Weltganzen". Die Auskunft über die „Stellung des Begriffs im Weltganzen" hätte – eine Selbstverständlichkeit im Jahre 1949 – eine *anthroposophische* Auskunft zu sein; die Berner Geistesposition speist uns indessen mit „Philosophie" ab. Die geisteswissenschaftliche Auskunft über die Stellung des Begriffs im Weltganzen hat zu lauten: Der Begriff ist ein ewiger physischer Menschen-Körper, ein „Geist der Form", basta. Nachdem das Zeitalter des Helmholtz-

Evangeliums abgelaufen ist, kommt es nämlich jetzt darauf an, den Satz von der Erhaltung der Energie zu ersetzen durch den Satz von der Erhaltung der ewigen Menschen-FORM. Dass man mit dieser anthroposophischen Auskunft über die „Stellung des Begriffs im Weltganzen" die Universität auf das heftigste erschrecken müsste, ist klar. Durch das „philosophische" Gestammel der Berner „Zugabe" über die „Stellung des Begriffs im Weltganzen" wird niemand erschreckt und wird kein Hund vom Ofen gelockt.

Das zweite universitäre Missverständnis Goethes fällt in den katholisch-thomistischen Versuch, Goethes Typus-Idee für die *teleologische* Weltansicht einzuspannen. Wiederum käme es für die Berner „Zugabe" darauf an, der Welt klarzumachen, weshalb die Weltanschauung Rudolf Steiners, die *Anthroposophie*, eine antiteleologische Weltansicht sein muss. Wenn nämlich das Urwesen oder der Urmensch in jeder Weltenstunde der Weltentwicklung SICH handelt, dann ist allerdings die Zweckidee überflüssig, wie denn auch ein idealer Künstler nicht Zwecke verwirklicht, sondern Unvorherzusehendes neu *schafft*. Mir scheint, die Welt würde dankbar sein für eine solche handfeste Aufklärung darüber, warum sich nun doch die – zwar „christliche" – Anthroposophie von altrömischen Idealen distanziert. Da es die Berner Geistesposition nicht mit Anthroposophie zu tun haben will, sondern mit „Philosophie", fällt ihre Absage an den thomistischen Teleologismus etwas dünn aus. Man liest da Seite 3: „Es ist das der Goetheschen Auffassung widersprechende Bild des Menschen als eines geist-*abhängigen* Wesens, das dieser [katholisch-thomistischen] Richtung eigentümlich ist und daher in allen Darlegungen, die von dieser Seite kommen, hervortritt. Rudolf Steiner hat sich um die Wiederherstellung des Menschenbildes als eines geist-*erfüllten*, d. h. am realen Geiste Anteil habenden Wesens bemüht

[!!!!!] und hat daher auf die Autonomie des Erkenntnisbemühens als einen wahrhaft modernen Impuls hingewiesen." Es ist wirklich nett von diesen Bernern, dass sie dem Schöpfer (ich meine: dem Schöpfer der Anthroposophie) zugestehen, er habe sich „bemüht". Es ist wirklich nett von diesen Bernern, dass sie dem Menschen Rudolf Steiner konzedieren, ein „am realen Geiste Anteil habendes Wesen" zu sein (nachdem R. St. die Philosophie der Freiheit im Jahre 1893 unter das Dictum gestellt hat: „Man muss sich der Idee als Herr gegenüberstellen, *sonst* gerät man unter ihre Knechtschaft.", 1. Aufl. S. 8).

Nachdem in der „*Zugabe* zur Neuherausgabe von Goethes Naturwissenschaftlichen Schriften Band 1" Goethes Typus-Gedanke „*philosophisch*" fundiert und „goetheanistisch" dekoriert worden ist, wird auf Seite 13 des Heftchens ganz leise die Frage nach dem Urtypus „Mensch" gestreichelt. Von diesem Urtypus „Mensch" wird ein wenig unverbindlich lyrisch gesagt, dass der „die nun ganz gewiss nicht mehr materiell zu denkende Menschen-Urform" sei. Die Universität wird die taktvolle Zurückhaltung in dieser sympathisch idealistisch klingenden Formulierung zu schätzen wissen, denn durch solcherart vage Unverbindlichkeiten wird gewiss an der Universität niemand erschreckt. Es wäre immerhin denkbar gewesen, dass die gebefreudigen Berner in ihrer „Zugabe" die Frage aufgeworfen hätten, ob man im Jahre 1949, nachdem sich seit 1883 dieses und jenes im Hl. Geiste ereignet hat, jetzt mit Sinn vom „Urmenschen" zu sprechen habe kraft Anthroposophie, nachdem Goethe dereinst mit dem Stichwort „Urpflanze" eine geistige Weltrevolution eingeleitet hatte. Aber diese Berner Zugeber haben eben keine anthroposophischen, sie haben „philosophische" Sorgen.

Ich verweise auf das oben (S. 197) wiedergegebene Zitat aus Zyklus 42, 11, S. 263, und auf die von mir hinzugefügte Anmerkung, dass der Typus „Mensch" und die Wesenheit des Todes zusammenzudenken seien. Als zulässige Formel für den geisteswissenschaftlich erfassten „Urmenschen" kommt in Betracht: *Das Können des Todes,* wobei der Könner ein PHYSISCHER Mensch ist (also ganz gewiss nicht ein lieblich idealistisches „nicht mehr materiell zu denkendes" unbestimmtes Irgendwas). Die Theologie bezeichnet seit jeher den anthroposophischen Urmenschen als „Vater"-Gott; und R. St. konnte der Theologie die Richtigkeit ihrer Intention bestätigen mit dem Dictum (8, 13, 4): „Der Tod ist der Vater". Hierzu auch Carl Unger: „Die Resultate der Geistesforschung entstammen der Wirklichkeit des Widerspruchs. – Wir können einsehen, dass *der Tod die wahre Wirklichkeit des Lebens* ist. So bedeutet auch für das Leben der Menschheit wahre Wirklichkeit der Tod, der im Mittelpunkt ihres Werdens steht, der Tod auf Golgatha." (Die Grundlehren der Geisteswissenschaft, 2. Ausg. durch Hans Arenson 1929, S. 105 und S. 109). Es kann heute die Aufgabe von Anthroposophen sein, sozusagen in freier Zugabe zu den geschenkten Offenbarungen der geistigen Welt Rudolf Steiners, zu der „*Mitte des Menschheitswerdens*" (s. oben Unger) den *Anfang* und das *Ende* zu erfragen, sofern man sich mit dem Gedanken vertraut gemacht haben will, dass Geisteswissenschaft ihr Fundament in der gegenwärtigen „Anschauung von Schöpfung" hat. Anfang und Ende der Schöpfung des Urmenschen sind (vgl. Geheimwissenschaft Ausg. 1925, S. 355 u. 357) primär die Einheit ihres Ineinanders und sekundär die Zweiheit von „Saturn" und „Vulkan".

Frage: Warum hat Goethe seine Typus-Idee nicht auf den Menschen angewendet? Antwort: Goethe hat seine Typus-Idee aus dem Grunde nicht auf den Menschen angewendet, weil ihre Anwendung nicht *Erklärung*, sondern *Erschaffung* des Menschen wäre. Fragt man so ein wenig philosophierend, warum Goethe seine Typus-Idee nicht wie auf Pflanze und Tier auch auf den *Menschen* angewendet habe, so steckt in dieser – so ein bisschen philosophierenden – Frage die heimliche Unterstellung, die Typus-Idee sei auf den Menschen anwendbar; und Goethe hätte dann nur nicht die Kraft gehabt, seine an der Pflanze geübte Erklärungsmethode auch auf den Organismus „Mensch" anzuwenden. Es gibt aber eben starke Gründe für die Annahme, die Typus-Idee sei auf den Menschen überhaupt nicht anwendbar. Die auf den Menschen angewendete Typus-Idee ist aus dem Grunde philosophisch nicht traktabel, weil ihr Inhalt nichts anderes sein könnte als: Ein einzelner physischer Mensch. Der Goetheanismus der Anthroposophie konnte nicht einfach auf dem von Goethe beschrittenen Wege der Welterklärung fortschreiten. Anthroposophie hatte Okkultismus zu werden, das heißt: Anthroposophie als Theosophie hatte die Definition des Schöpfers zu respektieren. Diese Definition des Begriffes des Schöpfers lautet mit den Worten R. Sts. (7, 9, 10): „Wir sehen den Begriff des Schöpfers vor unserem geistigen Auge erstehen, und da sagen wir uns: Also von dem Geschöpf zum Schöpfer entwickelt sich ein jegliches Wesen." Somit wurde Anthroposophie im Sinne der bekannten Definition aus den „Leitsätzen" der *Weg*, der das Geistige in den Menschen zum Geistigen in dem Urmenschen oder Weltenall führt.

LITERATUR zum Vorstehenden:

GOETHE IN UNSERER ZEIT, Rudolf Steiners Goetheanismus als Forschungsmethode. Herausgegeben von der Naturwissenschaftlichen Sektion am Goetheanum Dornach durch Dr. Guenther Wachsmuth, 1949, Hybernia-Verlag Dornach/Basel.

Vom Inhalt dieses Werkes kommt für die Marginalien 1 speziell in Betracht die von einem „goetheanistischen" Biologen vertretene Ansicht: ein natürlicher Einzelmensch B sei die „*Metamorphose*" des natürlichen Einzelmenschen A, wenn A die Verkörperung der gleichen geistigen Individualität ist, die sich später auch in B verkörpert; wobei das von A zu B sich hinüber „Metamorphosierende" als der „verbindende Typus" bezeichnet wird, – woraus folgen würde, dass der „verbindende Typus" (also z. B. der Geistesmensch Schiller) ein Creator ex nihilo wäre.

Der pseudoanthroposophische Unsinn, dass wir Anthroposophen unsere je eigenen Weltschöpfer wären, heißt bei Roman Boos: „spiritueller Individualismus Rudolf Steiners". Man hat sich unter Aspiranten des Anthroposophieverständnisses angewöhnt, die PRÄEXISTENZ der menschlichen Seele hochzuschätzen. Das war auch sehr dringlich angesichts der Tatsache, dass das Dogma der Kirche – von Rom bis Karl Barth (Kirchliche Dogmatik. III, 2) – beharrlich die *Trichotomie* des Menschen weiterhin ableugnet. Man machte also die gute Überzeugung von der Präexistenz zur Denkgrundlage für „goetheanistische" Exerzitien. Aber man sollte es sich mit dem frischfröhlichen Pochen auf die Präexistenz nicht zu leicht machen. Dass man es sich mit dem frischfröhlichen Pochen auf die Präexistenz nicht zu leicht machen soll, geht aus 45, 3, 2 hervor: In Berlin am 10. April 1917 hielt R. St. das Totenamt für den am 17. März in Zürich verstorbenen Intimus des Aristoteles Franz Brentano, indem er sagte:

„Wenn man es mit dem Seelischen zu tun hat, dann muss man sogar sich klar sein darüber, dass die Vorstellungen des

Aristoteles [N. B.: auf die sich die romkirchliche Leugnung der Präexistenz stützt] nicht so ganz falsche sind. Denn das Seelische, dasjenige, was man Seelisches nennen kann, entsteht in der Tat mehr oder weniger mit jedem einzelnen Menschen. Nur ist Aristoteles in einer Zeit, in der er schon nicht mehr vollständig einsehen kann, welchen Zusammenhang die Seele mit dem Kosmos [d. h. mit dem Urtypus MENSCH] hat."

Ich nehme dankbar die Gelegenheit dieses Druckpapiers wahr, um Herrn Dr. Roman Boos mitzuteilen, dass Anthroposophie kein Schwänzchen am Thomismus ist. Das Verständnis der Anthroposophie gibt die Chance, gegenüber gewissen in Vorzeiten hochwichtigen Erzproblemen einzusehen, dass sie auf dem Weltanschauungsfelde der Anthroposophie *keine* Probleme mehr sind, weil sie als Probleme jetzt einfach kaltgestellt sind. Ein derartiges Problem ist das berühmte Problem der substanziellen Einzelseele als forma corporis. In diesem durch Anthroposophie jetzt kaltgestellten Zentralproblem des christlichen Aristotelismus steckt natürlich nichts anderes als die von uns ventilierte Frage: Wie ist ein natürlicher Einzelmensch als Einheit zu erklären? Aristoteles und mit ihm Thomas lehren: Ein durch die Geburt ins Dasein tretender natürlicher Einzelmensch entsteht aus Vater und Mutter und aus Gott; der Leib entsteht aus Vater und Mutter, und dem Leibe wird bei seinem Entstehen von Gott die substanzielle persönliche Seele eingeschaffen (vgl. Pneumatosophie S. 166 f und S. 184 f). Gegenüber diesem christlichen Peripatetismus muss mit aller Entschiedenheit gesagt werden, dass es im ganzen Raume von Anthroposophie *diese* „substanzielle Einzelseele" nicht gibt und nicht geben kann. Über diese Kaltstellung des hohen Problems der „substanziellen Einzelseele" ist sich der Herausgeber der

Dornacher Pfingstvorträge über „Die Philosophie des Thomas von Aquino", Dr. Boos, nicht klar.

Es braucht kein Vorwurf zu sein, wenn dem Herausgeber (1930) der Dornacher Pfingstvorträge 1920 über „Die Philosophie des Thomas von Aquino" bestätigt wird, dass er seinem „Nachwort" die gleiche Quantität Druckerschwärze bewilligte, die für den Druck der Vortrags-Texte selbst benötigt wurde. Das „Nachwort" des Herausgebers bzw. Unterherausgebers Dr. Boos konnte verdienstlich sein, wenn aus ihm hervorging, dass der Thomismus nicht das trojanische Pferd ist, an dem Anthroposophie der Schwanz zu sein hätte. Boos will, wie er sagt, mit seinem „Nachwort" den Vortragstexten eine „Umgebung" schaffen, die der Stimmung der die Vortragstexte Lesenden dienlich sein soll. Die Zweckmäßigkeit der Absicht, den Texten eine „Umgebung" zu schaffen, kann nicht bestritten werden. Ich erlaube mir folgend, einige „Umgebungs"-Elemente zu den Pfingstvorträgen von 1920 zu notifizieren, die ich im Nachwort des Dr. Boos nicht gefunden habe. In der „Umgebung" der Pfingsten 1920 finde ich den Johannitag 1919, an dem R. St. in Stuttgart eine Randbemerkung zum „christlichen" Peripatetismus deponierte. R. St. – 58 B, S. 132 – sagte:

„Warum hat der Aristotelische Katholizismus dem Menschen verschwiegen, dass sein Geistiges auch da ist, bevor es durch die Geburt ins Dasein tritt? Dieser Aristotelische Katholizismus hat nur rechnen wollen mit dem Egoismus der Menschen, mit der Furcht vor dem Tode und dem Versichertsein-Wollen als unsterbliche Seele nach dem Tode."

Die Dornacher Pfingstvorträge von 1920 über die Philosophie des Thomas von Aquino waren – unschwer erkenntlich – aufgebaut auf den geistigen Dynamismus im Verhältnis zwischen Augustin und Thomas. Dieser Dynamismus ist schon lange eine sehr ernste Angelegenheit im christlichen Abendlande und wird die ganze Tiefe seines Ernstes schließlich im 20. Jahrhundert offenbaren. Will man sich in bezug auf diesen die Pfingstvorträge innerlichst strukturierenden Dynamismus in die richtige empfängliche Stimmung versetzen, so kann auf das folgende „Umgebungs"-Element aufmerksam gemacht werden. R. St. hat uns nicht verheimlicht, dass sich in Augustinus die Individualität betätigte, die im Alten und Neuen Testament der „Judas" heißt. In Basel am 16. September 1912 sprach R. St. (24, 2, 14):

> „Unter den fünf Söhnen des Mattathias ist einer, der 'Judas' heißt schon im Alten Testament. Er ist damals derjenige, welcher am kräftigsten kämpft für sein Volk, der ganz und gar mit seiner Seele seinem Volkstum hingegeben ist, und dem es auch gelingt, einen Bund mit den Römern zu schließen gegen den König Antiochus von Syrien. Dieser Judas ist derselbe, welcher später die Prüfung durchzumachen hat, den Verrat zu begehen, weil er, der am allerinnigsten verbunden ist mit dem spezifisch alttestamentlichen Element, nicht gleich den Übergang zu dem christlichen Element finden kann und erst die harte Prüfung braucht durch den Verrat. Es steht ganz wunderbar da die – möchte man sagen – grandiose Gestalt des Judas in den letzten Konsequenzen des Alten Testamentes – und die Gestalt des Judas im Neuen Testament. Und merkwürdig ist in diesem symptomatischen Vorgang, dass der Judas des Alten Testamentes einen Bund mit den Römern schließt, alles das vorbildet, was später geschehen ist: nämlich der Weg, den das Christentum genommen hat durch das Römertum, um in die Welt einzutreten. Das ist – möchte man sagen – die weitere Ausgestaltung. Und wenn ich hinzufügen würde, was auch gewusst werden kann, was aber doch nicht

in einem Vortrage vor einem so großen Zuhörerkreis gesagt werden kann, so würden Sie sehen, wie eigentlich gerade durch die spätere Wiederverkörperung dieses Judas die Verschmelzung geschieht des römischen Elementes mit dem christlichen Element, und wie der wiederverkörperte Judas der erste ist, der sozusagen den großen Erfolg hat in der Ausbreitung des romanisierten Christentums, und wie der Bündnisabschluss des Judas des Alten Testamentes mit den Römern die prophetische Vortatsache ist desjenigen, was ein späterer tut, der dem Okkultisten wieder erscheint als der wiederverkörperte Judas, der da durchgehen musste durch die harte Seelenprüfung des Verrates. Und was sich dann durch sein späteres Wirken zeigt als Christentum im Römertum und Römertum im Christentum zugleich, das erscheint wie eine ins Geistige umgesetzte Erneuerung des Bündnisses des Alttestamentlichen Judas mit den Römern."

Das umgebliche „Nachwort" des Dr. Boos verheimlicht nicht den Geist der Universität, der sich in einem gewissen sattsam bekannten anthroposophischen Akademikertum darin gefällt, Rudolf Steiner im Namen einer hohen Universität zu – begönnern. Dr. Boos identifizierte den „geistesgeschichtlichen Duktus" der Dornacher Pfingstvorträge über die Philosophie des Thomas von Aquino. Jeder halbwegs Orientierte weiß, dass „geistesgeschichtlich" und „Geistesgeschichte" sehr spezifische Ausdrücke der Universität sind, die ihre Färbung bekommen haben von jenem Schwabenstreiche der Südwestdeutschen Philosophenschule, durch den das hoffnungslose Auseinanderklaffen von „Naturwissenschaft" und (universitärer) „Geisteswissenschaft" geheiligt wird, wie im Mittelalter der Zwiespalt zwischen Wissen und Glauben einst zu heiligen war. Der wache Anthroposoph wird sich schönstens hüten, das Universitätswort „geistesgeschichtlich" zu gebrauchen. Im Gebrauche des Wortes „geistesgeschichtlicher Duktus" durch Dr. Boos aber erlaubt sich die Universität, den Doktor Steiner taktvoll zu begönnern, was umso schlimmer ist, als die Universität bisher nicht den Schimmer einer Ahnung hat, was allenfalls „Geschichte" sei, und insbesondere nicht aus dem Zyklus 16 und aus Max Stirner entnommen hat, was anthroposophisch unter geistig verstandener Weltgeschichte zu verstehen ist. Das gönnerhafte Urteil der Universität (vgl. die Mitteilung Rudolf Steiners im Dornacher Vortrage vom 24. November 1918 – Zyklus D, S. 189 – über das Arbeitsprogramm der Universität nach dem 9. November 1918: „Allerdings müssen die *zuerst* ausgekehrt werden!") über den „grandiosen geistesgeschichtlichen Duktus" der Thomas-Vorträge ist *dann* besonders fatal, wenn sachgemäß und anthroposophisch richtig unterstellt werden darf: die Person des Sprechers der Pfingstvorträge am Dornacher Goetheanum über die Philosophie des Thomas von Aquino habe unmittelbar aus der Inspiration der Person des Thomas von Aquino gesprochen. Vielleicht ist nun diese *anthroposophische* Ansicht „unakademisch" genug, um die Universität vor tantenhafter Begönnerung gewarnt zu haben.

Nachdem ich in dem umgeblichen Nachwort des Dr. Boos einiges nicht gefunden habe, was ich gerne hätte finden mögen, spreche ich nunmehr von den Seiten 108 und 109 des umgeblichen Nachwortes, von denen ich finde, dass sie mein ungeteiltes Interesse zugute haben. Auf Seite 109 begründet Boos seine Ansicht über den schon erwähnten „spirituellen Individualismus Rudolf Steiners", der zugleich einen Irrtum des Thomas „überwindet".

Thomas hatte zu fragen: Wie ist ein natürlicher Einzelmensch als Einheit zu erklären? Thomas lehrte im Anschluss an Aristoteles die schon erwähnte Lösung: Der Leib eines natürlichen Einzelmenschen entsteht aus Vater und Mutter, und diesem Leibe wird bei seiner Entstehung von Gott eine unsterbliche substanzielle Seele erschaffen. Die Seele ist als *denkende* Seele für Thomas zugleich die gestaltende substanziale Form (Typus!) des menschlichen Leibesorganismus. Als diese forma corporis ist die Seele ein Universale oder Allgemeines von der Qualität eines realen Allgemeinbegriffes mit Substanzcharakter. Soll erklärt werden, wie sich der Allgemeinbegriff der forma corporis zum natürlichen Einzelmenschen verdichtet, so muss als Prinzip der Individualisierung die *Materie* angenommen werden. Die menschlichen Seelen werden demnach gemäß den materiellen Leibeskörpern individualisiert.

Roman Boos, der die Anthroposophie für ein Schwänzchen am Thomismus nimmt, knüpft an diese Lehre des Thomas an und führt Seite 109 aus: „Im Kapitel ‚Wiederverkörperung des Geistes und Schicksal' des Buches ‚Theosophie' überwindet Rudolf Steiner in zwingender Logik diesen thomistischen Gedanken: ‚...Wer über das Wesen der Biographie richtig nachdenkt, der wird gewahr, dass in geistiger Beziehung jeder Mensch eine Gattung für sich ist...' Das heißt: Nach der präexistierenden, aus früheren Verkörperungen in die Geburt tretenden individuellen ‚Natur' ist der einzelne Mensch eine ‚Species' für sich. Die leibliche Stofflichkeit ist nicht mehr das Prinzip der Individuation, wenn sie auch als Objekt, an dem das geistige Individuum schicksalentsprechend wirksam ist, ihre volle Bedeutung behält. – Dieser thomistische Gedankengang ist eine geistesgeschichtlich [die werte Universität!] notwendige Vorstufe des spirituellen Individualismus Rudolf Steiners."

Der Nerv dieser Ansicht des Dr. Boos liegt in der Annahme: ein principium individuationis sei jetzt überflüssig, weil doch die sich wiederverkörpernde präexistierende „Gattung für sich" schon Individualität *sei*, und es nicht erst zu *werden* brauche. Der historische Thomas von Aquin würde wegen dieses Boos'schen anthroposophischen Neothomismus an Dr. Boos die Anfrage richten: ob denn die Anthroposophen dabei gewesen seien beim Jüngsten Gericht, als die Toten ihre unverweslichen Leiber als ihre Seelen identifizierten. Vorher, nämlich früher als beim Jüngsten Gerichte, sei es nicht möglich, die menschliche Gattungs–Seele zugleich als körperlichen LEIB zu haben.

Die Auskunft des Dr. Boos, R. St. habe in einem Buchkapitel „in zwingender Logik" einen *unerlösten* (vgl. Thomas-Vortrag S. 73) thomistischen Gedanken „überwunden", erscheint etwas armselig, wenn der Gedanke möglich ist, ein neuerer Denker habe seinen *ganzen Lebensgang* für die Reparatur des Thomismus eingesetzt.

Absolut irrig wäre die Annahme, es bedürfte für die „je eigenen Gattungen" der Theosophie keines Prinzips der Individuation. Ich erinnere an die Mitteilung der Geisteswissenschaft im Zyklus 37, 8, 10 (vgl. S. 201 dieser Marginalien), dass für die „je eigenen Gattungen" *nur* in deren Zustande zwischen Tod und neuer Geburt eine Identität mit dem EINEN LEIBE (des Urtypus „Mensch") besteht, weshalb die „goetheanistische" frohe Botschaft in dem Buche „Goethe in unserer Zeit", nach welcher die je eigenen Gattungen kurzerhand je eigene Weltschöpfer wären, eben ein Unfug ist.

Boos nimmt leichthin an, es bestehe zwischen dem Thomismus und der Geisteswissenschaft ohne weiteres ein Verhältnis der

Commensurabilität. Diese Commensurabilität besteht nicht nur dann nicht, wenn Boos der Commensurator ist, sondern sie besteht überhaupt nicht. Anthroposophie ist ebensowenig „logisch" aus dem Thomismus ableitbar, wie sie nicht „logisch" aus der Philosophie der Freiheit folgen musste.

Heutige anthroposophische Aussagen über das Prinzip der Individuation haben von einem geistig standfesten Boden aus zu erfolgen, den es für den historischen Thomas noch nicht gab. Zuerst hat man, nachdem die arrogante kirchliche Illusion der unsterblichen „substanziellen Einzelseele" zerstört ist, nach dem Prinzip der anthroposophisch zu verstehenden „Unsterblichkeit der menschlichen Seele" zu fragen. Dabei stößt man auf den ewigen Menschen-LEIB des Typus MENSCH. Wenn es – anthroposophisch – unsterbliche Seele gibt, dann deswegen, weil es den ewigen Menschen-LEIB gibt. Der anthroposophische Begriff der Seele beinhaltet: Das abgeschlossene Universum des *leiblichen* Typus MENSCH, des Weltenall. Der Typus MENSCH ist EINER. Welche Kraft bewirkt die Besonderheit der Vielzahl der Menschen? In dieser Frage hat sich die thomistische Frageart nach dem Prinzip der Individuation völlig verwandelt. Die Antwort auf die neu orientierte spezifisch anthroposophische Frage lautet: Die einzelnen Menschen (Sokrates, Schiller) sind eine Eigenschaft oder ein Können des Typus MENSCH. Die Weltkraft, die den Einzelmenschen vom EINEN MENSCHEN unterscheidet, fällt in die moralische Differenz zwischen dem moralisch relativ unfertigen Einzelmenschen (Sokrates, Schiller) und dem moralisch fertigen Typus MENSCH.

Als Prinzip der Individuation kann im Sinne der Geisteswissenschaft die PRÄDESTINATION verstanden werden. Damit ist – untheologisch – das Folgende gemeint (vgl. zum

Gemeinten R. St., Die spirituellen Hintergründe der äußeren Welt, Vorträge Sept./Okt. 1917, Dornach; 5. Vortrag, S. 107): Man hat im Raume der Theologie doch wohl unzureichende Vorstellungen davon, dass die Welterschaffung eine TRAGÖDIE ist. Der Weltprozess ist eine Tragödie – – darunter verstehe ich: Der Schöpfer und Urmensch verschenkt sich, er wagt das Weltendrama, als Verschenkter außer sich der zu *werden*, der er in Ewigkeit schon immer *ist*. Zwei getrennt verlaufende Wege zeichnen sich im Weltenwerden, des Ersten Menschen zu sich selbst hin, ab. Die Entwicklung der Menschen-*Leiber* und die Entwicklung der menschlichen *Seelenschicksale* geschehen auf zwei voneinander getrennten Wegen. Die Leiber – – die sind immer der in die Zahl schießende Urmenschenleib selbst. Der Schöpfer, als der Zuschauer seines Schaffens, hält seinen eigenen in die Zahl schießenden Leib den sich wiederverkörpernden Menschengeistern zur Verfügung. Der „Sündenfall" in Adam ereignete sich auf dem Wege der Seelenschicksale. Das Vermögen des Adam, zu sündigen, ist eine „religiöse Gabe" (34,1,3) des Urwesens und Schöpfers, und zwar eine von zwei „religiösen Gaben". Die andere Gabe, das Pendant zur ersten, ist der vom Schöpfer hingegebene „Sohn". Wenn aus Adam ein freier Mann des 20. Jahrhunderts werden sollte, dann musste er durch die Sünde geleitet werden. Adams Sünde ereignete sich auf dem Werdewege der Seelenschicksale. Aber die schadhafte Seele bewirkte jetzt auch eine Verschlechterung der Leiber. Die Weltentragik ließ das Risiko der „Erbsünde" nicht vermeiden. Die in Christus begnadeten Seelen vermögen bessernd auf ihre infolge der Erbsünde schadhaft gewordenen Leiber einzuwirken. In dieser Spannung zwischen erbsündigen Leibern und sich der Gnade aufschließenden Seelen, die als begnadete bessernd auf die Leiber wirken, geht es weiter bis zum Jüngsten Tag, an dem die Schöpfung beginnt. Und die *Prädestination* besteht beim Jüngsten Gericht, also am Beginne der Schöpfung des

Urmenschen, darin: mit welchen LEIBERN die Menschen beim Jüngsten Gericht ankommen.

Über Augustinus und die Prädestination sprach R. St. 1917 im 5. Vortrage von „Die spirituellen Hintergründe der äußeren Welt", S. 107:

(der Mensch werde sich in Zukunft bei jeder Inkarnation mehr aus der Körperlichkeit herausziehen, und zuletzt überhaupt auf eine physische Leiblichkeit verzichten müssen)

„Auch diese Sache ist instinktiv gefühlt, empfunden worden in der Abend- und in der Morgendämmerung des vierten bzw. fünften nachatlantischen Zeitalters. Manche Leute haben da Dinge gesagt, die schon zusammenhängen mit der Entwicklung dieses unseres Zeitalters. Aber sie konnten nicht richtig verstanden werden; sie haben sich oftmals selbst nicht richtig verstanden. Denken Sie doch einmal an solche grausam erscheinende Lehre wie die des Augustinus, sogar des Calvin: dass die Menschen bestimmt wären, der eine Teil von vornherein zum Seligwerden, die anderen zum Verdammtwerden, die einen zum Guten, die andern zum Bösen. Solche Lehren hat es gegeben. Sie erscheinen grausam. Und dennoch, für eine richtige Einsicht erscheinen diese Lehren nicht ganz unrichtig, wie überhaupt manches, was unrichtig erscheint, eine gewisse relative Richtigkeit hat. Was im Zeitalter des Augustinus und den nachfolgenden Jahrhunderten über den Menschen gewusst werden konnte, bezieht sich eigentlich gar nicht richtig auf die Menschenseelen und den Menschengeist – Sie wissen ja, der Menschengeist wurde sogar auf dem Konzil in Konstantinopel abgeschafft –, sondern es bezieht sich auf den auf der Erde herumwandelnden Menschen. Ich will versuchen, möglichst deutlich zu sprechen über das, worauf es ankommt. Es kann Ihnen *ein* Mensch begegnen und ein anderer: und im Sinne der Augustinischen Lehre könnte man sagen – *der* ist zum Guten, *der* ist zum Bösen bestimmt. Aber nur seine äußere Körperlichkeit, nicht die Individualität! Über die wirkliche Individualität hat das Augustinische Zeitalter überhaupt nicht gesprochen. Wenn man nun eine Anzahl von Menschen vor sich hat, so kann man sagen (aber das hat erst einen Sinn von der neueren Zeit an, bei den Griechen hätte es keinen Sinn gehabt): da sind die Menschenseelen; die sind natürlich die Schmiede ihres eigenen Schicksals, da gibt es keine Prädestinations-Impulse. Aber die wohnen in *Leibern*, die zum Guten oder Bösen bestimmt sind. – Und immer weniger werden in der Erdenentwicklung die Menschen in der Lage sein, ihre Seelenentwicklung ganz parallel der Leibesentwicklung zu nehmen. Warum sollte es nicht sein können, dass eine Individualität sich verleiblicht in einem Körper, der nach seiner ganzen Konstitution zum Bösen bestimmt ist? Der Mensch kann ja trotzdem drinnen gut sein, weil die Individualität nicht mehr in einem intimen Zusammenhang mit der Körperlichkeit ist. Das ist wieder keine bequeme Wahrheit, aber eine Wahrheit, mit der man sich bekannt machen muss."

Durch diese Mitteilungen der Geisteswissenschaft, die dem furchtbaren Prädestinationsgedanken des Augustinus einen späten Sinn garantieren, scheint eine Analogie nahegelegt: Wie es den „Christusimpuls" gibt, so gibt es den „Prädestinationsimpuls"; und der Prädestinationsimpuls wäre die Aufgabe, einsehen zu lernen, dass es darauf ankommt: mit was für *Leibern* beim Jüngsten Gericht angekommen wird. Es besteht keine

Veranlassung, sich das Jüngste Gericht als eine geräuschvolle Theaterszene vorzustellen. Man kann vielmehr sagen, dass der Urteilsspruch dieses Gerichtes bei jeder neuen Verkörperung einer „je eigenen Gattung" gesprochen wird, so dass in diesem Sinne – und zwar in voller Übereinstimmung nicht mit Roman Boos, sondern mit Thomas von Aquino – als das Prinzip der Individuation die materielle Leiblichkeit in ihrer Funktion als „Prädestination" verstanden werden kann. Das ist ein Gedanke, von dem angenommen werden kann, dass er auf die Vertreter der modernen Medizin nicht befremdend zu wirken braucht. – Die Geheimwissenschaft im Umriss, Ausg. 1925, S. 374: „Entwickelung der Menschenformen und Entwickelung der Seelenschicksale muss übersinnliche Erkenntnis auf zwei ganz getrennten Wegen suchen."

Dezember 1949                                      Karl Ballmer

Anmerkung zu Seite 214 dieser Marginalien; Zeile 5: In der Originalausgabe des Zyklus 45 steht „Nur *ist* Aristoteles in einer Zeit, in der er schon nicht mehr vollständig einsehen kann, welchen Zusammenhang die Seele mit dem Kosmos hat." Die Buchausgabe (1933, S. 103) „verbesserte" das „ist" in „lebt". Es macht natürlich eine starke Nuance aus, ob R. St. sagte „ist" oder ob er sagte „lebt", – was für solche ohne weiteres verständlich sein kann, die schon einmal davon haben läuten hören, dass im System des Aristoteles nicht „Leben", sondern „Sein" der entscheidende Begriff ist. Jedenfalls wollte R. St., indem er

„ist" sagte, etwas ganz anderes gesagt haben, als wenn er „lebt" gesagt hätte. Es kommt auch nicht auf die wohlgemeinten bzw. mehr oder weniger intelligenten Absichten derer an, die sich berufen fühlen, das gesprochene Wort R. Sts. zu „verbessern". Es kommt aber entscheidend darauf an, endlich zu wissen: dass es unter allen Umständen absolut unzulässig ist, von R. St. *gesprochene* Worte bei der Publizierung zu verändern.

(Es könnte heiter werden, wenn man in der Beurteilung dieser Sache etwa gar auf die Kapazität eines ehrenwerten Kantonalen Obergerichtes abzustellen hätte, das den „Journalisten Rudolf Steiner" entdeckt hat. Vgl. „Nachrichtenblatt" 1950, Nr. 3 vom 15. Januar.)

# MARGINALIEN, 2

(1950)

Im Vortrage am 23. Oktober 1909 zu Berlin, anlässlich der jährlichen Generalversammlung der deutschen Sektion der Theosophischen Gesellschaft, wurde über die menschlichen Sinne gesprochen. Seite 13, Zeile 15 in dem Buche „Anthroposophie, Psychosophie, Pneumatosophie" (1931):

> „... Nun treten wir heraus aus dem Menschen: er beginnt in Wechselwirkung zu treten mit der äußeren Welt. Das erste derartige Wechselverhältnis besteht darin, dass der Mensch einen Stoff der Welt mit sich vereinigt und ihn so wahrnimmt."

Aus dem seriösen Studium der wörtlichen Vortragstexte soll in diesem Heft dazu beigetragen werden, einige Klarheit zu gewinnen über die *Prinzipien der anthroposophischen Sinneslehre*. (Über die niederträchtige Gemeinheit der Insinuation, das „Vortragsdeutsch" der von R. St. gesprochenen Sätze und Worte bedürfe der editorialen Nachhilfe, nämlich der Verbesserung in „schöneres Buchdeutsch", werde ich mich in einem besonderen Aufsatze auslassen.)

### Zwei verschiedene Auffassungen:

Was heißt: Wirksamkeit eines Sinnes? Als zwei verschiedene Antworten auf diese Frage stelle ich nebeneinander die Antwort des Aristoteles und die Antwort Rudolf Steiners.

Aristoteles hat die Ansicht: Ein Sinn ist dasjenige Organ, das die sinnlichen Formen in sich aufzunehmen vermag ohne die Materie. (Von der Seele, Buch 2, Kap. 12)
Dagegen Rudolf Steiner: Die Wirksamkeit eines Sinnes besteht darin, dass der Mensch einen STOFF der Welt mit sich vereinigt und ihn so wahrnimmt.

Aristoteles will sagen: Wenn ein einzelner Löwe wahrgenommen wird, so geht nicht der stofflich-materielle Löwe in den Sinnesvorgang ein, sondern der Sehsinn nimmt ein materiefreies Bild des Löwen auf.

Ganz anders die anthroposophische Lehre: Wenn von einem natürlichen Einzelmenschen ein einzelner Löwe sehend wahrgenommen wird, so verbindet sich der Stoff des Löwen mit dem MENSCHEN und wird so wahrgenommen, d.h. es geht der stoffliche Löwe ganz und gar in den Sinnesvorgang ein. Dieses anthroposophische Prinzip der Sinneslehre ist vom Standpunkte des Aristoteles, d.h. aber vom Standpunkte der *Philosophie* des christlichen Abendlandes aus, nicht nur befremdlich, er ist im ernsthaftesten Sinne ungeheuerlich. Zwecks Abwehr des ersten Schocks beim Auftreten dieses Prinzips der anthroposophischen Sinneslehre hat man sich zunächst klar zu machen, dass unter „Stoff" nicht nur Phänomenales, sondern auch geistige Substanz verstanden werden kann.

*Eine gehaltvolle Frage*: Ein natürlicher Einzelmensch sitze in einem Vortragssaal, z.B. in der Schreinerei, und höre einem Vortragenden zu. Sein Auge lässt ihn den Vortragenden sehen, durch seine Ohren vernimmt er auf den Bewegungen der physischen Luft die Worte und Sätze des Vortragenden. Kann nun der zuhörende natürliche Einzelmensch die Ansicht haben, der Vortragende gehe stofflich in den Sinnesvorgang des sehend

Zuhörenden ein? Ich schiebe die Beantwortung dieser gravierenden Frage noch auf, und bezeichne zunächst die Fragestellung als eine gehaltvolle anthroposophische Frage.

Wenn das Prinzip der anthroposophischen Sinneslehre lautet: „Die Wirksamkeit eines Sinnes besteht darin, dass der Mensch einen Stoff der Welt mit sich vereinigt und ihn so wahrnimmt", so wolle man sich klar sein, dass in dem obigen Satze unter „Mensch" nicht Herr Müller oder Herr Meier zu verstehen ist, sondern der in Herrn Müller und Herrn Meier sein Können handelnde Urmensch. Gewiss sieht Herr Müller *selbst*, und gewiss sieht Herr Meier *selbst* – mit der ganz subjektiven Tönung seines Sehens –, und dennoch ist das Sehwesen und das Hörwesen in den einzelnen Menschen das Können der WELT selbst, d. h. des Weltenalls oder des Urmenschen, laut 39,12. Ein Goetheanismus des 20. Jahrhunderts braucht nicht notwendig nur akademischer Schund zu sein.

Der Sinnesvorgang wurde von R. St. unter den Gesichtspunkt des sowohl kosmischen wie natürlichen *Befruchtungsvorganges* gerückt:

> 4,7,6: Der Anfang äußerer Sinne für den Menschen auf der Erde war die Wärme-Empfindung. – In der lemurischen Zeit waren Befruchtung und Wärmewahrnehmung noch nicht geschiedene Funktionen, beide waren gebunden an die Zirbeldrüse.

Zum Thema Urmensch (der Urmensch ist ein *unsichtbarer* physischer Einzelmensch wie du und ich) und Befruchtungsvorgang führte R. St. aus, nachdem er vom Adam Kadmon der Kabbala gesprochen hatte:

7, 9, 5: „Was ich Ihnen jetzt entwickelt habe, und was da gipfelt in der Lehre von dem makrokosmischen Menschen [=Urmensch, vgl. oben], das ist eine Lehre, welche in der Tat die tiefsten Weltgeheimnisse enthält, eine Lehre, die nach und nach einfließen wird in die allgemeine Menschheitsbildung. Man ist heute noch weit davon entfernt, diese Lehre zu verstehen; denn wenn irgend jemand, der ein bloßer Gelehrter ist, diesen Vorträgen zugehört hätte, so hätte er dieses Auditorium wahrscheinlich für etwas anderes als für eine gescheite Versammlung gehalten. Man ist heute sehr weit davon entfernt, diese Dinge zu verstehen. Aber wir stehen am Ausgangspunkt der Zeit, wo die Tatsachen, die *gegen* die phantastischen Theorien der heutigen Wissenschaft gefunden werden, die Menschen dahin drängen, den Weg zu suchen zu diesen großen Wahrheiten der Urweltsweisheit; und niemals wird man früher in das Geheimnis z. B. des sogenannten Befruchtungsvorganges, über den die Leute heute so kindisch spekulieren, eindringen, bevor man nicht wird fruchtbar machen können die Lehre vom makrokosmischen Menschen für den Befruchtungsvorgang."

In München am 5. Juni 1907 sprach R. St. ferner die folgenden Worte:

2, 13, 7: „Viele können sich nicht vorstellen, dass je eine andere Fortpflanzungskraft als heute da sein wird. Aber sie wird da sein, die Fortpflanzung wird sich ändern. Alles was heute Fortpflanzung ist und im Zusammenhang mit diesem Triebe steht, wird in Zukunft an ein anderes Organ übergehen. Dasjenige Organ, das sich heute darauf vorbereitet, das zukünftige Fortpflanzungsorgan zu werden, ist der menschliche Kehlkopf. Heute kann er nur Luftschwingungen hervorbringen, er kann nur dasjenige, was in seinem Worte liegt, der Luft mitteilen, so dass die Schwingungen dem Worte entsprechend sind. Später wird aus diesem Kehlkopfe nicht nur das Wort in seinem Rhythmus hervordringen, sondern dieses Wort wird vom Menschen durchleuchtet werden, es wird durchdrungen werden vom STOFFE selber. So wie heute das Wort nur zur Luftwelle wird, so wird in Zukunft des Menschen inniges Wesen, sein eigenes Ebenbild, wie es heute im Worte ist, aus dem Kehlkopfe herausdringen. *Der Mensch wird den Menschen aussprechen.* Und das wird zukünftig die Geburt eines neuen Menschen sein, dass er *ausgesprochen* wird von einem anderen Menschen."

Aristoteles ist der Ansicht, in den Sinn eines Zuhörenden gingen die vom Vortragenden ausgehenden Eindrücke „ohne Materie" ein; es kann also für Aristoteles keine Rede davon sein, dass der Vortragende *stofflich* sich mit dem Menschen des Zuhörenden verbindet. Dagegen wird von R. St. obig eine Szene geschildert, bei welcher der Vortragende stofflich in den Sinn des Zuhörenden so übergeht, dass der Zuhörer als stoffliches Wesen *entsteht*. Wird also gefragt: Was heißt Sinneswirksamkeit?, so vertritt R. St. eine von der Auffassung des Aristoteles gründlich verschiedene neue Ansicht.

Dass der neuen Ansicht Hemmungen entgegenstehen können, selbst bei geschulten Anthroposophen, darf hier an einem lebendigen Beispiel demonstriert werden. Die Vorbesitzerin meines Exemplars des „Zyklus" 2, die als langjährige Lehrkraft an einer Lehrerinnen-Ausbildungsanstalt über ein hohes allgemeines Bildungsniveau und auf Grund langjährigen intensivsten Studiums über ein ungewöhnliches Vertrautsein mit den „Zyklen"-Inhalten verfügte, hatte zur obigen Stelle 2,13,7 eine aufschlussreiche Randbemerkung mit Bleistift eingetragen, die mir seit Jahren wert ist. Durch ihre Randnotiz insinuierte die Vorbesitzerin, es scheine in dem Satze ein Stenogramm- oder Druckfehler enthalten zu sein. Der Satz lautet: „Später wird aus diesem Kehlkopfe nicht nur das Wort in seinem Rhythmus hervordringen, sondern dieses Wort wird vom Menschen durchleuchtet werden, es wird durchdrungen werden vom STOFFE selber." Die Vorbesitzerin hatte das Wort „Stoffe" mit Bleistift unterstrichen und an den Rand zwischen zwei Fragezeichen gesetzt: „?Menschen?". Sie zögerte also, sich zu befreunden mit der postaristotelischen Ansicht der Geisteswissenschaft, dass das gehörte Wort eines Vortragenden vom *Stoffe* des Vortragenden durchdrungen sein kann.

Ich darf jetzt, gemeinsam mit der hochverehrten Frl. M. St., der hervorragenden einstigen Leiterin der Hamburger „Anthroposophischen Studienbibliothek" (M. St. verließ den physischen Plan am 23. 2. 1946, ihre sterbliche Hülle übergab sich am 27. 2. in Ohlsdorf dem physisch-geistigen Weltenall) den folgenden Gedanken denken: Was geschieht, indem ich als Hörer einen Vortragenden *sehe*? Antwort: Im Vortragenden geschieht ein Opfer. Im Vortragenden opfert sich die Bildkraft, die seine menschliche Gestalt erschaffen hat, hin, damit die frei gewordene Kraft jetzt die Sehkraft *meines* Auges sein kann, mit der ich die menschliche Gestalt des Vortragenden wahrnehme. Dieser Gedanke ist „Goetheanismus 1950". Goethe dachte den Gedanken und erkannte die Schwierigkeit des Gedankens: „Licht und Auge – beide zugleich eins und dasselbe". Goethe dachte damit den *Anfang* eines Gedankens; und wenn dieser Gedanke zu Ende gedacht wurde, dann nur, wenn von ganz unerwarteter Seite die Hilfe kam. –

Hatten wir vom *Prinzip* der geisteswissenschaftlichen Sinneslehre („die Wirksamkeit eines Sinnes besteht darin, dass der Mensch einen STOFF der Welt mit sich vereinigt und ihn so wahrnimmt") gesagt, es bedeute im Verhältnis zu der seit Aristoteles in Geltung stehenden abendländischen Auffassung eine ungeheuerliche Zumutung, so möchte mit dem Vorstehenden angedeutet sein, dass es verlohnt, sich dieser ungeheuerlichen Zumutung rüstig auszusetzen. Der Geisteswissenschaft Studierende darf nur nicht erwarten, die Zusammenschau der gemäß Arbeitsmethode des okkultistischen Lehrers überaus zerstreuten Zusammengehörigkeiten sei ein leichtes und bequemes Stück Arbeit. Die besondere Arbeitsmethode des Lehrers, welche die Gaben zeitlich und räumlich (über Vortragsorte in ganz Mitteleuropa) dosiert verstreut, hat ja wohl den Zweck, unsere fragende „Autonomie" zu ermuntern.

## Sinnen-WIRKUNG

Der Begriff der Sinnenwirkung (im Unterschied zu Sinneswahrnehmung) tritt als ein vollständig neuer Begriff, und zwar als *anthroposophischer* Fundamental- und Kernbegriff im 20. Jahrhundert auf (Carl Unger, GL = Die Grundlehren der Geisteswissenschaft, 1929, S. 30). Warum kennt die gesamte abendländische Philosophie – von Aristoteles bis Mach – den Begriff der Sinnenwirkung nicht? Aus einem sehr einfachen Grunde. Aristoteles hatte die Aufgabe, den persönlichen Weltschöpfer (=Urmensch) zu *leugnen*; er spricht unverbindlich von Gott als der Ersten Ursache. Und es bedeutet ein Stück Weltentragik, dass Thomas zum Begreifen des Christus kein besseres Instrument zur Verfügung hatte als die den Schöpfer leugnende aristotelische Philosophie (vgl. 8,12,13). Umso herziger ist es, wenn die im 20. Jahrhundert als „Anschauung von Schöpfung" gegebene Geisteswissenschaft von einem Roman Boos als aufgewärmter christlicher Peripatetismus zurechtspintisiert wird. Das böse Ende des Aristotelestums hat man in Brentano zu sehen. Brentano versuchte sein Glück mit der psychologischen Finte des „intentionalen Inneseins". Schonend spricht R. St. von dieser Brentano'schen „intentio" (Von Seelenrätseln, S. 127 f. und Anhang 5; ferner II. Hochschulkurs S. 59–61). Brentanos psychische Intentio heißt bestenfalls: Brentano, der Intimus des Aristoteles im 20. Jahrhundert, ahnt wenigstens, dass mein Sehen des Vortragenden das in diesem Vortragenden geschehende Selbstopfer „intendiert".

Dr. C. Unger, in seinen „Grundlehren der Geisteswissenschaft", die nicht zu hoch eingeschätzt werden können (wobei man sich vorstellen darf, Dr. R. St. habe dem schreibenden Carl Unger gleichsam über die Schulter auf das Schreibpapier geblickt) definiert den Begriff der Sinnenwirkung als das auf sich selbst Richten des Nicht-Ich. Dr. Unger benutzt das Begriffsmaterial des philosophischen deutschen Idealismus (Fichte, Hegel, Schelling), um eine Sprache zu haben, in der sich die „Grundlehren" der Anthroposophie ausdrücken lassen. Besonders arbeitet Dr. Unger mit dem klassischen Begriffspaar „Ich" und „Nicht-Ich". Unger bezeichnet diese Art der Rezeption der Geisteswissenschaft als „erkenntnistheoretische" Methode. Wenn Unger „Erkenntnistheorie" sagt, so meint er eine Art und Weise, die Lehren der Anthroposophie nachzudenken. „Es gibt eine Art und Weise, die Lehren der Geisteswissenschaft oder Anthroposophie darzustellen ... Erkenntnistheoretisch soll diese Darstellungsart genannt werden, weil sie den Betrachter dieser Weisheit auf die eigenen Erkenntnisprinzipien stellt." (GL, 2. Aufl., S. 7.) Mit zweierlei will es Unger also zu tun haben: erstens mit der Darstellung der Weisheit der Geisteswissenschaft, zweitens will er den Betrachter dieser Weisheit auf *eigene* Erkenntnisprinzipien stellen. – Ganz im Sinne dieser Ungerschen Intention hat der Verfasser dieser

Marginalien in seiner Schrift „A. E. Biedermann heute" (Troxler-Verlag, Bern 1941) den Gedanken vertreten: es komme darauf an, das einmalige Ereignis der Selbstaufklärung der Welt über ihr Erkennen (in der Erkenntnistheorie R. Sts.) streng zu unterscheiden von *unseren* „erkenntnistheoretischen" Bemühungen, die darauf abzielen, zu jenem Ereignis in das rechte Verhältnis zu treten. Wie es Dr. Unger nicht einfallen konnte, die Gedanken von „Wahrheit und Wissenschaft" als beliebige „allgemeine" Wahrheiten zu betrachten, die man im akademischen Stil übernehmen könnte, um sie dann freigebig als eigene Urteile zu verschenken, so wollte auch der Schreibende streng unterschieden wissen zwischen der (für uns ein Karma bedeutenden) Erkenntnistheorie Rudolf Steiners und unser eigenen „Erkenntnistheorie". Ich wusste mich also in meiner Schrift über Biedermann in bester Übereinstimmung mit Unger. Ein Dornacher philosophischer Doktor Leiste belehrte mich dann, dass ich von Anthroposophie nichts verstehe (in der Schrift „Anthroposophie und Anthroposophische Gesellschaft", Rudolf Geering Verlag in Basel 1941; S. 193–221), und wenn Herr Dr. Leiste in Wirklichkeit mit seiner Zensur gesagt haben wollte, ich sei kein Verehrer der Intelligenz des Albert Steffen, so bin ich ihm für diese Feststellung nur zu Dank verpflichtet.

Man kann auf dem von Unger beschrittenen Wege, die Weisheit der Geisteswissenschaft aufzufassen und darzustellen, weiter gehen. Ein *Goetheanismus des Jahres 1950* kann es unternehmen, die beiden Abstraktionen „Ich" und „Nicht-Ich" als gewonnen am TYPUS Mensch (=Urmensch, =Schöpfer) aufzuzeigen. Nicht-Ich bedeutet dann den Urmenschen, einen *unsichtbaren* physischen Einzelmenschen, während „Ich" – in seiner Relation zum Nicht-Ich – dasjenige bedeutet, was wir selbst sind und noch werden können: ein mögliches KÖNNEN des Urmenschen, so wie man in der einzelnen Pflanze das Können der Urpflanze manifestiert sehen kann.

Von einem solcherart fundierten „Goetheanismus 1950" aus wird man dann auch dazu gelangen, die Inhalte der Geisteswissenschaft in rationelle Beziehungen zu setzen zur *Physik*, und auch zur Theologie (sofern Theologie nicht ein „liberales" Blech oder Berner Theologie im Stil Martin Werners ist).

Eine vortreffliche Übung besteht darin, Dr. Ungers „Grundlehren" durchzuarbeiten unter Zugrundlegung des Gedankens, dass „Nicht-Ich" und „Ich" zwei Abstraktionen sind, die sich auf den Typus MENSCH (Urmensch) beziehen. Man wird sehen, wie es durch solche Übung möglich wird, viele Brücken zu schlagen zu den Texten in den nachstenographierten Vorträgen des Lehrers R. St.

Eine vordringliche Aufgabe auf dem von Dr. Unger beschrittenen Wege des *rationellen* Umgangs mit den Inhalten der Geisteswissenschaft ist heute die *gekonnte* Distanzierung gegen das Chaos der „modernen Physik". Diese Aufgabe besteht ausdrücklich seit dem „Lichtkurs" und dem „Wärmekurs" 1919/20. Doch sind die bei der Bewältigung dieser Aufgabe drohenden Beschwerden noch größere als auf dem Gebiete der „Biologie" (vgl. Marginalien, 1). Hier ein Beispiel solcher Beschwerden: Eine im akademischen Sinne vortreffliche Schrift von Dr. Ing. E. Hegelmann „Grundfragen der Physik im Lichte Goethe'scher Erkenntnisart, mit dem Versuch einer neuen Darstellung der Hauptsätze der Wärmelehre", Dissertation der technischen Hochschule Darmstadt 1928 – ist sichtlich beeindruckt von den Stuttgarter Physikkursen 1919/20 und bezieht sich auf Arbeiten von Dr. Steiner, Dr. Unger und E. A. Karl Stockmeyer. Aber es geschieht in dieser Schrift (sie ist: „Dem

Andenken Rudolf Steiners, dem umfassendsten Geiste unserer Zeit in Verehrung und Dankbarkeit gewidmet") ein grausames Malheur. Dr. Hegelmann will, wie er S. 79 sagt, das „Urphänomen der Thermometrie" aufsuchen, und er will zu dieser Aufgabe wertvolle Anregungen des Freiherrn Dr. Hermann von Baravalle empfangen haben. Nun überlege man einmal kurz: Kann denn überhaupt ein im Sinne Goethes und Rudolf Steiners verstandenes URPHÄNOMEN jemals „Metrie" sein? Es ist natürlich schlechterdings absolut unmöglich. Eine physikalische „Metrie" ist sachnotwendig stets ein menschliches Machwerk, das Urphänomen aber ist kein auf Willkür und Konvention beruhendes Machwerk, sondern das Gegenteil davon: eine Welt-Tatsache. Wer die theoretischen Grundlagen der modernen Physik unangetastet respektiert, und dies tut Dr. Hegelmann, der sollte sich als Anthroposoph klar sein, dass erstens vom Standpunkte der Physik ein Goethe'sches Urphänomen ein Nonvaleur sein *muss*, und dass zweitens ein Urphänomen nicht „Metrie" sein kann.

Die ungescheute Klarstellung solcher „goetheanistischen" Missgeschicke ist einfach unerlässlich, wenn aus dem heillosen Dilettieren herausgekommen werden soll. Ich habe einmal in einer norddeutschen Universität Dr. von Baravalle einen „neuen Beweis des pythagoräischen Leersatzes" vortragen hören, - - möglicherweise war das auch anthroposophischer „Goetheanismus". Aber ich glaube auch nicht, dass Hegelmann eine rationelle Aufgabe ergreift, wenn er als „Goetheanist" dem „Versuche einer neuen Darstellung der Hauptsätze der Wärmelehre" (R. St. sagte: Helmholtz-Evangelium) nachhängt – nachdem es seit dem Stuttgarter Wärmekurs das WÄRMEWESEN gibt oder geben könnte. Unsere anthroposophischen Akademiker im allgemeinen und die Physiker im besonderen sollten einsehen, dass der Versuch einer

Dekorierung des Akademischen mit Anthroposophischem ganz hoffnungslos ist. Sie sollten umgekehrt sich zu dem Impuls durchringen, einsehen zu wollen: dass im „exakten" Weltanschauungsbild, das von der Geisteswissenschaft gezeichnet wird (Geheimwissenschaft im Umriss) genau diejenige *physikalische* Weltanschauung gekonnt ist, die im Weltbild der Hauptsätze der Wärmelehre vorbeigelungen ist.

Die Unmöglichkeit des Perpetuum mobile, sagte uns R. St., besteht innerhalb der Gegebenheiten der akademischen Physik nicht aus Gründen der Logik, sondern in Tatsachengrundlagen. Tatsächlich betreibt die „Natur" dauernd den Versuch, das Perpetuum mobile zu bilden, wird aber durch die Umwelt der Versuchsobjekte am Gelingen verhindert. Um als Anthroposophen in einem großen Stil zur Physik in ein *rationelles* Verhältnis zu treten, können wir die folgende Position einnehmen:

Die unmögliche Tatsache – d.h. die nicht vor ihrem Auftreten auszudenkende Tatsache – des „Perpetuum mobile" ist gegeben, wenn wir am TYPUS Mensch die Anschauung der Schöpfung gewinnen (= Anthroposophie) und unter Schöpfung (= Weltvorgang, Weltprozess) verstehen: In ewigem Werden *wird* der Urmensch, was er vor seinem Werden schon immer *ist*. Der Gesamtinhalt des Weltanschauungsbildes der Anthroposophie wird umspannt von diesem Symbol des existierenden „Perpetuum mobile".

Um dem Chaos der modernen Physik mit Ratio entgegenzutreten, haben wir diese Physik darauf aufmerksam zu machen, dass sie sich über ihren Gegenstand entweder absolut im Unklaren ist oder sich in Illusionen ergeht. Anthroposophisch sagen wir kurz und bündig: Gegenstand der Physik ist der

Un-Gegenstand „Ich" des Urmenschen. Eddington kann ohne weiteres sympathisieren mit dieser ungewohnten These. Wenn die moderne „Quantenphysik" (oder gar „Quantenbiologie") zu letzten Quasi-Gegebenheiten vorstößt (es sind keine *echten* Gegebenheiten im Sinne von „Wahrheit und Wissenschaft", weil sie von den experimentierenden Machenschaften des Forschers modifiziert sind) und diese Pseudogegebenheiten als letztursprüngliche Elementar-Wirkungen bezeichnet, so sind die *echten* Gegebenheiten einer echten anthroposophischen Physik die Sinnen-Wirkungen des Nicht-Ich, d.h. des TYPUS Mensch oder des Urmenschen und Schöpfers (vgl. Unger, GL, S. 30).

Die offenbare Geisteswissenschaft bestätigt restlos die Urthese, die R. St. im Jahre 1890 in der Einleitung zu Goethes Farbenlehre statuierte: „Das sinnenfällige Weltbild ist die Summe sich metamorphosierender Wahrnehmungen ohne eine zu Grunde liegende Materie"; wobei „ohne eine zu Grunde liegende Materie" nichts weiter bedeutet als eine Zeitangabe: nämlich die zeitbedingte Feststellung, dass im Jahre 1890 die dereinstige Anthroposophie noch nicht mitgeteilt werden konnte, – denn allerdings haben wir anthroposophisch mit einer höchst realen metaphysischen MATERIE zu rechnen, und diese ist keine andere als das „Ich" des TYPUS Mensch als sein physischer Leib. Ich und Physischer Leib des Urmenschen sind gleich aber verschieden. – Auch noch an die andere Urthese des dritten Bandes von Goethes Naturwissenschaftlichen Schriften ist hier zu erinnern: R. St. als Herausgeber der Farbenlehre Goethes sah sich veranlasst: „jede Theorie der Natur, die prinzipiell *über* das Gebiet der wahrgenommenen Welt hinausgeht, als unmöglich abzulehnen und lediglich in der Sinnenwelt das einzige Objekt der Naturwissenschaft zu suchen." Wer sich zu entschließen vermag, diese Urthese ernst zu nehmen, wird einsehen müssen, dass der Beruf des anthroposophischen Physikers kein anderer sein kann als der des Abschiednehmens von der ehrenwerten „modernen Physik", von den eitlen Spintisiereien der nominalistisch-agnostischen modernen Physik. (Auf liebliches Kokettieren mit „okkultistischem Atomismus" unter Steffenscher Inspiration kann, wenn es sein muss im Namen Carl Ungers, verzichtet werden.)

Wir müssen die Ansicht preisgeben, die anthroposophische SINNESLEHRE sei gut für die Sonntagspredigt, und für den Werktag bleibe an der geschätzten Universität alles beim alten. Es wäre allzu simpel, wollten wir uns als sonntägliche Frömmigkeitskapitalisten etwas darauf zu gute tun, dass wir – wir! – zwölf anthroposophische Sinne haben, während die minder Reichen deren bloß fünf zählen.

Unter *Sinnenwirkung* hat man sich einen *schöpferischen* Akt vorzustellen, während die *Sinneswahrnehmung*, im Sinne der Goethe-Einleitungen und der Philosophie der Freiheit, ein Phänomen bezeichnet, nach dessen Verursachtsein nicht gefragt ist. Die Frage nach dem *„Erzeuger der Sinneswahrnehmung"* bezeichnet aber genau den Punkt, an dem *über Goethe hinaus* zu schreiten war. In der Dissertation von Dr. W. J. Stein ist dieser Akt des Hinausschreitens über die Grenzen Goethes klar und dramatisch dargestellt. (Vgl. „Die moderne naturwissenschaftliche Vorstellungsart und die Weltanschauung Goethes, wie sie Rudolf Steiner vertritt", Inaugural-Dissertation von Dr. Walter Johannes Stein, 2. Aufl. 1921, S. 99). Stein stellt fest: „Was die Wahrnehmung abgesehen davon sei, dass sie die eine Hälfte der Wirklichkeit ist, welche das Denken, als die andere Hälfte, zur vollen Wirklichkeit ergänzt – *diese Frage stellte Goethe nicht* ... Über das, was der Erzeuger der Sinneswelt ist, gibt es [außerhalb der Geisteswissenschaft, B.]

nur Hypothesen." – H. O. Proskauer übt in seiner Polemik gegen das Goethe-Unverständnis des H.Helmholtz eine sachlich ungerechtfertigte und unnötige Askese, wenn er die Ansicht vertritt, die von Helmholtz von Goethe abgeforderte *Kausal*erklärung sei einfach ungoetheanisch. Dies trifft nicht zu, und die Frage Steins nach dem „Erzeuger der Sinnenwelt" ist sogar die wichtigste aller möglichen Fragen bei der Ausbildung eines rationellen Anthroposophieverständnisses. Helmholtz ist nicht deswegen im Unrecht gegen Goethes „Stehen in den Phänomenen", weil er anstelle des „Stehens in den Phänomenen" die kausale Naturerklärung überhaupt fordert, sondern er ist aus dem Grunde im Unrecht, weil er als Agnostiker die *rechte* Frage nach dem „Erzeuger der Sinnenwelt" nicht zu bilden versteht. (H. O. Proskauer, Goethes Farbenlehre heute im Goethejahr 1949, Verlag R. G. Zbinden & Co., Basel, S. 22.) Wenn Geisteswissenschaft auf der „Anschauung von Schöpfung" beruht, und wenn Schöpfung das Verursachtsein der Welt durch Akte des Schöpfers bedeutet, so dürfte klar sein, dass der Anthroposoph sich dispensieren darf von jedem Sichimponierenlassen von dem eitlen wortreichen Klugschnack einer modernen Physik über die „Überwindung" des Kausalitätsgedankens in der postklassischen Physikepoche und seine Ersetzung durch statistische Arithmetik. Mit dem Sichnichtimponierenlassen hat sich dann allerdings die Einsicht zu verbinden, dass das physikalische Kausalitätsproblem aus dem ersten Karmavortrage zu beziehen ist (Vortrag vom 16. Februar 1924), wo die Kausalitätsfrage, die den Physiker angeht, die Gestalt hat: „Gleichzeitigkeit des Physischen für Ursachen und Wirkungen", – was nur eine andere Ausdrucksweise zur Bezeichnung des Begriffes „Sinnenwirkung" ist. – Weil Goethe nicht in der Lage war, die Frage nach dem TYPUS „Mensch" zu stellen, deswegen und ineins damit hat er auch die Frage nach dem „Erzeuger der Sinneswahrnehmung" nicht stellen können.

Für den „Erzeuger der Sinneswahrnehmung" muss der Name in Anspruch genommen werden, den die Theologie für rein mythologische Inhalte verwendet, der Name: Schöpfer. Unter Sinnenwirkung ist ein Schaffen des Schöpfers zu verstehen. Im Urmenschen sind Sinnenwirkung und Sinneswahrnehmung zusammenfallend.

### Die WELT als Wahrnehmungssubjekt

„Die Philosophie der Freiheit", Berlin 1894, Seite 239: „Die Welt ist Gott." – Wer nimmt wahr? Ein überliefertes Vorurteil nimmt an, dort sei die Welt und hier ein Mensch, welcher der Welt *gegenüber* steht. Die Anschauung von Schöpfung zeigt etwas anderes. Auf die Frage „wer nimmt wahr?" lautet die Antwort: Die Welt nimmt wahr; Subjekt und Aktor der Sinneswahrnehmung ist die Welt. In der Sinneswahrnehmung verhält sich die Welt zu sich selbst. Ein Sinnes*organ* wie das AUGE ist *nicht ein Mittel*, um die Welt wahrzunehmen, sondern das Auge ist unmittelbar: Welt. Wer 39,12 noch nicht zur Kenntnis genommen hätte, kann es nachholen.

Welt heißt in der Sprache Ungers: Nicht-Ich. Die Welt verhält sich zu sich selbst, oder richtet sich auf sich selbst, heißt bei Unger: In der Sinnenwirkung haben wir es mit einem Aufsichselbstrichten des Nicht-Ich zu tun.

Die deutschidealistische Sprache Ungers kann jetzt in die Sprache eines „Goetheanismus 1950" übersetzt werden. Dann heißt es: Nicht-Ich und Ich sind natürlich als Mensch nicht zwei, sondern EINER. Mensch ist Einer, und die Menschenbrüder des Urmenschen und Schöpfers und „Herrn des Karma" sind das KÖNNEN des EINEN, so wie die einzelnen Pflanzen das

Können der Urpflanze sind. In der Sinneswahrnehmung, die ein durchschnittlicher Mensch empfängt, ist deren primärer Aktor die Welt oder der Urmensch, das sekundäre Wahrnehmungssubjekt ist Müller oder Meier. Selbstverständlich sehen die Müller und Meier *selbst*, und dennoch ist der wirkliche Aktor ihrer eigenen Sinneswahrnehmung der Schöpfer. *Was* die Meier und Müller sehen, ist immer ein Teil des Nicht-Ich, des Schöpfers. Man kann daher sagen: Die Sinneswahrnehmung (Meiers) ist das Verhältnis zweier Menschen – nämlich des Ichs Meiers und des Ichs des Nicht-Ich –, die EINER sind. Das Wahrnehmungswesen ist Eines, ist EINER. „Der Mensch ist durch seine sinnliche Wahrnehmung ein Weltenwesen." (39, 12, 5)

Diese Thesen ermöglichen ein tieferes Verständnis des Kapitels „Ausblicke" in „Vom Menschenrätsel" (1916). Dort wird von R. St. die kritische Liquidation der in Geltung stehenden naturwissenschaftlich-philosophischen Sinnestheorie bewerkstelligt. Die moderne Naturwissenschaft verfügt bekanntlich über eine perfekte Erklärung der Sinneswahrnehmung, sie erklärt die Sinneswahrnehmung mit jenen schiefen Vorstellungen, über die in absehbarer Zukunft die Schulkinder kichern werden. Der Inhalt der Sinneswahrnehmung oder Empfindung – so erklärt die Naturwissenschaft – entsteht als die Wirkung einer unbekannten „Materie" auf ein Sinnesorgan; das qualitativ in der Sinnesempfindung Erlebte entsteht im Sinnesorgan. Dazu philosophierte Hamerling: Der Klang existiert also nicht ohne ein Ohr. Worauf R. St. Hamerling aufklärte: „Hamerling hat Unrecht, weil er die Bedingung des naturwissenschaftlichen Weltbildes nicht durchschaut. Durchschaute er sie, so würde er sagen: die Naturwissenschaft muss, wenn ein Klang auftritt, etwas vorstellen, was auch dann nicht klingen würde, wenn ein Ohr bereit wäre, es klingen zu hören." Das heißt mit anderen Worten: die Naturwissenschaft weiß nicht, dass der Gegenstand der Sinnesempfindung der schaffende Ich des Nicht-Ich, der personale Urmensch und Schöpfer ist. Seite 221 von „Vom Menschenrätsel" nimmt R. St. Bezug auf Ernst Mach. Der Positivist Mach sagt sehr redlich, was R. St. aus anderen Voraussetzungen sagt: die sinnenfällige Welt ist die Summe sich metamorphosierender Wahrnehmungen ohne eine zu Grunde liegende Materie. Mach versäumte nur, nach dem Weltsubjekt der Empfindungen zu fragen, nach einem LEIBE Gottes. Dieses Weltsubjekt heißt dann in der ausgebildeten Geisteswissenschaft: EMPFINDUNGS-LEIB (Astralleib). Mach versäumt die Vorstellung dieses universellen Leibes, er kennt den Ich nicht. Über das Weltbild Machs aber musste R. St. in „Vom Menschenrätsel" sagen (S. 220, 221, Fußnote):

> Mach „muss, indem er den Gegenstand der Empfindung denkt, ihn vom 'Ich' absondern. Er bemerkt nun nicht, dass er eben dadurch etwas denkt, das nicht mehr empfunden werden kann. Es zeigt sich dies dadurch, dass in *seiner* Empfindungswelt der Ich-Begriff völlig zerflattert. Das 'Ich' [der Ich, B.] wird bei Mach zum mythischen Begriff. Er verliert das [den, B.] 'Ich'."

Was ist also die Sinneswahrnehmung? Die Sinneswahrnehmung ist ein Verhältnis zweier Menschen, die EINER sind. Wer diesen Satz logisch anstößig, d. h. gegen den Grundsatz des auszuschließenden Widerspruchs verstoßend, findet, für den hält Carl Unger den Ursatz der „Grundlehren" zur Verfügung: „Die Resultate der Geistesforschung entstammen der Wirklichkeit des Widerspruchs" (GL, S. 105). Der wirkliche Aktor der Sinneswahrnehmung des Meier und Müller ist der Typus oder Urmensch, im Sinne Ungers der Nicht-Ich.

Wie geht das zu, was spielt sich ab, indem ich den Nebenmenschen Herr Müller *sehe*? Das Folgende spielt sich ab: Dort ist Herr Müller, hier bin ich. Ich fasse den Herrn Müller ins Auge. In dem Herrn Müller geschieht jetzt eine Opferhandlung: in dem Herrn Müller opfert sich der Erbauer und Bildner (TYPUS) seiner Gestalt hin. Der Opferer der Bildemächtigkeit, welche die Gestalt des Herrn Müller schuf (im Zuge des *Werdens* des Urmenschen zu dem, der er schon immer *ist*), hat jetzt die Kraft frei bekommen, deren *ich* bedarf, um als die Kraft meines Auges die Gestalt des Herrn Müller zu sehen. Der Bildner der Gestalt des Herrn Müller und mein Sehen der Gestalt des Herrn Müller sind EINER. Ebenso ist der Bildner meiner Leibgestalt und das mich-Sehen des Herrn Müller EINER. Bevor ich nach irgendeinem Verhältnis, z. B. dem ethischen, zweier Menschen frage, muss ich wissen, dass das Sehwesen in den beiden Menschen EINER ist. Von diesem Einen, von dem Weltenall muss ich wissen, damit ich das Sehen der Menschen als eine Handlung und persönliche Tat der WELT verstehe. Von den Einen, von dem Weltenall, kennen die Menschen nur den Namen „Mensch", aber sie wissen nicht, wessen Name das ist, sie wissen den Namen nicht ins rechte Verhältnis zu bringen zu ihren Vorstellungen über den kommenden „Christus". Man kann den EINEN verstehen als den Christus-Impuls, der inzwischen aufgestiegen ist zum Range des „Vaters" TOD.

Die geheimste Geheimlehre der „Geheimwissenschaft im Umriss" lautet nun einmal (1925, S. 81) nicht anders als: *„In demjenigen, was ein Organ wahrnimmt, liegt auch die Kraft verborgen, durch welche dieses Organ selbst gebildet wird."* Der Christus-Impuls soll die „verborgene" Kraft offenbar machen.

\*

Um das zu sich selbst Verhalten des Urmenschen (bei Unger: auf sich selbst Richten des Nicht-Ich) zu erläutern, bediente sich R. St. des Ausdruckes „sich spiegeln". Und Unger: „Der Leib des Menschen kann sich sogar selbst in sich spiegeln und gibt dadurch den besten Ausdruck für den eigentümlichen Reflexivvorgang des Nicht-Ich" (GL, S. 30). Über den selbst in sich spiegelnden Leib des Urmenschen sprach R. St. am 2. Juni 1907 in München, indem er die Handlungsart des Urmenschen, d. h. des Vaters TOD, beschrieb.

> 2, 9, 2: „... Und wenn Sie sich jetzt vorstellen, dass der Mensch *gestorben* ist, dass auch sein Ätherkörper verbunden mit dem Astralleib aus dem Ich heraus ist, aber so, dass die Verbindung doch nicht ganz gelöst ist, dass das, was heraus ist, was eingebettet ist in die umliegende kosmische Masse, dass das seine Strahlen hinuntersendet und arbeitet an der physischen Leiblichkeit, dann haben Sie den Zustand, den die Menschheit auf dem *Saturn* hatte.
> 
> Unten auf der Weltkugel des Saturn war nur das enthalten, was in unserer rein physischen Leiblichkeit ist; umgeben ist sie gleichsam von einer ätherisch-astralischen Atmosphäre, in welcher eingebettet sind die Iche.
> 
> Die Menschen waren tatsächlich schon vorhanden auf dem Saturn, in einem dumpfen, dumpfen Bewusstsein. Diese Seelen hatten die Aufgabe, regsam und in Tätigkeit zu erhalten, was drunten zu ihnen gehörte. Sie arbeiteten von oben an ihrem physischen Leib, wie eine Schnecke, die sich ihr Gehäuse bearbeitet; ebenso schafften sie von außen, wie ein Instrument an den leiblichen Organen. Wir wollen beschreiben, wie dasjenige aussah, an dem die Seelen oben arbeiteten; – wir haben diesen physischen Saturn, diesen Saturn überhaupt ein wenig zu beschreiben.

Ich habe schon gesagt, das, was an der physischen Leiblichkeit dort ausgebildet wurde, waren die Anlagen der Sinnesorgane. Was als Sinnesanlage im Menschen lebte, bearbeiteten die Seelen äußerlich auf der Saturnoberfläche. Sie waren wirklich in dem den Saturn umgebenden Weltenraum, unten war ihre Werkstätte, da arbeiteten sie die Typen für Augen und Ohren und für die anderen Sinnesorgane aus.
Was war nun die Grundeigenschaft dieser Saturnmasse? Sie ist schwer zu bezeichnen, weil wir in unserer Sprache kein Wort haben, das dazu passt. Es gibt aber ein Wort, das diese feine Arbeit, die da geleistet wurde, ausdrücken kann. Man kann es bezeichnen mit dem Ausdruck: sich spiegeln. – Diese Saturnmasse hatte die Eigenschaft, in allen Teilen das, was von außen als Licht, als Ton, als Geruch herankam, zu spiegeln, alles wurde wieder zurückgeworfen, man nahm es im Weltenraum gleichsam wahr, als ein Sichspiegeln des Saturn. Man kann es nur damit vergleichen, wenn man seinem Nebenmenschen ins Auge blickt und das eigene Bildchen [wie bei einem *physikalischen* Spiegelungsvorgang, B.] uns daraus entgegenschaut.
So nahmen sich alle Seelen der Menschen wahr, aber nicht nur als Bild in Farben, sondern sie schmeckten sich [sich!!], sie rochen sich [sich!!], sie nahmen sich [sich!!] in einem bestimmten Wärmegefühl wahr. So war der Saturn ein spiegelnder Planet. Die in der Atmosphäre lebenden Menschen warfen ihre Wesenheiten hinein, und aus diesen Bildern, die da entstanden, bildeten sich die Anlagen zu den Sinnesorganen, denn es waren Bilder, die schöpferisch wirkten.
Man denke sich vor einem Spiegel stehend, aus dem das eigene Bild einem entgegentritt; dieses Bild beginne zu schaffen, sei nicht ein totes Bild, wie beim heutigen, leblosen Spiegel. Da hat man die schöpferische Tätigkeit des Saturn,

da hat man die Art und Weise, wie die Menschen selbst auf dem Saturn ihre Arbeit verrichteten.

Das spielte sich unten auf der Kugel des Saturn ab, oben die Seelen hatten das tiefe Trancebewusstsein, von dem ich gestern gesprochen habe, sie wussten nichts von dieser Spiegelung, sie haben es nur getan. In diesem dumpfen Trancebewusstsein hatten sie das ganze kosmische All in sich, und so hat sich aus ihrem Wesen heraus das ganze kosmische All gespiegelt, sie selbst waren eingebettet in eine Grundsubstanz geistiger Art, sie waren nicht selbständig, sondern nur ein Glied der den Saturn umgebenden Geistigkeit; daher konnten sie nicht wahrnehmen, höhere Geister nahmen wahr mit ihrer Hilfe, sie waren die Geister, die damals wahrnahmen."

Wem das Bedürfnis eignet, im Sinne Ungers die Geisteswissenschaft „erkenntnistheoretisch" zu erarbeiten, der kann sich also im Hinblick auf Zyklus 2, 9, 2 sagen: Der Saturn ist derjenige Zustand des TYPUS Mensch, bei dem der physische Leib des Menschen (der zwar echter PHYSISCHER Mensch ist, aber als solcher unmittelbar Geist und „Ich" des Schöpfers) beginnt, sich in sich selbst zu spiegeln. Zum Ich-Inhalt des Schöpfers oder Urmenschen aber gehören jene höheren Geister, die, anstelle der noch unselbständigen und noch nicht wahrnehmungsfähigen Menschen mit Tiefschlafbewusstsein, wahrnehmen, die sogenannten Hierarchien.

*Zusammenfassung.* Sinnenwirkung ist das Aufsichselbstrichten des Nicht-Ich. – In der Sinneswahrnehmung verhält sich die Welt (Nicht-Ich) zu sich selbst. – „Der Mensch ist durch seine sinnliche Wahrnehmung ein Weltenwesen." (39, 12, 5) – Eine Beantwortung der Frage „Was ist die Sinneswahrnehmung?" kann es nur aufgrund der geisteswissenschaftlichen „Anschauung von Schöpfung" geben. – Aristoteles und die in unserem Jahrhundert offenbare Geisteswissenschaft haben je einen besonderen Begriff der Materie. Aristoteles versteht unter Materie ein bestimmungsloses Unbekanntes, das bereit ist, geformt zu werden. Geisteswissenschaftlich ist unter Materie nicht ein Unbekanntes, sondern ein Bekanntes zu verstehen: Ein Toter, oder „ein wirklicher physischer Einzelmensch als sein existierender NICHT", der bereit ist, außer sich neu zu werden, der er ist. – Der NICHT als STOFF oder Materie verbindet sich mit dem werdend entstehenden Sinn des entstehend werdenden Menschen und wird so vom Menschen wahrgenommen. „Die Wirksamkeit eines Sinnes besteht darin, dass der Mensch einen Stoff der Welt mit sich vereinigt und ihn so wahrnimmt" (Seite 13, Zeile 15 im Buche „Anthroposophie, Psychosophie, Pneumatosophie). – Würde ich nach dem Satz der Sätze gefragt, so würde ich ohne Zögern den Satz von Seite 81 der „Geheimwissenschaft im Umriss" (Ausg. 1925) nennen: „In demjenigen, was ein Organ wahrnimmt, liegt auch die Kraft verborgen, durch welche dieses Organ selbst gebildet wird."

### Zur Arbeitsmethode des Lehrers

Am 14. August 1917 zu Berlin sprach R. St. von dem Mysterium der „ehernen Notwendigkeit" im Zusammenhang mit der Entstehung des Sehorgans.

> 47, 3, 15: „... Eine lebendige Weltanschauung muss den Widerspruch in sich aufnehmen ...
> Warum ist das Übel, ist der Schmerz in der Welt? Solche Fragen sind leichter zu stellen, als man glaubt; denn die Menschen stellen oft diese Frage, um zu begreifen, wie es mit der guten Gottheit zusammenhängt, dass sie das Übel

in der Welt zulasse. Was man zur Beantwortung dieser Frage tun kann, das ist, die Menschen darauf aufmerksam zu machen, dass sie doch jedenfalls nicht leugnen werden, dass das Gute in der Welt, das Vortreffliche, das Weisheitvolle ein Göttliches ist. Wollen sie überhaupt die Güte Gottes rechtfertigen, so stehen sie schon auf dem Boden, dass sie das Weisheitvolle dem guten Gotte zuschreiben. Warum lässt er aber das Übel zu? – Ich kann nur immer so sagen: Fangen Sie bei einem atomistischen, bei einem kleinen Schmerz an. Sie ritzen sich und empfinden dadurch einen Schmerz. Jeder Schmerz beruht darauf, dass irgend etwas einer Zerstörung ausgesetzt ist. Es ist nur nicht immer durchsichtig, auf welche Weise der Schmerz entsteht, aber es ist so. Stellen wir uns aber nun vor, dass nicht mit dem Messer geritzt würde, sondern wir hätten irgendwo eine besonders empfindliche Stelle, und sehr heiße Sonnenstrahlen fallen darauf. So könnte an etwas, wo noch nicht eine Blase ist, aber anfängt eine zu werden, eine Änderung des Gewebes entstehen, und es könnte dort ein kleiner Schmerz sich bemerkbar machen. Könnte stärker, durch eine größere Empfindlichkeit, die Sonnenwärme wirken, so könnte eine größere Verletzung entstehen. Und stellen sie sich nun vor: an einer Stelle unseres Hauptes waren vor Äonen von Jahren zwei Stellen von besonderer Empfindlichkeit für die Sonnenstrahlen vorhanden; sehen konnte der Mensch damals noch nicht; aber an jenen zwei Stellen mussten die Sonnenstrahlen jedesmal, wenn die Sonne aufging, ihm wehe tun. Da konnte ihm das Gewebe verletzt werden, und ein Schmerz musste entstehen. Durch lange Zeiträume musste dieser Vorgang sich abspielen, und die Ausheilung bestand darin, dass an jenen Stellen aus der Ausheilung die Augen entstanden. Auf dem Grunde der Verletzung entstanden die Augen. Und so wahr wie es ist, dass uns die

Augen die Schönheit der Farbenwelt vergegenwärtigen, so wahr ist es, dass die Augen nur auf Grundlage der Verletzungen von besonders lichtempfindlichen Stellen durch die Sonnenwärme entstanden. Es gibt nichts, was zum Glück, zur Freude, zur Seligkeit entstanden ist, ohne dass es hat entstehen können auf Grundlage des Schmerzes. Und den Schmerz, das Widerstreitende nicht haben wollen heißt das Schöne, das Große, das Beseligende, das Gute nicht haben wollen. Da dringt man in ein Gebiet ein, wo man nicht mehr denken kann, wie man will, sondern wo man dem unterworfen ist, was in den Mysterien die *„eherne Notwendigkeit"* genannt worden ist. So wahr große Harmonie in der Welt ist, so wahr diese jetzige Harmonie auf Grundlage des Schmerzes entstehen musste, so wahr ist es, dass man nicht aus einer schmerzlosen seligen Wollust heraus, wie man sie in den Vorstellungskomplexen von „In Harmonie mit dem Unendlichen" empfinden will, den Christus-Impuls erreichen kann; sondern nur indem man sich mutig dem Widerstreit aussetzt ..."

Als zu Beginn dieses Jahrhunderts die *Lichtkraft*, die sich als „Philosophie der Freiheit" selbst erkannte, ihre brennenden Strahlen auf die notleidende Menschheit richtete, erzeugte sie am werdenden Leibe der Menschheit die schmerzhafte *theosophische Blase*, um aus dieser Blase ein geistiges Sehorgan entstehen zu lassen. Über das in Aussicht genommene geistige Sehorgan heißt es 3, 12, 23: „Diese Mission hat die theosophische Bewegung: denjenigen Teil der Menschheit vorzubereiten auf die Wiedererscheinung des Christus auf Erden, der sich vorbereiten lassen will. Das ist die welthistorische Bedeutung der theosophischen Mission: Vorzubereiten, geöffnete Augen zu haben, wenn der Christus im sechsten Kulturabschnitt wiederum erscheint wirksam unter den Menschen ... So nimmt sich die theosophische Weltanschauung aus wie eine Testamentsvollstreckung des Christentums. Um zum wahren Christentum geführt zu werden, wird der Mensch in der Zukunft jene spirituellen Lehren aufzunehmen haben, die die theosophische Weltanschauung zu geben vermag." Bei der Ausbildung des Wahrnehmungsorgans, das sich aus der theosophischen Blase herausbilden sollte, stand das Axiom in Kraft: In demjenigen, was ein Organ wahrnimmt, liegt zugleich die Kraft verborgen, durch welche dieses Organ selbst gebildet wird. Der in Vorträgen sich mitteilende Lehrer der Theosophie (=Geisteswissenschaft, =Anthroposophie) arbeitete nach der Methode, dass er sich durch das Wahrgenommene das Organ des Mitteilens bilden ließ. Das Mitteilen erfolgte nicht beliebig willkürlich, sondern entsprechend dem Mysterium der „ehernen Notwendigkeit": nach dem Maß des aktuell Wahrgenommenen. Generell ist das Wahrgenommene des okkultistischen Lehrers: Schmerz; die Produktion des Mitteilens setzt den Schmerz des Mitteilenden voraus. Man kann an den Schmerz des Wissenden denken, den er wegen des Nichtwissens seiner Menschenbrüder erleidet. Man darf sich überlegen, welche Intensitäten an Schmerz aktual waren, wenn ein Geist vom Rang des Autors des „Frühwerkes" sich entschloss, sich jenen armen Seelen zur Verfügung zu stellen, die sich als stolze Theosophen gar nicht als arme Seelen vorkamen. Der okkulte Lehrer ist einer, der sein persönliches Ich außer sich hat – als die Werdefreiheit Anderer. Ein Lehrer der armen Seelen betätigt seine Philosophie der Freiheit nach strengsten Prinzipien:

> Luzifer Gnosis, Nr. 11, April 1904, S. 134: „Diejenigen, welche eine höhere geistige Entwicklung erlangt haben, sie haben sie durch ein *Opfer* ... erkauft. Sie haben sich auferlegt, ganz in den Meinungen ihrer Mitmenschen aufzugehen, bis in die innersten Fasern ihrer Seele sich selbst auszulöschen,

um in den anderen unterzugehen. Ein wahrer Mystiker kann nur werden, wer gelernt hat, bis in die geheimsten Gedanken hinein *selbstlos* zu werden. Man muss Erfahrung in solchen Dingen haben, wenn man etwas behaupten will. Durch weniges entwickelt man sich auf den *ersten* Stufen der geistigen Leiter mehr, als dadurch, dass man sich eine Zeitlang *Schweigen* in seinem tiefsten Innern auferlegt. Viel gewinne ich dadurch, dass ich Monate, vielleicht Jahre hindurch mir einmal gesagt sein lasse: Jetzt will ich, ganz bescheiden, gar nichts selbst meinen, sondern *selbstlos* einmal fremde Meinungen in meinem Innern leben lassen. Ich will ganz untertauchen in fremden Empfindungen, Gefühlen, Gedanken. Dadurch *erweitere* ich selbstlos mein Selbst, während ich es selbstsüchtig verengere, wenn ich fort und fort nur meine eigenen Meinungen aus dem Wesen meiner Selbst als Wellen an die Oberfläche meines Lebens spielen lasse."

Man darf sich die ungeheure Zumutung der Zusammenarbeit mit einer Frau Besant als Martyrium vorstellen. Der erste Weltkrieg gegen die Zentralmächte war schon beim Budapester Kongress, Ende Mai 1909, flott im Gange; was einige Jahre später kam, war nur die Folge von Antezedentien. In der Erscheinung des Budapester Kongresses vollzog sich die im Wesen längst gefällte *Entscheidung* zwischen Orient und Okzident, die Entscheidung darüber, ob der Westen dem pantheistischen Osten die „Anschauung von Schöpfung" zu verschenken habe. Man darf empfinden, dass das Ausmaß des beim Budapester Theosophenkongress ertragenen Schmerzes die Substanz abgab für die zwei Wochen später erfolgenden Mitteilungen über „Schöpfung aus dem Nichts" (Vortrag vom 17. Juni, Zyklus A, 8). Nein, der vortragende Lehrer hat nicht „Bücher" fabrizieren wollen, wie arme Seelen als Editoren insinuieren; seine nach dem Mysterium der ehernen Notwendigkeit erfolgenden einzelnen Mitteilungen sind Bestandteile einer Tragödie des Schmerzes, und es wäre ganz aussichtslos (Ratschlag an akademische Herrschaften), die Summe des Vorgetragenen als am Faden der Logik aufgereihte Enzyklopädie nehmen zu wollen; es käme vielmehr darauf an, Empfindung dafür zu haben, dass in jedem Einzelvortrage neu das *Ganze* wirkt.

*Schmerz* war auch die substanzielle Unterlage für die gravierenden Mitteilungen über das *Wahrnehmungswesen* im Vortrage vom 6. Juli 1915 zu Berlin (39,12). Der Vortragende stellte, nach dem einleitenden Gedenken an „diejenigen, die draußen auf den großen Feldern der Ereignisse der Gegenwart stehen", im ersten Satze eine „außerordentliche" Betrachtung in Aussicht. Der Schmerz zu Berlin am 6. Juli 1915 erblühte aus der Tatsache, dass das Volk der Empfindungsseele, das italienische Volk, in den Krieg gegen die Zentralmächte eingetreten war. Die Geisteswissenschaft sieht die Völker Europas einzeln und sieht sie als Einheit; sie sieht im gegenwärtig vielberedeten „Europa" den differenzierten MENSCHEN. Die Franzosen hegen die innige Verstandesseele, die Briten entzünden an der äußeren Welt die Bewusstseinsseele; die Italiener, in der Empfindungsseele zu Hause, haben die doppelte Aussicht: entweder die Umformung der Empfindungsseele zur Intuitionsseele (27,10,7) zu erahnen, oder – unter dem Zwang ihres Religionsmaterialismus – schlimmer noch als andere dem Materialismus zu verfallen. Der Europa-Kern wirkt im „Ich", der rechtmäßige Zugang zu den Mitteilungen der Geisteswissenschaft geschieht aus der Entgegennahme des Ich-Begriffes, wie er von Carl Unger analysiert wurde. Das Kernproblem Europas ist das Ichproblem, das ist die Aufgabe, Ordnung zu schaffen und Harmonie zu erzeugen in den Relationen von Empfindungsseele, Verstandesseele und Bewusstseinsseele – im

Vorblick auf das aus der Zukunft des Ostens hereinwirkende „Geistselbst".

Als das italienische Volk im Frühsommer 1915 zum Kriege gegen das deutsche Volk antrat, oblag es dem Intuitor des Zeitgeistes, mitten in den Widerspruch der Wirklichkeit hineinzusteigen. Im „außerordentlichen" Vortrage vom 6. Juli 1915 wurden die zwei Chancen der Empfindungsseele des Menschen beobachtet: der Abfall in den allerschlimmsten Materialismus und die Erhebung der Empfindungsseele zur Intuitionsseele. Die zur Intuitionsseele verwandelte Empfindungsseele wurde in dem „außerordentlichen" Vortrage als das die WELT selbst seiende *Wahrnehmungswesen* beschrieben. Es finden sich außerordentliche Anregungen in diesem im Schmerz substanzierten Vortrage: Was der Typus MENSCH tut, indem er sieht, das ist das Licht der Sonne – „Der Mensch ist durch seine sinnliche Wahrnehmung ein Weltenwesen". Man kann sagen: Dass im Jahre 1915 Berliner Hörer für derart gravierende Mitteilungen da waren, das bedeutet, dass aus der als Sinnesorgan veranlagten theosophischen Blase jetzt schon ein funktionierendes Wahrnehmungsorgan geworden war.

Im Zusammenhang mit der obigen Erwähnung des Vortrages 27,10 (Den Haag, 29. März 1913) bietet sich hier eine Gelegenheit zur Beleuchtung der in Marginalien, 1 vertretenen These, dass der Idealismus *nicht* das Prinzip der anthroposophischen Weltanschauung ist. Prinzip der anthroposophischen Weltanschauung ist der – recht verstandene – SENSUALISMUS, womit eine sonst unter uns Idealisten nicht übliche Honorierung des von Hegel abgefallenen Ludwig Feuerbach verbunden ist. Weil dem so ist, entsteht die Intuitionsseele nicht etwa aus der Bewusstseinsseele, sondern aus der Empfindungsseele. Eine Belehrung über diesen schwierigen Lehrgegenstand erfolgt

27,10,7: „... Wenn nun der Mensch eine okkulte Entwicklung durchmacht, so handelt es sich zunächst darum, dass gewisse Dinge in der Seele selber unterdrückt werden. Wir haben gesehen, wie es insbesondere darauf ankommt, dass der Mensch es dazu bringt, die äußeren Sinneseindrücke auszuschalten. Das ist ja das erste Erfordernis eines wirklichen okkulten Vorwärtskommens, dass man die äußeren Sinneseindrücke ausschaltet. Dadurch, dass der Mensch die äußeren Sinneseindrücke ausschaltet, verändert sich innerlich das Glied seiner Seele, welches vorzugsweise unter der Einwirkung der äußeren Sinneseindrücke sich ausbildet. Das ist die Bewusstseinsseele. Verstehen Sie recht: die Bewusstseinsseele ist gegenwärtig in ihrer Hauptausbildung, weil da hauptsächlich auf die äußeren Sinneseindrücke gezählt wird. Dass die Bewusstseinsseele innerlich am meisten erstarkt unter dem Eindrucke der Sinneseindrücke, müssen Sie nicht mit der Tatsache verwechseln, dass diese Sinneseindrücke durch die Empfindungsseele vermittelt werden. Wenn es sich um die okkulte Entwicklung handelt, so hat man darauf zu sehen, unter was für Einflüssen die Bewusstseinsseele am meisten erstarkt. Das ist unter den Einflüssen der äußeren Sinneseindrücke. Wenn diese ausgeschaltet werden, dann wird die Bewusstseinsseele gedämpft. So dass also die Bewusstseinsseele im okkult sich entwickelnden Menschen vor allen Dingen wird zurücktreten müssen. Das also ist gemeint, was im gewöhnlichen Leben den Menschen dazu führt, sein Ich zu betonen, was ihn dazu führt, vor allen Dingen auf allen möglichen Gebieten dieses Ich zu betonen. – In unserer Zeit wird ja dieses Ich schon auf dem Gebiete des Denkens betont. Nichts kann man öfter hören als: Dies ist mein Standpunkt, ich denke dies oder jenes. Als ob es darauf ankäme was dieser oder jener Mensch denkt, als ob es nicht viel mehr darauf ankäme, was die Wahrheit ist.

Wahr ist, dass die Summe der drei Winkel eines Dreieckes zusammen hundertachtzig Grad ausmachen, und gleichgültig ist, was der Mensch für einen Standpunkt dazu einnimmt. Wahr ist es, dass die Hierarchien zerfallen in drei mal drei nach oben vom Menschen aus gerechnet, und gleichgültig ist, was der Mensch für einen Standpunkt dazu einnimmt. Das also, was Betonung des Ich ist, tritt zurück; dafür erfüllt sich die Bewusstseinsseele, die früher vorzugsweise zur Kultur des Ich gedient hat, allmählich mit dem, was wir die Imaginationen nennen. Wir können geradezu sagen: Beim okkult sich entwickelnden Menschen verwandelt sich die Bewusstseinsseele in die Imaginationsseele.

Dann wissen wir ja aus den Darstellungen der vergangenen Tage, dass sich verwandeln muss auch das Denken selber, welches vorzugsweise ausgebildet wird in der Verstandes- oder Gemütsseele. Sie haben ja gehört, wie das Denken immer mehr und mehr verzichten muss, eigene Gedanken zu entwickeln, wie es immer mehr und mehr das Selbstdenken unterdrücken muss, wie die menschliche Persönlichkeit das Selbstdenken unterdrücken muss. Wenn es dem Menschen gelingt, das, was er in seinem gewöhnlichen Leben aus seiner Verstandes- oder Gemütsseele gemacht hat, zu unterdrücken, dann geht an den Platz dessen, was als gewöhnliches Denken, als Verständigkeit und auch als gewöhnliches Gemütsleben für den physischen Plan in dem Menschen lebt, die Inspiration, da verwandelt sich die Verstandes- oder Gemütsseele in die Inspirations- oder inspirierte Seele. Die inspirierten Werke der Kultur sind in die verwandelte Verstandesseele herein inspiriert worden. Die Empfindungsseele wird vorzugsweise dadurch allmählich ausgeschaltet, dass man den astralischen Leib überhaupt überwindet, Weltinteressen zu den seinigen macht und dadurch immer mehr und mehr über das persönliche

Empfinden hinauskommt; dadurch verwandelt sich die Empfindungsseele, alle inneren Impulse, inneren Leidenschaften und Affekte, in Intuitionen. Und an die Stelle der Empfindungsseele tritt die Intuitionsseele."

## Zwölf Sinne

Es wäre an der Zeit, dass die Anthroposophen mit handfesten Erklärungen aufwarten zu dem an der Universität hoffnungslos zerschwätzten Thema das Verhältnisses von Leib und Seele. Man sehe sich doch einmal die Exposition dieses Körper-Seele-Problems an, die der wild gewordene christliche Apologet der fatalen „modernen Physik" Bavink gibt, S. 115 seines von einem Freiburger Thomisten in der Schweiz herausgegebenen Buches „Die Naturwissenschaft auf dem Wege zur Religion". Da heißt es beim christlichen Bavink:

„Das Körper-Seele-Problem ist bekanntlich bisher von keiner philosophischen Spekulation gelöst worden, ebensowenig aber hat es die Naturwissenschaft bisher vermocht, irgendetwas Entscheidendes zu seiner Lösung herbeizuschaffen. Die völlige Unvergleichbarkeit des Seelischen mit dem Materiellen stand jedem Versuch im Wege, entweder das eine auf das andere oder beide auf ein Drittes zurückzuführen, während andererseits der Zusammenhang beider offenkundig ist. Auf die einzelnen Theorien, den Materialismus, Spiritualismus, Parallelismus, Dualismus und die Identitätstheorie sei hier nicht eingegangen, der Leser findet sie in jeder guten Einleitung in die Philosophie oder Psychologie dargestellt.
In diese anscheinend bisher ganz hoffnungslose Lage leuchtet nun die neue physikalische Erkenntnis blitzartig hinein. Es ist meines Wissens zuerst der berühmte englische Physiker

und Astrophysiker Eddington gewesen, der dem Gedanken klaren Ausdruck verliehen hat, dass die heutige Physik der spiritualistischen Lösung des Problems sich zuzuneigen scheint."

Dazu ein logisches Memento: Gesetzt, die Hoffnung des frommen Protestanten Bavink würde sich erfüllen und die „spiritualistische Lösung" würde perfekt, so fiele diese „spiritualistische Lösung" unter die von Bavink oben aufgezählten spekulativen Theorien, die nach Bavinks eigener Aussage das Problem nicht gelöst haben, sondern die „ganz hoffnungslose Lage" herbeigeführt haben.

Die zu empfehlende handfeste rationelle Erklärung über das hochberühmte Leib-Seele-Problem findet sich in dem öffentlichen Vortrage, den R. St. am 18. Oktober 1917 in Basel gehalten hat:

„Gegenwart", Januar 1950: „Will man das Verhältnis der Seele zum Leib in der richtigen Art ausdrücken, so muss man sagen: insofern der Mensch in Betracht kommt, erweist sich für eine wirkliche Beobachtung alles Leibliche, was am Menschen ist, weder als Werkzeug, noch als nebenher laufender Vorgang, sondern als Schöpfung des Seelischen, – im Kleinen und im Großen als Schöpfung des Seelischen; und es ist nichts Leibliches am Menschen, das nicht Schöpfung des Seelischen wäre. Man muss allerdings manches Vorurteil abstreifen, man muss manchen neuen Begriff aufnehmen aus der Geisteswissenschaft, wenn man diese weittragende Idee, dass alles Leibliche eine Schöpfung des Seelischen ist, ins Auge fassen will."

Man muss allerdings den Entschluss fassen, unter dem Seelischen, das in Basel am 18. Oktober 1917 als der Schöpfer des

Leiblichen entdeckt wurde, den Typus MENSCH zu verstehen, und diesen sorgfältig zu unterscheiden von dem Seelischen der „armen Seelen". Wenn der Typus MENSCH, also der Schöpfer, als der Aktor der Sinnen-Wirkung vorzustellen ist, dann ist ja klar, dass alles sinnenfällig Leibliche eine Schöpfung der MENSCHENSEELE ist.

\*

Es wäre wie gesagt an der Zeit, dass die Anthroposophen zum universitär gestotterten Leib-Seele-Problem die handfeste Auskunft zur Verfügung hätten: Alles Leibliche ist eine *Schöpfung* des Seelischen. – Es wäre ferner an der Zeit, dass die Anthroposophen einen handfesten *Begriff der Entwicklung* präsent hätten, mit dem die rationellen Unkosten des Gescheiterseins als die Universität zu bestreiten wären. Es entspricht der Zurückhaltung des okkultistischen Lehrers, dass uns die handfesten Begriffe nicht immer fix und fertig geliefert wurden. Man kann sich die Mühe machen, die Elemente, z. B. zum handfesten Begriff der Entwicklung, dort zu finden wo sie zu finden sind:

15, 1, 2 (Das Matthäus-Evangelium) wird beiläufig bemerkt, „dass man die Geschichte einer Sache erst dann verstehen kann, wenn man die Sache selber begriffen hat."

Daraus leite ich ab: Eine Sache ist früher als ihre Genese, indem ich die Sache „Mensch" meine. Das ist dann ungefähr das strikte Gegenteil der Vorstellung des 19. Jahrhunderts über „Entwicklung". Der Mensch ist früher als sein Werden – dies ist kein Satz einer „monistischen" Entwicklungstheorie. Der handfeste anthroposophische Begriff der Entwicklung aber dürfte lauten: Der Typus MENSCH wird, was er schon immer ist; der Weltvorgang zwischen Saturn und Vulkan ist ein in der Gegenwart des Schöpfers geschehender Kreisprozess. (Wärmekurs S. 152: „Wir müssen den Weltprozess durch einen Kreis symbolisieren.")

\*

Wenn Aristoteles die Sinne des Menschen untersuchte, so war sein Untersuchungsobjekt der natürliche Einzelmensch, also ein Körper, lebend und mit ausgebildeten Organen. Das entsprechende Untersuchungsobjekt bei der Ausbildung der Sinneslehre der Anthroposophie ist aber der Weltvorgang oder Weltprozess zwischen Anfang und Ende der Schöpfung. Bis in die Mitte des 19. Jahrhunderts fiel es im christlichen Abendlande niemandem ein, unter dem zu untersuchenden Menschen etwas anderes zu verstehen, als schon Aristoteles verstanden hatte. Mit dem Auftreten der modernen Entwicklungstheorie seit 1861 wurde das anders, jetzt drohte sich jeder feste Begriff des Menschen aufzulösen in den Begriff seiner Genese. Eine Untersuchung der Sinne des Menschen wurde notwendig zu einer Wissenschaft von der Entwicklungsgeschichte der Sinne. Indem nun Anthroposophie ihrerseits die Sinne des Menschen untersucht, und indem Anthroposophie unter „Mensch" den Weltprozess oder das Werden eines physischen Einzelmenschen zu dem, der er vor dem Werden schon immer ist, versteht, hat sie das geeignete Untersuchungsobjekt, an dem die zwölf oder mehr Sinne des Menschen aufzuzeigen waren. Zuerst ist ein fertiger physischer unsichtbarer Einzelmensch, das in sich abgeschlossene Universum vor dem Beginne des Werdens: der MENSCH. Dieser Mensch ist als Weltprozess sein Werden zu dem, der er schon immer ist. Ein heutiger natürlicher Einzelmensch ist ein Entwicklungszustand des MENSCHEN, was in der Weise zu verstehen ist, dass die

Elemente für den Aufbau der Organe und Sinne des heutigen natürlichen Menschen sowohl der Vergangenheit wie der realen Zukunft seiner Entwicklung entnommen sind. So dass die anthroposophische Sinneslehre z. B. zur Erklärung des „Lebenssinnes" sagen muss: bestimmte Verhältnisse im heutigen natürlichen Menschen entsprechen jetzt schon dem, was der Mensch einmal in ferner, ferner Zukunft als Geistesmensch oder Atma entwickeln wird. Dieses Atma hat heute der natürliche Mensch noch nicht von sich selber aus in sich; es muss ihm noch aus der umgebenden geistigen Außenwelt (d.h. vom Typus) sozusagen verliehen werden, ohne dass er Anteil daran nehmen kann. Später, in ferner Zukunft, wird er es in sich selbst entwickelt haben. (Vgl. Buch „Anthroposophie, Psychosophie, Pneumatosophie", S. 19.)


Anfang Februar 1950                                          Karl Ballmer

## Erläuterungen zur Herausgabe der „Marginalien"

„Marginalien" – Karl Ballmer scheint diesen unscheinbaren, fast abwertenden Titel längere Zeit für eine Art von schriftlichen Formulierungsversuchen in Betracht gezogen zu haben, die schließlich zu den beiden hier enthaltenen Texten geführt haben. Das Stichwort „Marginalien" tritt bereits vorher einige Male im Nachlass auf, und eine Notizensammlung ist so betitelt (siehe Faksimile S. 193). Ballmer, der unermüdliche Produzent von Marginalien im engeren Sinn, nämlich von zigtausenden Randbemerkungen in den von ihm durchgearbeiteten Büchern (und Vortragsnachschriften, insbesondere von Rudolf Steiner), meinte auch diese Aufsätze als erläuternde Kommentare, als Lesehilfen zu einem Gewichtigeren: zum „Ereignis Rudolf Steiner". Ein undatierter Entwurf (logischerweise *vor* Veröffentlichung von „Marginalien, 1") bewegt dieses Verhältnis zwischen eigener „Gesamtanschauung" und dem Blick auf das „Ereignis" und wirkt wie ein Programm für die letztlich verwirklichten „Marginalien" 1 und 2:

„MARGINALIEN – Erstes Heft
Man liest die Texte je nachdem, jeder liest die Texte je nachdem wer er ist; d. h. je nach dem Erfolge seiner Bemühung um eine Gesamtanschauung des Vorganges 'Schöpfung der Anthroposophie', je nach den Vorstellungen und Ideen, die er sich in freier Schaffensfreude über das Ereignis 'Geisteswissenschaft' gebildet hat. Indem ich mein Sein von meinem Verständnis des Wesens Anthroposophie konstituiert sein lasse, werde ich nicht in Gefahr kommen, in die Texte einen lieben alten trauten christlichen Kitsch hineinzulesen. Der Leser der Texte bemerkt sein Fortschreiten in der Kunst des Lesens daran, dass ihm der *Wortlaut* der Texte interessant wird. Meine Gesamtanschauung hat zuerst ein Allerfragwürdigstes zu sein. Ich habe nicht die

Aufgabe, meine Gesamtanschauung vorzutragen. Sondern ich soll *die Texte* sprechend sein lassen; ich soll den Texten keinen Zwang antun, wenn sie durch sich selbst auf dem Hintergrunde meiner Gesamtanschauung *sprechend* sein wollen. Im Lesen der Texte geschieht Urgeschichte. Unter Urgeschichte verstehe ich ein gegenwärtiges Geschehen, dessen Mitakteur ich bin und in dem meine Freiheit das mir von der Weltleitung verliehene Recht ist, mich vor Rudolf Steiner so gut zu blamieren als ich es vermag. Anthroposophische Führungsprinzipien gründen in diesem Recht."

Gerade in diesem Winter 1949/1950 machte Ballmer zeitgleich zur Verfassung der „Marginalien" einen Versuch, in „freier Schaffensfreude" seine „Gesamtanschauung" darzulegen: die Briefe an den Astrophysiker Joachim Fleckenstein, die unter dem Titel „Deutsche Physik – von einem Schweizer" erst lange nach Ballmers Tod veröffentlicht wurden (Edition LGC, 1995). In diesem Text taucht anthroposophische Terminologie sowenig auf, wie Ballmer damit rechnen konnte, dass der Briefempfänger hiermit vertraut sei. In einem Brief an Agnes Kern (Tochter des mit ihm befreundeten Arztes Heinrich Kern) vom 19. Januar 1950 kommt das Nebeneinander beider Textarten schön zum Ausdruck:

„Ich schufte wild, - mit einem 'Brief', den ich an einen Basler Astronomen der Physik schreibe; in Portionen, bin ich heute auf Seite 123 (Schreibmaschinenseiten) angelangt. Der Briefempfänger hat im Dezember eine sehr interessante Broschüre veröffentlicht: 'Scholastik, Barock, exakte Wissenschaften' (Dr. Fleckenstein). Ich nahm ihn sofort als potentiellen Gesprächspartner für meine Physiksorgen in Aussicht, und er reagierte sympathisierend. Ich hatte keinen Ton von Anthroposophie gesagt, er aber fand: obschon er solche Sachen wie

Anthroposophie als Katholik ablehne, finde er meine Thesen interessant und als Möglichkeit sinnvoll. Es ist für mich etwas ganz neues, eine Art Partner zu haben. Ich hoffe meinen 'Brief' zum Druck zu bringen. Nebenbei verzapfe ich MARGINALIEN, das ist soetwas wie eine unregelmässig erscheinende Rivista; das erste Heft mit 23 Seiten, von Hans Gessner schön vervielfältigt, wird in etwa 14 Tagen vorliegen, Pappi soll sich darauf gefasst machen, es wird Unterhaltendes darin stehen über den Biologen Poppelbaum und über den Thomisten Boos."

Das „unregelmäßige Erscheinen" belief sich auf die allererste Nummer. Hans Gessner, der treue Freund, spätere Verleger und Nachlassverwalter Ballmers, druckte das Heft auf seiner „Rotaprint"-Maschine. In einer Notiz am Schluss der „Marginalien, 1" hieß es: „Diese Marginalien sollen bei Bedarf fortgesetzt werden." Wenige Zeit später erhielt Gessner das Manuskript für das zweite Heft, mit der Angabe, die Seitenzählung des ersten Heftes sei fortzusetzen. Doch „Marginalien, 2" erschien erst postum 1975, und Gessner teilt in der Vorbemerkung mit: „Die zweite Abhandlung wurde von Ballmer anschließend geschrieben, aber mangels Bedarf damals nicht veröffentlicht."

Eine kommentierte Ausgabe der beiden „Marginalien" könnte viele Querbezüge zu weiteren Nachlass-Materialien aufzeigen; an das Goetheanismus-Thema des Gedenkjahres 1949 knüpfen sich etwa Manuskripte, Notizen und Briefe zu Heinrich Oskar Proskauer (den Verfasser des Buches zu Goethes Farbenlehre) und zur Sinneswahrnehmung überhaupt. All dies muss späteren Veröffentlichungen vorbehalten bleiben.

Zitate Rudolf Steiners werden so wiedergegeben, wie Ballmer sie überliefert. Auch die Zitatquellenangaben Ballmers werden, um den Textfluss nicht zu stören, der Einfachheit halber beibehalten und hier in den Anmerkungen unter praktischen Gesichtspunkten ergänzt (oft durch Hinweis auf die Dornacher Steiner-Gesamtausgabe „GA"). Die von Ballmer benutzte Zählung bei den Quellenangaben zu Steiner-Vorträgen war die damals gebräuchliche Art der Orientierung innerhalb der zunächst als „Privatdrucke" unter den Anthroposophen verbreiteten Mitschriften von Vortrags-„Zyklen". Dabei bedeutete die erste Zahl jeweils die Nummer des Vortragszyklus, die zweite den Vortrag, die dritte die Seitenzahl innerhalb der gedruckten Mitschrift. Siehe hierzu Adolf Arenson, Leitfaden durch 50 Vortragszyklen Rudolf Steiners (div. Auflagen) sowie Hans Schmidt, Das Vortragswerk Rudolf Steiners, Dornach 1950. Die „Verbesserung" möglichst wörtlicher Stenogramm-Übertragungen in das „schöne Buchdeutsch" der späteren Ausgaben ist von Ballmer des öfteren problematisiert worden, siehe z. B. hier S. 227 sowie die Anmerkung dazu.

## Marginalien, 1

Zu Seite

195 *Entwickelung der Menschenformen*: Rudolf Steiner, Die Geheimwissenschaft im Umriss, Leipzig 1910. Zitat am Schluss des Kapitels „Gegenwart und Zukunft der Welt- und Menschheits-Entwickelung". – GA 13 (1977), S. 417.

196 *Die physische Menschengestalt Friedrich Schillers*: Im genannten Kapitel. Wörtlich: „So wie also die physische Menschengestalt immer wieder und wieder eine Wiederholung, eine Wiederverkörperung der menschlichen Gattungswesenheit ist, so muss der geistige Mensch eine Wiederverkörperung desselben geistigen Menschen sein. Denn als geistiger Mensch ist eben jeder eine eigene Gattung."

197 *Berliner Vortrage vom 23. Mai 1916:* – GA 167 (1962), S. 267.

198 *Zuerst müssen die Universitäten ausgekehrt werden*: Das sinngemäße Zitat findet sich ganz am Ende der Vortragsreihe (GA 185a) „Entwicklungsgeschichtliche Unterlagen zur Bildung eines sozialen Urteils", Dornach 9. bis 24. November 1918. Nach Ausführungen über die Dreigliederung des sozialen Organismus und dessen zwei andere Gebiete heißt es: „Und das geistige Leben ist dasjenige, was unmittelbar angegriffen werden müsste. Das dritte Glied, das ist dasjenige, wobei angefangen werden müsste. Und wenn jemand darauf kommen würde, dass dann vor allen Dingen die Universitäten ausgekehrt werden müssten, und das nicht will, dann, dann ist eben auf diesem Gebiete mit ihm nicht zu reden. Allerdings müssen die zuerst ausgekehrt werden!"

201 *R. St. in Berlin am 11. Februar 1913 (37, 8, 8-10)*: GA 141 (1983), S. 146, 145 und 146.

204 *Zyklus 33, 2, 13*: GA 151 (1980), S. 39 f.

210 *Man muss sich der Idee als Herr gegenüberstellen*: Der Satz schloss in der Erstausgabe der „Philosophie der Freiheit" das erste Kapitel „Die Ziele alles Wissens" ab. In der Neuauflage 1918 (heute als GA 4) wurde aus diesem Kapitel der „Zweite Anhang", der das Buch abschließt. Der zitierte Satz schließt somit das gesamte Buch ab, lautet aber in der Neuauflage: „Man muss sich der Idee erlebend gegenüberstellen können; sonst gerät man unter ihre Knechtschaft." Steiner leitet diesen Anhang wie folgt ein: „In dem Folgenden wird in allem Wesentlichen wiedergegeben, was als eine Art 'Vorrede' in der ersten Auflage dieses Buches stand. Da es mehr die Gedankenstimmung gibt, aus der ich vor fünfundzwanzig Jahren das Buch niederschrieb, als dass es mit dem Inhalte desselben unmittelbar etwas zu tun hätte, setze ich es hier als 'Anhang' her. Ganz weglassen möchte ich es aus dem Grunde nicht, weil immer wieder die Ansicht auftaucht, ich habe wegen meiner

späteren geisteswissenschaftlichen Schriften etwas von meinen früheren Schriften zu unterdrücken."

211 *Der Tod ist der Vater*: GA 112 (1984), S. 243.

211 *Die Grundlehren der Geisteswissenschaft*: Auch in Carl Unger, Schriften, 1. Bd., Stuttgart 1964; das Zitat dort S. 170 und 172.

212 *Wir sehen den Begriff des Schöpfers...*: GA 110, Vortrag in Düsseldorf, 18. April 1909 (vormittags). Siehe auch: Karl Ballmer, Synchronizität – Gleichzeitigkeit, Akausalität und „Schöpfung aus dem Nichts" bei C. G. Jung und Rudolf Steiner (1952/53), Edition LGC, Siegen/Sancey le Grand 2. Aufl. 2010.

212 *im Sinne der bekannten Definition aus den „Leitsätzen"*: „Anthroposophie ist ein Erkenntnisweg, der das Geistige im Menschenwesen zum Geistigen im Weltenall führen möchte." (Erster „Leitsatz" aus: Rudolf Steiner, Anthroposophische Leitsätze (GA 26).

213 *die von einem „goetheanistischen" Biologen vertretene Ansicht*: Hermann Poppelbaum, in „Verherrlichungs-Prinzip, Höherentwicklung, Funktionswechsel". Zu Ballmers „schonendem" Verhältnis gegenüber Poppelbaum vgl. Ballmers „Briefwechsel über die motorischen Nerven" (Erweiterte Neuausgabe, Edition LGC 2013).

214 *Pneumatosophie*: GA 115, Vorträge vom 12. und 13. Dezember 1911.

215 *Dornacher Pfingstvorträge*: Rudolf Steiner, Die Philosophie des Thomas von Aquino, 3 Vorträge, hrsg. von Marie Steiner, mit einem Nachwort und Textübertragungen aus dem Lateinischen von Roman Boos. Dornach 1930.

215 *Warum hat der Aristotelische Katholizismus...*: GA 192, Vortrag in Stuttgart, 29. Juni 1919.

216 *Unter den fünf Söhnen des Mattathias...*: GA 139, Vortrag in Basel, 16. September 1912. Zu „eine[r] von R. Steiner gekennzeichnete[n] tief merkwürdige[n] Beziehung zwischen dem Verräter Judas und dem hl. Augustinus" siehe auch Ballmers Brief an Hans Schär vom 27. Dezember 1952, in: Synchronizität, Edition LGC, Siegen/Sancey le Grand 2. Aufl. 2010.

218 *Zyklus 16*: Rudolf Steiner, Okkulte Geschichte, ein Zyklus von sechs Vorträgen (Stuttgart 27. Dezember 1910 bis 1. Januar 1911). GA 126.

218 *Dornacher Vortrag vom 24. November 1918*: vgl. oben S. 198

222 *„religiöse Gabe" (34,1,3)*: Vortrag in Norrköping, 12. Juli 1914 (GA 155).

## Marginalien, 2

Zu Seite

227 *werde ich mich in einem besonderen Aufsatze auslassen*: So geschehen in „Philologin Marie Steiner" („Privatdruck", ca. 1953) und „Editorin Marie Steiner" (Verlag Fornasella, 1954).

229 *laut 39,12*: Vortrag in Berlin, 6. Juli 1915 (GA 157).

229 *4,7,6*: GA 105 (1983), S. 115 ff.

230 *7,9,5*: GA 110 (1981), S. 146.

230 *In München am 5. Juni 1907/2,13,7*: Ballmer schreibt im Manuskript: „In Stuttgart am 5. Mai 1907". Es ist unklar, woher diese Unstimmigkeit kommt.

231f *Die Vorbesitzerin meines Exemplars/Frl. M. St.*: Maria Stiefelhagen. Ballmer hatte in seinen Hamburger Jahren (1922 bis 1938) im Rahmen der dortigen anthroposophischen Arbeit mit ihr Umgang. Stiefelhagen war Leiterin der „Anthroposophischen Studienbibliothek", Ballmer deren Vereinsvorsitzender. Die von Ballmer hier erwähnten Daten spielen auf seinen eigenen Geburtstag (23. Februar) und Steiners Geburtstag (27. Februar) an. Ballmer erwähnt Stiefelhagen und diese Daten auch im „Briefwechsel über die motorischen Nerven" (Neuausgabe Edition LGC, Siegen/Sancey le Grand 2013), dort gibt er allerdings das Jahr 1945 (statt wie hier 1946) an.

233 *Carl Unger, GL = Die Grundlehren der Geisteswissenschaft, 1929, S. 30*: Auch in: Schriften, erster Band, Stuttgart 1964, S. 123.

233 *8, 12, 13*: Vortrag in Kassel, 5. Juli 1909 (GA 112, S. 235).

234 *Von Seelenrätseln*: GA 20, Kap. III „Franz Brentano – Ein Nachruf" und Kap. IV/5 „Über die wirkliche Grundlage der intentionalen Beziehung".

234 *II. Hochschulkurs*: 2. Anthroposophischer Hochschulkurs vom 3. bis 10. April 1921 in Dornach, Schlusswort zur Disputation über Philosophie (4. April), GA 76, S. 55 ff.

234 *GL, 2. Aufl., S. 7*: Siehe oben; in der Ausgabe 1964: S. 109.

235 *„A. E. Biedermann heute"*: Wiederabdruck in: Karl Ballmer, Umrisse einer Christologie der Geisteswissenschaft – Texte und Briefe, Rudolf Geering Verlag/Verlag am Goetheanum, Dornach 1999.

236 *„Lichtkurs" und „Wärmekurs" 1919/20*: Geisteswissenschaftliche Impulse zur Entwickelung der Physik: Erster naturwissenschaftlicher Kurs: Licht, Farbe, Ton – Masse, Elektrizität, Magnetismus, 10 Vorträge in Stuttgart vom 23. Dezember 1919 bis 3. Januar 1920 (GA 320). Zweiter naturwissenschaftlicher Kurs: Die Wärme auf der Grenze positiver und negativer Materialität, 14 Vorträge in Stuttgart vom 1. bis 14. März 1920 (GA 321).

237 *R. St. sagte: Helmholtz-Evangelium*: Vortrag in Stuttgart, 11. März 1920 (GA 321): „Es ist außerordentlich interessant, die Physik da festzunageln, wo sie ertappt werden kann in den

Zweifeln, die sich notwendigerweise ergeben müssen, wenn man nur wirklich konsequent dasjenige ins Auge fasst, was als Tatsachenreihe vorliegt. Ist denn nicht eigentlich schon der Weg da, wo die Physik sich selber überwindet, wenn die Physiker bereits genötigt sind, solche Geständnisse zu machen? Denn es ist ja im Grunde genommen das Energieprinzip nichts anderes als eine Behauptung. Man kann es eigentlich, wie es ein Evangelium bei Helmholtz und seinen Zeitgenossen war, nicht mehr aufrechterhalten. Es kann Gebiete geben, in denen dieses Energieprinzip nicht mehr behauptet werden darf."

239 *Unger, GL, S. 30*: Siehe oben; in der Ausgabe 1964: S. 123.

239 *Das sinnenfällige Weltbild ist ...*: In GA 1 (Einleitungen zu Goethes Naturwissenschaftlichen Schriften), 1987, S. 274. Dort heißt es „sich metamorphosierender Wahrnehmungsinhalte".

239 *jede Theorie der Natur ...*: A.a.O, S. 256.

240 *Dissertation von Dr. W. J. Stein*: Kommentierte Neuausgabe in: Walter Johannes Stein / Rudolf Steiner: Dokumentation eines wegweisenden Zusammenwirkens, hg. v. Thomas Meyer. Verlag am Goetheanum (Pioniere der Anthroposophie 2), Dornach 1985.

241 *Vortrag vom 16. Februar 1924*: In „Esoterische Betrachtungen karmischer Zusammenhänge", 1. Bd. (GA 235).

242 *„Die Welt ist Gott"*: Das Faksimile der Erstausgabe 1894 der „Philosophie der Freiheit" mit Steiners handschriftlichen Eintragungen für die Neuausgabe 1918 ist als GA 4a erschienen (1994). Das Zitat dort auf S. 201.

242 *Wer 39, 12 noch nicht zur Kenntnis genommen hätte*: Siehe Anmerkung zu Seite 229.

243 *39, 12, 5*: A. a. O.: GA 157 (1981), S. 296.

243 *Hamerling hat Unrecht*: GA 20 (1984), S. 149.

244 *Über das Weltbild Machs*: A. a. O., S. 151f (1984).

244 *GL, S. 105*: Siehe oben; in der Ausgabe 1964: S. 170.

245 *In demjenigen, was ein Organ wahrnimmt ...*: GA 13 (1977), S. 115f.)

246 *GL, S. 30*: Siehe oben; in der Ausgabe 1964: S. 123.

246 *2, 9, 2*: GA 99 (1979), 93 ff.

249 *Am 14. August 1917 zu Berlin*: GA 176 (1982), S. 258 und 260 f.

251 *3, 12, 23*: Vortrag in Hamburg, 31. Mai 1908 (GA 103).

252 *Luzifer Gnosis, Nr. 11, April 1904, S. 134*: GA 34 (1987), S. 452 ff.

253 *Vortrag vom 17. Juni, Zyklus A, 8*: Vortrag in Berlin, 17. Juni 1909, „Evolution, Involution und Schöpfung aus dem Nichts", GA 107.

254 *27, 10, 7*: Vortrag in Den Haag, 29. März 1913 (GA 145).

259 „*Gegenwart", Januar 1950*: Dort S. 392 f. Auch in GA 72 (1990), S. 39 f.

260 *15, 1, 2 (Das Matthäus-Evangelium)*: GA 123 (1988), S. 12.

261 *Wärmekurs S. 152*: Am Ende des Vortrags vom 13. März 1920, GA 321.

262 *Buch „Anthroposophie, Psychosophie, Pneumatosophie", S. 19*: GA 115 (1980), S. 36.

www.ingramcontent.com/pod-product-compliance
Lightning Source LLC
Chambersburg PA
CBHW071833230426
43671CB00012B/1948